कला-मर्मज्ञ राय कृष्णदासजी की यादों में महाकवि 'प्रसाद' जी की ये यादें एक कहानी की तरह उनके कथारस में डूबी हुई लगती हैं, मानो एक-एक याद अलग-अलग कहानी कह रही हो। फिर भी उन सभी की अन्तर्वस्तु एक सूत्र में पिरोयी हुई यादों की माला का अन्तर्ज्ञान करा देती है, साथ ही वे यादें पाठकों को 'प्रसाद' जी के जीवन को नयी दृष्टि भी प्रदान करती हैं। नये-नये आयामों से रूबरू भी कराती हैं।

× × ×

'कला की संस्थाएँ स्थापित तो बड़ी आसानी से की जाती हैं, मगर जीना उनका दुश्वार होता है और अगर उनके सम्यक् विकास की बात पूछिए, तो सम्यक् विकास उनका तब होता है, जब वे प्रथम कोटि की प्रतिभा वाले किसी कर्मठ व्यक्ति का सारा जीवन चाट जाती हैं। 'भारत कला-भवन' भी श्री राय कृष्णदास की पूरी ज़िन्दगी को पीकर सम्यक् विकास पर पहुँचा है।'

× × ×

'कहते हैं, दरबार या तो भारतेन्दु का लगता था या फिर प्रसाद जी का। प्रसाद जी के दरबार में पहुँचने पर बड़े- बड़े फणधारी भी अपने फणों को नीचे कर लेते थे और प्रसाद जी तो प्रेम की मूर्ति थे। अगर उनके दरबार में पहुँच जाते, तो पान और जलपान से स्वागत वे उनका भी करते थे और यह ज़िक्र बिल्कुल नहीं करते कि तुम जो... बोलते हो, उसकी भनक मुझ तक भी पहुँची है।'

–राष्ट्रकवि रामधारी सिंह 'दिनकर'

'दास' की यादों में 'प्रसाद'

राय कृष्णदास-जयशंकर प्रसाद

कल्याण प्रसाद वर्मा

वाणी प्रकाशन

प्रकाशन के उत्कृष्टतम 61 वर्ष

vaniprakashan.com

पेपरबैक पहला संस्करण : 2024

वाणी प्रकाशन
4695, 21-ए, दरियागंज, नयी दिल्ली-110 002
फ़ोन : +91 11 23273167, 23275710

शाखाएँ
अशोक राजपथ, पटना-800 004, बिहार
कॉफ़ी हाउस कैम्पस, महात्मा गांधी मार्ग, प्रयागराज-211 001, उत्तर प्रदेश
महात्मा गांधी अन्तरराष्ट्रीय हिन्दी विश्वविद्यालय, वर्धा-442 001, महाराष्ट्र
36/ए, शेक्सपियर सरणी, रानी बिरला गर्ल्स कॉलेज के पास, कोलकाता-700 017, प. बंगाल
sales@vaniprakashan.in
vaniprakashan@gmail.com

'Das' Ki Yadon Mein 'Prasad'
by Dr. Kalyan Prasad Verma

ISBN : 978-93-5775-538-2
Memoirs

मूल्य : ₹ 325

जी.एस. ऑफ़सेट, दिल्ली-110 095 में मुद्रित

वाणी प्रकाशन का लोगो मक़बूल फ़िदा हुसेन की कूची से

समर्पण

भारत कला भवन, वाराणसी

व

सुधी साहित्यकारों, चिन्तकों

और

कला-मर्मज्ञों तथा कला-जिज्ञासुओं

को

प्राक्कथन

आचार्य नन्ददुलारे वाजपेयी ने 'जयशंकर प्रसाद' पुस्तक में 'प्रसाद' जी के समेकित अध्ययन को प्रस्तुत करते हुए लिखा है, 'प्रसादजी के जीवन और कृतित्व के सम्बन्ध में जितनी भी प्रामाणिक सामग्री एकत्र की जा सके, की जानी चाहिए। समय बीत जाने पर उनकी प्रत्यक्ष जानकारी सम्बन्धी संस्मरण नहीं मिल सकेंगे, न उस सम्पूर्ण व्यक्तित्व और वातावरण का ही आँखों देखा उल्लेख किया जा सकेगा, जिसके भीतर से प्रसाद की प्रतिभा प्रस्फुटित और विकसित हुई थी।'

इसी दृष्टि से जब मैं अपने पुराने पत्र-पत्रिकाओं के पन्ने पलट रहा था तब एक दिन 'साप्ताहिक हिन्दुस्तान' 1977 के अलग-अलग अंकों में कला-कर्मज्ञ राय कृष्णदासजी द्वारा लिखित 'प्रसादजी की याद' शृंखला देखी, उन अंकों में आबद्ध-प्रकाशित शृंखला को पढ़ा तो पता चला उन यादों में 'प्रसाद' जी के जीवन, व्यक्तित्व-कर्तृत्व के बारे में अनछुए प्रसंग आवृत हैं, जिन्हें सुधी पाठकों के हित जानकारी उपलब्ध कराना मैंने अपेक्षित समझा, ताकि 'प्रसाद' जी की प्रतिभा से पाठक परिचित हो सकें।

'प्रसाद' जी की यादों के मन्तव्य को प्रकट करते हुए राय कृष्णदासजी ने लिखा है, 'सन् 1903 ई. से 'प्रसाद' जी के अवसान तक मैंने उन्हें निकट-से-निकट तक निरखा-परखा है, उनके अन्तस में पैठा हूँ। उनके हृदय का कोना-कोना मेरे लिए उन्मुक्त था। इसी बूते पर उनके जीवन का अथ से इति...यथार्थ चित्र उरेहना अपना कर्तव्य समझता हूँ।' कहने का तात्पर्य है 'प्रसाद' जी का जीवन एक खुली किताब था, अतएव इन यादों में उनके जीवन की किताब के कतिपय ऐसे पन्ने भी अनावृत हुए हैं जो पाठकवृन्द का साहित्यिक मनोविनोद तो करेंगे ही, साथ ही राय कृष्णदास और 'प्रसाद' जी के अनछुए प्रसंगों का भी आभास करायेंगे। यों राय कृष्णदास पुराने साहित्यिक संस्मरणों के भण्डार कहे जाते हैं, ऐसे ही संस्मरणों में हैं उनके द्वारा लिखित 'प्रसादजी की यादें', जिनमें उन्होंने प्रसादजी के काव्यमय जीवन की कचोटती यादें जो की हैं, वे 'दास' की यादों में 'प्रसाद' पुस्तक में आपको बख़ूबी मिलेंगी।

ऐसी स्थिति में जबकि पत्र-पत्रिकाएँ विशेषकर हिन्दी पत्र-पत्रिकाएँ अपना कार्य पूरा कर प्राय: विस्मृति और अनुपलब्धि के महासागर में विलीन हो जाती हैं, बस एक प्रतिध्वनि (अनुगूँज) भर बची रह जाती हैं, ऐसे में साहित्यकारों, रचनाकारों की यादें ही उनके जीवन और कर्तृत्व को स्मरणीय बना देती हैं।

कला-मर्मज्ञ राय कृष्णदासजी की यादों में महाकवि 'प्रसाद' जी की ये यादें एक कहानी की तरह उनके कथारस में डूबी हुई लगती हैं, मानो एक-एक याद अलग-अलग कहानी कह रही हो। फिर भी उन सभी की अन्तर्वस्तु एकसूत्र में पिरोयी हुई यादों की माला का अन्तर्ज्ञान तो देती ही हैं, साथ ही वे यादें पाठकों को 'प्रसाद' जी के जीवन को नयी दृष्टि भी देंगी। नये-नये आयामों से रू-ब-रू भी करायेंगी।

राष्ट्रकवि रामधारी सिंह 'दिनकर' ने कला संस्थाओं की स्थापना को सन्दर्भित करते हुए अपने एक आलेख में अभिव्यक्ति दी है, 'कला की संस्थाएँ स्थापित तो बड़ी आसानी से की जाती हैं, मगर जीना उनका दुश्वार हो जाता है और अगर उनके सम्यक् विकास की बात पूछिए तो सम्यक् विकास उनका तब होता है, जब वे प्रथम कोटि की प्रतिभा वाले किसी कर्मठ व्यक्ति का सारा जीवन चाट जाती हैं, 'कला भवन' के प्रतिष्ठापक राय कृष्णदासजी का कर्तृत्व भी कुछ ऐसा ही रहा, जिन्होंने अपना सारा जीवन 'भारत कला भवन' बनारस की सेवा में खपा दिया था।

इसी क्रम में जब मैं पुस्तक की योजना को साकार रूप देने लगा तो सामग्री-संकलन का श्रीगणेश किया। कला-कर्मज्ञ राय कृष्णदासजी के जीवन और व्यक्तित्व से सम्बद्ध सामग्री के लिए बनारस तक सम्पर्क किया तो पता चला, जिस 'भारत कला भवन' की स्थापना से लेकर उसके संवर्द्धन तक की पूरी प्रक्रिया में जिस शख़्सियत ने अपना पूरा जीवन खपा दिया, उन पर कुछ भी सामग्री वहाँ उपलब्ध नहीं है, तो फिर तो मेरा मन और भी उद्वेलित हुआ कि ऐसी शख़्सियत पर तो अब अवश्य ही लिखा जाना चाहिए और मैं कार्य में जुट गया। अब कार्य की परिणति पाठकों के हाथ में है।

पुस्तक में पहले जहाँ कला-मर्मज्ञ राय कृष्णदासजी के जीवन, साहित्य और व्यक्तित्व पर प्रकाश डाला है वहीं साथ ही पृथक् अध्याय में महाकवि जयशंकर 'प्रसाद' जी के जीवन, साहित्य और व्यक्तित्व को उरेहा है। इसके बाद राय कृष्णदासजी द्वारा लिखित 'प्रसादजी की याद' क्रमश: प्रस्तुत की गयी हैं। 'प्रसादजी की यादें' अत्यन्त आत्मीय और मार्मिक हैं, जो रचनाकारों की अन्तरंगता से परिचय कराते हुए सुधी पाठकों को आत्मीयता प्रदान करेंगी।

यहाँ उल्लेख्य है कि कला-मर्मज्ञ राय कृष्णदासजी द्वारा लिखित 'प्रसादजी की यादें' आज से लगभग चार-पाँच दशक पूर्व 'साप्ताहिक हिन्दुस्तान' के 1977 के अंकों में प्रकाशित हुई थीं, उन्हें आज तक सहेजकर रखना बड़ा दुष्कर कार्य था, फिर भी पाठकों के हितार्थ उस अमूल्य और अलभ्य संस्मरणों को इस पुस्तक में प्रस्तुत करने का लोभ संवरण मैं न कर सका। इसी क्रम में मैं हिन्दुस्तान मीडिया वेंचर्स लि., दिल्ली के प्रति अपनी हार्दिक कृतज्ञता ज्ञापित करता हूँ कि 'साप्ताहिक हिन्दुस्तान' 1977 के 23 जनवरी, 1977 से 1 मई, 1977 तक के अंकों में इतस्तत: प्रकाशित 'प्रसादजी की याद' से सम्बद्ध सामग्री को साभार ग्रहण कर पुस्तक में समाविष्ट कर लिया गया है। साथ ही मैं कला-मर्मज्ञ राय कृष्णदास जी के पौत्र प्रो. कल्याण कृष्ण, बनारस विश्वविद्यालय, काशी, इतिहास विभाग से सेवानिवृत्त का भी हृदय से कृतज्ञ हूँ, जिन्होंने उपरोक्त सामग्री का पुस्तक में उपयोग करने की सहर्ष स्वीकृति प्रदान कर दी है।

मैं 'भारत कला भवन' बनारस के प्रो. ए.के. सिंह और डॉ. राधाकृष्ण गणेशन कला भवन के आर्टिस्ट, कला-महीयसी डॉ. चन्द्रमणि सिंह का हृदय से आभारी हूँ कि कला-मर्मज्ञ राय कृष्णदासजी के जीवन-व्यक्तित्व से सम्बद्ध जो भी सामग्री-स्रोत वे उपलब्ध करा सके, उससे मुझे अपने कार्य को आगे बढ़ाने में काफ़ी मदद मिल सकी। मैं साहित्यकार-शिक्षाविद् डॉ. नरेन्द्र कुमार शर्मा 'कुसुम', डॉ. दुर्गा प्रसाद अग्रवाल, डॉ. हेतु भारद्वाज का भी तहेदिल से शुक्रगुजार हूँ, जिन्होंने सत्परामर्श से मुझे सदैव प्रोत्साहित और प्रेरित किया। मैं कवि, लेखक एवं फ़िल्म-पत्रकार अनुजतुल्य भाई श्री नवल किशोर शर्मा का भी अनुगृहीत हूँ जिन्होंने अपनी प्रज्ञा से पुस्तक का उपयुक्त टाइटल सुझाया और मुझे पसन्द आया। कवि-लेखक श्री गोपाल शर्म 'प्रभाकर', श्री प्रभाशंकर उपाध्याय व्यंग्यकार तथा लेखक श्री सुधीर सक्सेना 'सुधि' व श्री मोहन मंगलम (सहायक सम्पादक 'अणुव्रत') का भी शुभाकांक्षी हूँ, जिनकी शुभाशंसा सदैव साथ रही है। अपनी सहधर्मिणी कुसुम के सहयोग की प्रशंसा और सराहना तो जितनी की जाये वह कम ही है, जिन्होंने पुरानी पत्र-पत्रिकाओं को सहेजकर सुरक्षित रखने में सदैव रुचि बनाये रखी वरना यह कार्य सम्भव हो ही नहीं सकता था।

मैं वाणी प्रकाशन के संचालक/निदेशक के प्रति भी अपनी कृतज्ञता ज्ञापित करता हूँ, जिन्होंने अपनी श्रेष्ठ प्रकाशकीय तकनीक और उद्यमिता का परिचय देते हुए, इस पुस्तक को समय पर प्रकाशित कर पाठकों को सुलभ कराया।

पुनश्च, पुस्तक में समाविष्ट साहित्यकारों के जीवन, साहित्य, व्यक्तित्व व 'प्रसादजी की यादें' के रूप में प्रस्तुत सामग्री मेरे अल्प प्रयास से साहित्य अध्येताओं, शोधार्थियों का यत्किंचित भी मार्गदर्शन और लाभ हो सका तो मैं अपने श्रम को सार्थक समझूँगा। शुभमस्तु।

–डॉ. कल्याण प्रसाद वर्मा

अनुक्रम

1

राय कृष्णदास : जीवन, साहित्य और व्यक्तित्व

"कला की संस्थाएँ स्थापित तो बड़ी आसानी से की जाती हैं, मगर जीना उनका दुश्वार होता है और अगर उनके सम्यक् विकास की बात पूछिए तो सम्यक् विकास उनका तब होता है, जब वे प्रथम कोटि की प्रतिभा वाले किसी कर्मठ व्यक्ति का सारा जीवन चाट जाती हैं।" ये शब्द हैं राष्ट्रकवि रामधारी सिंह 'दिनकर' के, जो उन्होंने कला-मनीषी, कला-मर्मज्ञ, कवि, साहित्यकार, चित्रकार, कथाकार, मूर्तिकला के पोषक व 'भारत कला भवन' के प्रतिष्ठापक राय कृष्णदासजी और कला भवन के सम्बन्ध में व्यक्त किये हैं। कला-मनीषी राय कृष्णदास का कर्तृत्व भी ऐसा ही रहा, जिन्होंने अपना सारा जीवन 'भारत कला भवन' बनारस की सेवा में खपा दिया था। कहना होगा 'भारत कला भवन' भी श्री राय कृष्णदासजी की पूरी ज़िन्दगी को पीकर सम्यक् विकास पर पहुँचा है। ऐसे संकल्प के धनी प्रसिद्ध साहित्यकार और ख्यात कलाविद् राय कृष्णदासजी का जन्म 7 नवम्बर, 1892 ई. को काशी के एक सम्भ्रान्त परिवार में हुआ।

आपका मूल नाम 'कृष्णदास' था लेकिन आपके पूर्वजों को मुग़ल दरबार द्वारा दी गयी आनुवंशिक 'राय' की उपाधि के कारण आप 'राय कृष्णदास' नाम से समादृत हुए। हालाँकि आपका घर का नाम 'भैया राज' था, तथापि अन्य नामों, यथा 'नेही' और 'स्नेही' आदि नामों से भी आप जाने गये। आप प्रारम्भ में 'दुलारे रामचन्द्र' नाम से भी कविता रचते थे लेकिन साहित्य जगत् में कला-मनीषी राय कृष्णदास के नाम से ही आपकी पहचान बनी। भारत कला भवन के अस्तित्व में आ जाने पर आपको 'सरकारजी' के नाम से भी सम्बोधित किया जाता रहा।

जहाँ तक आपकी शिक्षा का प्रश्न है, कोई औपचारिक शिक्षा नहीं हुई। उसका कारण था कि आप बचपन में इतने अस्वस्थ रहते थे कि आपकी मातामही ने पढ़ाना-

लिखाना बच्चे के सिर पर अनुचित बोझ लादना समझा। वे कहतीं–'ज़रूरत क्या है पढ़ाने-लिखाने की। नौकर-कारिन्दे हैं। ज़मींदारी का हिसाब-किताब देख लेंगे और लगातार की टोका-टोकी से कक्षा सात करते-करते, उनकी पढ़ाई बन्द हो गयी, ('कादम्बिनी', फ़रवरी 1983, पृ. 92)। फिर भी, आप अपने श्रम और अध्यवसाय से हिन्दी, संस्कृत, अंग्रेज़ी और बांगला आदि भाषाओं में सिद्धहस्त हो गये। उसी बीच आपकी रुचि चित्रकला की ओर जाग्रत हो गयी और मुग़ल शैली के मुग़ल-चित्रों तथा अन्य कला-वस्तुओं के संग्रह करने की ओर प्रवृत्त हो गये। ब्रजभाषा में भी काव्याभ्यास किया।

उस समय वाराणसी में साहित्यिक वातावरण था। बकौल राष्ट्रकवि रामधारी सिंह 'दिनकर' के राय कृष्णदासजी पर पं. महावीर प्रसाद द्विवेदी भी कृपालु थे और काशी आने पर वे उन्हीं के 'शान्ति कुटीर' में ठहरा करते थे। जब सन् 1910 में द्विवेदीजी राय साहब के अतिथि हुए, उस समय राय साहब की उम्र अठारह साल की थी। राय साहब ने उस समय द्विवेदीजी से पूछा था, 'हिन्दी सबसे अच्छी कौन लिखता है?' द्विवेदीजी बोले, 'लिखता था।' राय साहब ने पूछा, 'कौन?' द्विवेदीजी ने कहा, 'बालमुकुन्द गुप्त' ('धर्मयुग', 30 जनवरी, 1972, पृ. 22)।

उस साहित्यिक वातावरण के चलते और जयशंकर प्रसाद, रामचन्द्र शुक्ल, मैथिलीशरण गुप्त आदि के सम्पर्क में आने से आपमें साहित्यिक रुचि पनपते देर न लगी। तथापि आपकी बाबू विष्णुराव पराड़करजी से भी घनिष्ठता थी। आपकी गद्यगीत विधा के निर्माण में पराड़करजी का भी विशेष योगदान रहा। आप प्रेमचन्दजी के भी चहेते कम नहीं थे। यही कारण रहा कि आपने अपने समकालीन साहित्यकारों पर काफ़ी कुछ लिखा, उनमें भी जयशंकर प्रसाद विशेष उल्लेखनीय हैं। राय साहब पर 'प्रसाद' जी का आरम्भिक प्रभाव विशेष था। स्वयं 'प्रसाद' जी भी राय साहब से प्रभावित थे। उनका प्राच्य-विद्या और इतिहास का ज्ञान 'प्रसाद' जी के काम आता था।

कहना न होगा 'आप हिन्दी में गद्यगीत लिखने वाले प्रथम और अन्तिम व्यक्ति थे। उन्होंने रवीन्द्रनाथ ठाकुर की 'गीतांजलि' से प्रभावित होकर हिन्दी में गद्यगीत की आधारशिला रखी और 'प्रबाल' तथा 'छायापथ' के माध्यम से रहस्योन्मुख आध्यात्मिकता को अभिव्यक्त किया, जो गद्यगीत के रूप में गण्य हुए। आप सन् 1915 के आसपास मलेरिया से पीड़ित हुए, उसी क्रम में डॉक्टर ने स्वास्थ्य लाभ के लिए आपको किसी पहाड़ पर जाने की सलाह दी तो आप मसूरी गये। वहाँ आपने रवि बाबू की 'गीतांजलि' पढ़ी और जो भाव उठे उन्हें गद्यगीत में उकेर डाला, 'भाषा की शैली गीतमय होने के कारण मैंने उन्हें गद्यगीत का नाम दिया।' ('साप्ताहिक हिन्दुस्तान', 3 अप्रैल, 1977, पृ. 31)। हालाँकि भावात्मक-आध्यात्मिक गद्य लेखक

की यह परम्परा राय साहब से आगे नहीं बढ़ पायी और हिन्दी में इस विधा के वे एकमात्र सशक्त रचनाकार बनकर रह गये।' ('धर्मयुग', 3 से 8 अगस्त, 1980)। माना जाता है कि गद्यगीतकारों में माखनलाल चतुर्वेदी के साथ यदि किसी का नाम लिया जा सकता है तो वह हैं–कला-मनीषी राय कृष्णदास।

आपकी सृजन-यात्रा में आपकी 'ब्रजरज' (1936), 'भारत की चित्रकला' (1939), 'भारतीय मूर्तिकला' (1939) प्रमुख एवं मौलिक ग्रन्थों में से हैं। इनके अलावा 'गद्यगीत-संग्रह' (साधना, 1919, छायापथ), निबन्ध-संग्रह (संलाप, प्रबाल), गद्यगीतों का संग्रह जो 1924 में प्रकाशित 'अनाख्या' (1929), 'सुधांशु' (1929) और 'आँखों की थाह', अनुवाद (पगला खलील जिब्रान के 'द मैड मैन' का), सम्पादन इक्कीस कहानियाँ, नयी कहानियाँ हैं, जिनमें भावात्मक, गवेषणात्मक, विवरणात्मक व चित्रात्मकता आदि शैलियों के दर्शन होते हैं। उल्लेख्य है कि छायावाद के प्रारम्भिक काल की राय कृष्णदासजी की काव्यकृति है 'ब्रजरज', जो ब्रजभाषा काव्य की उल्लेखनीय कृति है। इसी प्रकार छायावाद युग के गद्य-साहित्य के कहानी लेखकों में भी आपका विशिष्ट स्थान रहा है, जैसाकि डॉ. नगेन्द्र ने लिखा है–'राय कृष्णदास ने प्रसाद की तरह भावप्रधान कहानियों की रचना की। कवित्वपूर्ण वातावरण की सृष्टि और नाटकीय शिल्प-योजना में वे प्रसाद की भाँति सिद्ध हुए।' ('हिन्दी साहित्य का इतिहास', डॉ. नगेन्द्र, संस्करण : 1997, पृ. 583)।

आपकी काव्यकृति 'ब्रजरज' में ब्रजरज के प्रति भक्तिभाव से भावोद्गार नि:सृत हैं। इससे पूर्व एक काव्य-संकलन 'उपवन' नाम से भी प्रकाशित हो चुका था। आपने जयशंकर प्रसाद के नाटक 'अजातशत्रु' की भूमिका भी लिखी। समय के साथ ब्रजभाषा के बाद खड़ी बोली में जब रचनाएँ सृजित होने लगीं, तब आप खड़ी बोली की काव्य-यात्रा के भी सहयात्री हुए और आपकी कविताएँ 'इन्दु', 'सरस्वती', 'प्रतिमा' और 'माधुरी' आदि हिन्दी की प्रतिनिधि पत्रिकाओं में छपने लगीं, वे ही कविताएँ आपकी 'भावुक' नामक पुस्तक में संगृहीत और प्रकाशित हैं। आपकी कविता 'चातक' को आचार्य महावीर प्रसाद द्विवेदी अभिनन्दन ग्रन्थ में भी स्थान मिला है। यह अभिनन्दन ग्रन्थ काशी नागरी प्रचारिणी सभा से सन् 1933 में प्रकाशित हुआ है।

कहना होगा आप लेखन के प्रति पूर्ण समर्पित थे। आपके लेखन की कर्मठता व सशक्त लेखनी के नायाब उदाहरण देखे जा सकते हैं 'भारतेन्दु' को लेकर लिखे गये उन अन्यानेक संस्मरणों में जो आपने सन् 1976 (29 अगस्त, 1976 से 2 अक्टूबर, 1976 के बीच) में अपनी 84 वर्ष की आयु में अत्यन्त अस्वस्थता और व्यस्तता के बीच लिखे और प्रकाशित हुए थे। 'भारतेन्दु' के वे संस्मरण साहित्य

जगत् के ऐसे बेजोड़ दस्तावेज़ हैं जो भारतेन्दु हरिश्चन्द्र के जीवन और व्यक्तित्व के अनेक पहलुओं को अनावृत करते दृष्टिगत होते हैं।

एक तथ्य और उल्लेखनीय है जो राय कृष्णदासजी के सृजनधर्मी व्यक्तित्व को अनावृत करता है। कहना होगा, राय कृष्णदासजी कथाकार के रूप में उभरे थे, कवि के रूप में उभरे थे, लेकिन अन्त में उनका सारा प्रेम 'भारत कला भवन' पर आकर जम गया। 'भारत कला भवन' की जिन दिनों स्थापना हुई थी उन दिनों आप कविताएँ और कहानियाँ काफ़ी लिख रहे थे। उस समय राय कृष्णदासजी साहित्यकार अधिक, कला-सेवी कुछ कम थे। इसीलिए 'भारत कला भवन' का आरम्भ उन्होंने शायद अपने घर पर ही किया था। रजिस्टर्ड संस्था के रूप में 'भारत कला भवन' की स्थापना सन् 1920 ई. में हुई उस समय भवन एक किराये के मकान में था और उसमें केवल संग्रह ही नहीं होता था, चित्रकारी भी सिखाई जाती थी, संगीत भी सिखाया जाता था।' ('धर्मयुग', 30 जनवरी, 1972, पृ. 23)।

कला-संग्राहक की प्रतिमूर्ति और भारत कला भवन

आपके साहित्यिक व्यक्तित्व के साथ-साथ आपका कला-संग्राहक का रूप विशेष महत्त्व का है। आपके समस्त कर्तृत्व के विवरण से यह संकेत मिलता है कि किस प्रकार आपने देश की संस्कृति का अमूल्य संग्रह किया और किस तरह आपने कठिनाइयों का, चुनौतियों का सामना करते हुए एक लाख से भी ज़्यादा कलाकृतियाँ एकत्र कीं? यह हर किसी के बूते की बात नहीं है। निस्सन्देह आपने कला-चेतना

भारत कला भवन, बनारस

का जो बीजवपन किया उसने आज एक ऐसे विशाल वटवृक्ष का रूप धारण कर लिया है जो कला-प्रेमियों को सुखद छाया की अनुभूति प्रदान कर रहा है।

भारत कला भवन, बनारस के ख्यात कलाकार डॉ. राधाकृष्ण गणेशन के अनुसार, 'सन् 1920 ई. में उन्होंने भारत कला परिषद् स्थापित करने का व्रत लिया, आजन्म उसी के व्रती रहे। उनके एकाकी प्रयास से भारतीय कला का यह विश्व-प्रसिद्ध संग्रहालय तैयार हुआ, जो अब भारत कला भवन के नाम से काशी हिन्दू विश्वविद्यालय की सम्पत्ति है' (राय कृष्णदास : संक्षिप्त परिचय, ले. डॉ. राधाकृष्ण गणेशन के आलेख के आधार पर जो इन पंक्तियों के लेखक को 'भारत कला भवन', बनारस के सौजन्य से व्यक्तिश: प्राप्त हुआ)।

भारत कला भवन के नाम से विख्यात यह संग्रहालय आज संसारभर के लिए महत्त्वपूर्ण तीर्थ बन चुका है। 'कला भवन' के वैशिष्ट्य और राय साहब के अवदान को रेखांकित करते हुए बुद्धिनाथ मिश्र ने जहाँ लिखा है–'भारत की ललित कलाओं के प्रति राय साहब की गहरी रुचि थी। भारतीय चित्रकला और मूर्तिकला पर प्रकाशित उनके ग्रन्थ इन कलाओं को समझने के लिए वेद सायणभाष्य की तरह विशिष्ट महत्त्व रखते हैं। आपने कवीन्द्र-रवीन्द्र की प्रेरणा से नागरी प्रचारिणी सभा में 'कला भवन' की स्थापना की, जो 1950 में 'भारत कला भवन' के नाम से काशी हिन्दू विश्वविद्यालय को सौंप दिया गया और राय साहब के कुशल निर्देशन में उत्तरोत्तर समृद्ध हुआ। यह भवन प्राचीन मूर्तियों, चित्रों और पाण्डुलिपियों के संरक्षण की दृष्टि से अमूल्य निधि है।' ('धर्मयुग', 3 अगस्त, 1980)।

इतना ही नहीं 'कला भवन' के उचित पर्यवेक्षण-निर्देशन को दृष्टिगत रखते हुए आप जीवनपर्यन्त काशी विश्वविद्यालय परिसर स्थित आवास में रहकर साहित्य एवं कला-चिन्तन में रत रहे, फलत: कला भवन सतत विकास की ओर बढ़ता ही रहा। यही कारण है कि 'कला भवन' आज शोधार्थियों के लिए एक तीर्थस्थल बन गया है, जहाँ देश-विदेश के विद्वान, विद्यार्थी एवं कला-मर्मज्ञ इससे लाभ उठाते हैं। यहाँ यह उल्लेख्य है कि यहीं सन् 1930 के आसपास राय कृष्णदास अनेक अन्वेषण (रिसर्च) एवं प्रकाशन की ओर प्रवृत्त हुए। इनमें पौराणिक राजवंशावली, पौराणिक भूगोल, भगवान राम काल का भूगोल आदि विशेष उल्लेखनीय हैं। उन्होंने हिन्दी में काव्य आलोचना का भी सूत्रपात किया। उनकी कई मार्के की खोजें हैं, जिन्हें बाद में अंग्रेज़ी विद्वानों ने उपयोग किया। उनके प्रकाशनों में भारतीय दृष्टिकोण की विराट चेतना परिलक्षित है।

इसी क्रम में यहाँ यह भी उल्लेख्य है कि कला भवन के माध्यम से आपने

कला के संरक्षण और प्रोन्नयन का कार्य तो किया ही, साथ ही उसे प्रसारित कर अपने समय के नव-युवकों में कला के प्रति रुचि जाग्रत करने में भी कोई कोर-कसर न उठा रखी थी। बकौल डॉ. राधाकृष्ण गणेशन भारत कला भवन, वाराणसी के आर्टिस्ट, 'आपके पूर्वज मुग़ल दरबार में पाँच हज़ारी मंसबदार थे, वहीं से आपके वंश को कुलगत 'राय' की पदवी मिली थी। इतना ही नहीं, आपके पूर्वज अपने कला, संस्कृति प्रेम के साथ-साथ दानशीलता के लिए भी विख्यात थे। यों आपमें जन्मना कला-प्रेम एवं संवेदनशीलता थी, तथापि राय कृष्णदास को साहित्य कला व संस्कृति के प्रति रुचि विरासत में मिली थी। उसका कारण था कि आपके पिता का ननिहाल सुप्रसिद्ध भारतेन्दु हरिश्चन्द्र कुल में रहा और आपके पिता भारतेन्दु के फुफेरे भाई भी थे। पिता प्रह्लाद दास के सहसा देहान्त हो जाने पर किशोर राय कृष्णदास की विशिष्ट शिक्षा न हो सकी।' हालाँकि आपने विद्या और कला की अनुभूति का स्वत: उपार्जन किया, तथापि 1906 में आपको उस्ताद रामप्रसाद का सान्निध्य मिला, 1909 में आचार्य अवनीन्द्रनाथ टैगोर और बाद में विश्वकवि रवीन्द्रनाथ टैगोर की छत्रच्छाया में कला-संवेदन का विकास हुआ, साथ ही सन् 1910 में आचार्य कुमार स्वामी के सम्पर्क में आये। इस प्रकार सभी विभूतियों का उन्हें वात्सल्य प्राप्त हुआ। आपने युवकों के अध्ययन, लेखन में सदैव पथ-प्रदर्शक की भूमिका निभाई।

कहना न होगा आपने अपने समय में अनेक नवयुवकों को कला, इतिहास, आलोचना के क्षेत्र में अवतरित किया, जिनकी एक लम्बी शृंखला है, जिनमें सुप्रसिद्ध डब्ल्यू.जी. आर्चर, एन.सी. मेहता, डॉ. मोतीचन्द्र, डॉ. परमेश्वरी लाल गुप्त, प्रो. कृष्णदत्त वाजपेयी, डॉ. सतीशचन्द्र काला प्रभृति विद्वान् गण्य हैं। विश्वविख्यात इतिहासकार व साहित्यकार डॉ. वासुदेवशरण अग्रवाल, आचार्य हजारी प्रसाद द्विवेदी, देशरत्न शिवप्रसाद गुप्त, डॉ. काशी प्रसाद जायसवाल, पं. चन्द्रधर शर्मा 'गुलेरी', आचार्य रामचन्द्र शुक्ल, आचार्य केशव प्रसाद मिश्र, डॉ. बीरबल साहनी, श्री कार्ल खण्डावाला, आचार्य नन्दलाल बोस, राष्ट्रकवि रामधारी सिंह 'दिनकर', सच्चिदानन्द हीरानन्द वात्स्यायन 'अज्ञेय', श्री नरेन्द्र शर्मा आदि का आपको सम्मान प्राप्त था।

आप सामाजिक शिष्टता के प्रतिमान थे। राष्ट्रकवि रामधारी सिंह 'दिनकर' लिखते हैं, 'राय कृष्णदासजी सामाजिक शिष्टता के उस दौर के आदमी हैं, जो दौर अब लगभग ख़त्म हो चुका है। राय कृष्णदासजी के मुझ पर कई उपकार हैं...पहली यात्रा में ही राय साहब ने मुझे इतना मोह लिया कि मैं उनकी संगति का सुख लूटने को बार-बार जाने लगा और उन्हीं के पास ठहरने लगा। राय साहब के प्रेम से खिंचकर मैं 'भारत कला भवन' की ओर भी उन्मुख हुआ और उसकी मैंने कुछ थोड़ी सेवा भी की। श्रीमती महादेवी वर्मा की 'साहित्यकार संसद' ने 'कुरुक्षेत्र' के लिए मुझे

जो एक हज़ार रुपये का पुरस्कार दिया था, उस रकम को वहीं का वहीं मैंने 'कला भवन' को दान कर दिया। सभा से लौटने पर राय साहब ने मुझसे कहा, 'यह आपने क्या किया? मैं तो चकित रह गया हूँ।' मैंने निवेदन किया, 'यह पहला पुरस्कार है, इसे सरस्वती को अर्पित करना ही ठीक था। दान मैंने कला भवन को दिया है, किन्तु पूजा मैंने सरस्वती की की है।' ('धर्मयुग', 30 जनवरी, 1972, पृ. 24 व 53)

आप अपनी कलाप्रियता को दृष्टिगत रखते हुए वैसी ही संस्थाओं के स्थापन, संवर्द्धन के विषय में होने वाली चर्चाओं में भी सहभागिता निभाने का भरसक प्रयत्न करते थे। आज़ादी के बाद दिल्ली के नेशनल म्यूज़ियम के सिलसिले में विचार-विमर्श के लिए साहित्य और कला-जगत् की ख्यात शख़्सियतें, यथा–डॉ. वासुदेवशरण अग्रवाल, डॉ. मोतीचन्द्र आदि एकत्रित हुई थीं, उनके साथ आप भी सम्मिलित हुए थे।' (द्रष्टव्य : बदरी विशाल, सं. प्रयाग शुक्ल, वाग्देवी प्रकाशन, बीकानेर, संस्करण–2014, पृ. 120)।

'भारत कला भवन' के सन्दर्भ में 'राय साहब' शीर्षक से प्रकाशित साक्षात्कार में लक्ष्मीधर मालवीय जी ने भी लिखा है, 'कदाचित् सन् 1950 के आसपास पं. गोविन्द मालवीय के अनुरोध करने पर राय साहब ने भारत कला भवन, काशी हिन्दू विश्वविद्यालय को दान कर दिया और विश्वविद्यालय के आग्रह पर सपरिवार

भारत कला भवन, बनारस का आन्तरिक दृश्य

विश्वविद्यालय के परिसर में रहने लगे, सीता निवास में।' ('कल्पना', कांशी अंक, सं. प्रयाग शुक्ल, संस्करण–2005, पृ. 32)। आपकी कला सम्बन्धी जो भी सामग्री थी यहाँ संरक्षित हुई और वही पावन भवन 'भारत कला भवन' के रूप में जाना जाने लगा। कहना होगा कला-संरक्षण के रूप में जिस कला भवन का बीज बोकर आपने पोषित किया वह वटवृक्ष आज आच्छादित हो कला-प्रेमियों को सहर्ष अपनी ओर अकर्षित कर अपने पितृ-पुरुष राय कृष्णदास की स्मृति को अक्षुण्ण बनाये रखने का सन्देश दे रहा है।

हालाँकि पहले आप रामघाट पर रहते थे। आपने अपनी सामग्री नागरी प्रचारिणी सभा में संरक्षित कर रखी थी। वहाँ स्थान की कमी थी। फिर सन् 1920 ई. में भारत कला परिषद की स्थापना हुई, जो काशी हिन्दू विश्वविद्यालय के संग्रहालय 'भारत कला भवन' के नाम से विख्यात है। यों राय कृष्णदास जी की आकृति एक सुखाकृत सम्पत्तिशाली नवयुवक की प्रतिकृति थी। वे कम बोलते थे और अधिक सुनते थे। उनका रेशमी बनारसी कुरता, महीन धोती के ऊपर जो शोभायमान देता था, वह काशी के किसी भी रईस के चित्त में स्पर्धा उत्पन्न कर सकता था (आत्मकथा अंक, 'हंस', 1932 ई., पृ. 50), लेकिन जैसे ही आपने परिषद का कार्य प्रारम्भ किया, आप उसमें एक कर्मी के रूप में संलग्न हो गये। आपने लिखा है, 'कार्य आरम्भ करते ही मैंने अपना सामन्तशाही ठाठ-बाट छोड़कर एक कर्मी का जीवन ग्रहण कर लिया। तब तक जब मैं पैदल चलता था, तब आगे एक छड़ीबरदार 'हटो-बचो' कहता रहता। अब वह सब इल्लत छोड़ दी।' ('साप्ताहिक हिन्दुस्तान', 3 अप्रैल, 1977, पृ. 32) यों आपने 'भारत कला परिषद' को उसकी स्थापना की तिथि से यानी 1 जनवरी, 1920 से और 1929 ई. तक कला परिषद का काग़ज़ी अस्तित्व ही बनाये रखा, उसी साल नागरी प्रचारिणी सभा की ऊपरी मंज़िल बनी, जिसमें एक बड़ा-सा हॉल था। डॉ. श्यामसुन्दर दास के सुझाव पर उस हॉल में संग्रह सजाया गया, उन्हीं दिनों बापू काशी पधारे थे, उन्होंने उसे देखा और 'यंग इंडिया' में एक अपील भी जारी की, उसी क्रम में सन् 1930 में उसका धूमधाम से उद्घाटन हुआ।' ('साप्ताहिक हिन्दुस्तान', 24 अप्रैल, 1977, पृ. 31-32)।

कला भवन में रवीन्द्र बाबू ने भी काफ़ी रुचि ली थी और यहीं उनसे आपकी भेंट हुई थी, जैसा कि आपने अपने संस्मरण में लिखा है, '1922 के नवम्बर के अन्तिम सप्ताह में कविगुरु रवीन्द्रनाथ ठाकुर कुछ दिन एकान्तवास के लिए काशी आये, वह जहाँ टिके, वह विशाल उद्यानगृह मेरे बगीचे से कुछ ही दूर था। कविगुरु

बिल्कुल विश्राम चाहते थे, केवल उन्हीं से मिलते थे, जिनसे सम्बन्ध रहता था। कला भवन में उन्हें रस था और उसके आजीवन सभापति थे। अधिकतर कला और संगीत की चर्चा हुआ करती।' ('साप्ताहिक हिन्दुस्तान', 10 अप्रैल, 1977, पृ. 33)।

भारत कला भवन का महत्त्व इस दृष्टि से और भी उल्लेखनीय है कि 'विलायत में सर डब्ल्यू. राथन्सटीन ने रवीन्द्रजी की शबीह लगाई थी, वह कला भवन के संग्रह में है, उसमें उनकी झाँकी भगवान को 'गीतांजलि' अर्पित करते हुए दीख पड़ती है।' ('साप्ताहिक हिन्दुस्तान', 17 अप्रैल, 1977, पृ. 31)। इसी सम्पर्क के समय कविगुरु ने आपको परामर्श दिया कि वहाँ का संगीत विभाग बन्द कर दो और अपनी सारी शक्ति संग्रह कार्य में लगा दो। आपने उस परामर्श को हृदयंगम कर अपने को कला-कृतियों के संग्रहण में लगा दिया।

भारत कला भवन के लिए कला-कृतियों के संग्रहण के सम्बन्ध में आपके मस्तिष्क में योजनाएँ उमड़ती रहती थीं और उन योजनाओं के क्रियान्वयन में आप सफल भी हो जाते थे। हालाँकि संग्रह अभिवृद्धि में 'प्रसाद' जी का भी पूर्ण सहयोग रहा। एक बार उन्होंने कुषाणकालीन कृष्ण की बड़ी सुन्दर मूर्तियाँ कहीं से लाकर दीं। 'प्रसाद' जी के सहयोग से कला भवन काफ़ी समृद्ध हुआ। आपने उनके सहयोग की सराहना करते हुए लिखा भी है, **'उनकी मदद न मिलती तो मेरी पत उतर जाती।'** ('साप्ताहिक हिन्दुस्तान', 3 अप्रैल, 1977, पृ. 33) इतना ही नहीं, राय साहब ने स्वयं जयशंकर प्रसाद जी से ही उनकी मनचाही सिलवाई हुई 'जवाहर जैकेट' ही कला भवन में ले ली। आप लिखते हैं, 'एक दिन 'प्रसाद' जी ने दुकान के दर्जी को एक बड़ा अच्छा जरीदार चोगा दिया कि उसे काटकर उनके लिए जवाहर जैकेट बना दे, किन्तु वह पुरानी कारीगरी का ऐसा अच्छा नमूना था कि उसे मैंने कला-परिषद के लिए माँग लिया, आज भी कला भवन के वसन विभाग की वह एक दर्शनीय वस्तु है।' ('साप्ताहिक हिन्दुस्तान', 10 अप्रैल, 1977, पृ. 32)।

सन् 1921 में मूर्ति-संग्रह का शौक़ परवान चढ़ा और नगर के घाट-घाट से जो भी मूर्तियाँ मिल सकतीं, इकट्ठा करने का अभियान छेड़ दिया। आपने लिखा, 'मैंने यह उपाय किया कि पहले तो ख़ास-ख़ास मन्दिरों की पड़ताल की, फिर जहाँ कोई काम की मूर्ति दिखाई पड़ी, वहाँ विश्वविदित अलिफ-लैला की अत्यन्त मनोरंजक कहानी 'अजीब-गरीब चिराग' में वर्णित युक्ति अर्थात् पुराने चिराग के बदले नया चिराग को काम में लाया। उसी देवता की जयपुर में बनी हुई संगमरमर की मूर्ति, जिस पर रंगीन और सुनहला काम भी रहता है, ले जाकर पुजारी को दिखाई और कहा कि इस टूटी-फूटी मूर्ति के बदले यह संगमरमर की मूर्ति बैठा दीजिए...यह उपाय काम कर गया और कई अच्छी-अच्छी पुरानी मूर्तियाँ परिषद के संग्रह में आ गयीं।' ('साप्ताहिक हिन्दुस्तान', 3 अप्रैल, 1977, पृ. 33)।

इसी मूर्ति संग्रहण के क्रम में आपने श्री वृन्दावन भट्टाचार्य काशी हिन्दू विश्वविद्यालय के इतिहास विभाग में उपाध्याय और भारतीय मूर्ति-शास्त्र के पण्डित द्वारा उन्हें 'प्रसाधिका' की मूर्ति-स्तम्भ का फ़ोटो दिखाये जाने पर आपको उसे प्राप्त करने की उत्सुकता मन में होने की यत्किंचित भी देर न लगी। इतना ही नहीं आप उस फ़ोटो से ही साग्रह पूछा करते 'तुम कब कला-परिषद में आ विराजोगी?' और '**जाकर जापर सत्य सनेहू। सो तेहि मिलै न कछु सन्देहू**' जैसी आस्था रखने वाले कला-मर्मज्ञ राय कृष्णदासजी को दियरा राज्य के प्रबन्धक राय बहादुर कुँवर कौसलेन्द्र प्रताप साही के सद्प्रयत्नों से वही मूर्ति आपको प्राप्त भी हो गयी। उसका पूर्ण चित्रांकन करते हुए आपने 'प्रसाधिका की प्राप्ति' (आत्मकथा अंक, 'हंस' से साभार, प्रसाधिका का फ़ोटो संलग्न है) आलेख में लिखा है, 'भारतीय मूर्ति-कला का वह एक दिव्यरत्न है। उसकी निर्माण-शैली मथुरा की है और जिस लाल पत्थर की वह बनी है उसका निर्माण-काल विक्रमाब्द से एक शताब्दी पूर्व व पश्चात् होना चाहिए। वह पूज्य नहीं, अलंकरण मूर्ति है, जो मथुरा में निर्मित होकर शुंगों के प्रासाद या उद्यान की सजावट के लिए अयोध्या लायी गयी होगी। जातकों में इस बात की चर्चा मिलती है कि राज प्रासादों में ऐसी अलंकरण मूर्तियाँ रखी जाती थीं।

मूर्ति के परिपूर्ण मुख-मण्डल पर जो गम्भीर प्रसन्नता एवं शान्त स्मित है, वह अनुपम है। नेत्रों में विमल विकास है। उसके अंग-प्रत्यंग बड़े ही सुढार और खड़े होने की मुद्रा अत्यन्त सरल, अकृत्रिम एवं निर्विकार है। दाहिने हाथ में एक पात्र है, जिसे भृंगार कहते थे। इसमें राजा-रानियों के लिए सुगन्ध-द्रव्य रखे जाते थे। बायें हाथ पर एक पिटारी है, उसका ढकना कुछ खुला होने के कारण एक ओर को झुका हुआ है। खुले अंश में ही पुष्पमाला का कुछ भाग लहरा रहा है। ऐसी पिटारियों में राज-महिषियों के श्रृंगार-पटार की सामग्री रखी जाती थी। आज भी उन पिटारियों की स्मृति उन सुहाग-पिटारियों में बची हुई है जो सौभाग्यवती स्त्रियाँ संक्रान्तियों पर ब्राह्मणों को दान दिया करती हैं। अस्तु, मूर्ति के हाथों में इन वस्तुओं के होने के कारण, यह प्रसाधिका की मूर्ति है, जिनका काम प्राचीन-काल की रानियों के प्रसाधन, अर्थात् श्रृंगार की सामग्री लिए हुए, उनकी सेवा में उपस्थित रहना होता था। मेरे अब तक के कला-संग्रह सम्बन्धी जीवन की सम्भवत: यह सबसे अनोखी घटना है।' ('हंस' आत्मकथा अंक, सं. प्रेमचन्द, प्रथम संस्करण 1932 ई., आवृत्ति-2014 ई., पृ. 16)। कहना होगा कला भवन के लिए मूर्ति-संग्रहण हेतु आपने अनेक प्रकार के श्रम-साध्य जतन-प्रयत्न कर अपनी साधना को साधा।

श्रीयुत राय कृष्णदास

प्रसाधिका

('हंस' आत्मकथा अंक, सं. प्रेमचन्द, प्रथम संस्करण 1932 ई., आवृत्ति 2014 ई., पृ. 198)

पाण्डुलिपियाँ बटोरकर भी आपने कला भवन को समृद्ध किया

यों राय कृष्णदासजी को वंश-परम्परा से कुछ कला-संग्रह प्राप्त हुए थे, जिनमें बहुमूल्य चित्र, संचित पुस्तकें, ऐतिहासिक रत्नाभूषण आदि थे। लगता है यही आपका जन्मना कला-प्रेम एवं विकसित सुरुचि व संवेदनशीलता आपकी जीवन-पद्धति का अभिन्न व उदात्त हिस्सा बन गयी थी। आपकी कला के प्रति रुचि को बताते हुए वाराणसी में कला की अध्येता रही डॉ. चन्द्रमणि सिंह ने एक साक्षात्कार में इन पंक्तियों के लेखक को बताया कि 'उनकी कला के प्रति रुचि इतनी परवान चढ़ी थी कि कला में रुचि रखने वाले छात्रों को ढूँढ़-ढूँढ़कर कला भवन में लाते थे। सन्दर्भों की खोज कराते। इलेस्ट्रेड वीकली के सम्पादक इत्यादि को दिखाते। लोगों को प्रोत्साहित करते। जहाँ कहीं कला सम्बन्धी सामग्री मिलती, उसे संरक्षित करने का प्रयत्न करते। भारतेन्दुजी की हवेली जब बाढ़ में क्षतिग्रस्त हुई तो वहाँ की पेंटिंग्स खोजीं और उन्हें कला भवन में संरक्षित किया।'

आपने डॉ. धर्मवीर भारती की कृति 'अन्धायुग' की पाण्डुलिपि भी ख़रीदी

पेंटिंग्स को ही संरक्षित करना आपका शौक़ नहीं था बल्कि जगह-जगह से पाण्डुलिपियों को बटोरना और कला भवन को समृद्ध करते रहना आपका शगल बन गया था। बलराम श्रीवास्तव ने एक स्थान पर यह सही लिखा है कि 'पाण्डुलिपियाँ बटोरना उनका शौक़ था।' ('कादम्बिनी', फ़रवरी 1983, पृ. 92)। पाण्डुलिपियाँ बटोरने के शौक़ की पुष्टि में 'क़िस्सा-दर-क़िस्सा' के क़िस्सों में डॉ. धर्मवीर भारती ने भी एक क़िस्से का ज़िक्र करते हुए लिखा है कि मैंने 'अन्धायुग' कृति की पाण्डुलिपि तैयार की थी कि परिस्थितिवश न चाहते हुए भी उसे उन्हें मजबूरी में उस समय कुल तीन रुपये साढ़े सात आने में बेचना पड़ा और ख़रीदने वाले थे महान् कला-मनीषी राय कृष्णदास। उस क़िस्से को डॉ. भारती के ही शब्दों में यहाँ प्रस्तुत किया जाना प्रासंगिक होगा ताकि राय कृष्णदासजी के पाण्डुलिपि बटोरने के शौक़ की पुष्टि हो सके।

डॉ. धर्मवीर भारती लिखते हैं, 'हुआ यों था कि 'अन्धायुग' की बहुत शौक़ से मैंने एक हस्तलिखित प्रति बनायी थी और इरादा था कि इसे बहुत सहेजकर अपने पास रखूँगा, लेकिन यह हस्तलिखित सुसज्जित प्रति मुझे बहुत मजबूरी में कुल तीन रुपये साढ़े सात आने में बेचनी पड़ी। स्वाभाविक है कि आप इस बात पर विश्वास नहीं करेंगे। उस समय मैं विश्वविद्यालय में लेक्चरर था। मेरी कई किताबें छप चुकी थीं।

फिर ऐसी क्या भुखमरी आ गयी थी कि हस्तलिखित प्रति बेचूँ और वह भी तीन रुपये साढ़े सात आने में? अब आपको पूरा क़िस्सा बता ही दूँ। मेरे बुज़ुर्ग मित्र स्व. वाचस्पति पाठक लीडर प्रेस के अहाते में रहते थे। उनके घर की कलात्मक बैठक बाहर से आने-जाने वालों का स्थल थी। और मैं तथा उनके अन्य परिमलीय युवा मित्र अक्सर शाम को वहाँ अड्डा जमाते थे। उस दिन मैं शाम को चार बजे वहाँ पहुँचा, तो बैठक में दो बुज़ुर्गवार बैठे थे, जो परिचित से लगते थे। ...पाठकजी अन्दर से आये तो मुझे देखकर प्रसन्न हुए। बोले, 'अच्छे समय पर आये। ये हैं राय कृष्णदास और ये हैं मैथिलीशरण गुप्त।' मैं तो अवाक्। 'साकेत' और 'यशोधरा' के महाकवि, हिन्दी खड़ी बोली की कविता के सर्वमान्य महापुरुष, मैथिलीशरण गुप्त के दर्शन ऐसे होंगे, किसे कल्पना थी। मोटी खादी का कुर्ता-धोती और मुख पर सहज मुस्कान। न कोई अहंकार न बनावट। सिल्क के कुर्ते में राय साहब अवश्य कुछ विशिष्ट लग रहे थे। ऊपर से उनका बनारसी लहजा। ...उनका ध्यान मेरे हाथ में दबी लाल बहीनुमा लम्बी कॉपी की ओर गया। पूछा, 'यह क्या?' 'कुछ नहीं।' मैंने संकुचित होते हुए कहा।

पाठकजी ने अपने सहज अधिकार से वह प्रति मुझसे ले ली। खोलकर देखी और प्रसन्न होकर बोले, 'अच्छा, 'अन्धायुग' की पाण्डुलिपि है।' और उन्होंने राय साहब और गुप्तजी से 'अन्धायुग' की धारोधार प्रशंसा करनी शुरू कर दी। राय साहब सुनते रहे। पाठकजी के हाथ से प्रति ली। उलट-पुलट कर देखी और मुझसे बोले, 'यह तो मैं ले जाऊँगा। यह तो अब मेरी हुई।' 'लेकिन...' मैंने प्रतिवाद किया तो राय साहब बोले, 'मुफ़्त में नहीं, इसके पूरे दाम दूँगा। और इसे 'भारत कला भवन' में रखूँगा। वहाँ भारतेन्दुजी से लेकर प्रसादजी तक के हस्तलेख संकलित हैं। बोलो? इसका दाम बोलो।' मैंने बहुत अनिच्छा से कहा, 'ठीक है आप ले ही जा रहे हैं तो ले जायें। दाम की क्या बात है?' अब स्थिति यह कि राय साहब दाम देने पर उतारू और मैं दाम न लेने पर अटल। अन्त में पाठकजी ने मध्यस्थता की और उनका सर्वमान्य फ़ैसला यह था कि भारतीजी की बात क़ायम रहेगी। वे राय साहब से दाम नहीं लेंगे और राय साहब की बात भी क़ायम रहेगी। इस प्रति का दाम भारती को मिलेगा। अत: फ़ैसला यह सुनाया जाता है कि भारतीजी राय साहब से दाम न लेकर मैथिलीशरणजी से लेंगे। और गुप्तजी की बंडी की जेब में जितना धन है सब उनको देना पड़ेगा। फ़ैसला सबके लिए सुखप्रद था। मेरे लिए इसलिए कि बचपन से जिनकी कविताएँ पढ़कर भाषा लिखना सीखा उनसे मिला धन मेरे लिए कुबेर धन होगा और मैथिलीशरण गुप्त इसलिए प्रसन्न कि उनकी जेब में उस समय केवल तीन रुपये साढ़े सात आने थे। कोई ज़्यादा नुक़सान उन्हें नहीं सहना पड़ा।' ('धर्मयुग',

11 मार्च, 1990, पृ. 20)। और राय साहब ने एक पाण्डुलिपि बटोर ली, जिससे उनके शौक़ में और भी वृद्धि हुई।

इस प्रकार आपकी संग्रहालय की अवधारणा तो विरल और विशिष्ट थी ही साहित्य संकलन करना और सहेजकर सुरक्षित और संगृहीत करना अपने आप में कम वैशिष्ट्य की बात नहीं है। आपके इसी वैशिष्ट्य को सन्दर्भित करते हुए बलराम श्रीवास्तव ने लिखा है, वह उल्लेख्य है, 'खड़ी बोली के उन्नायकों में वे महत्त्वपूर्ण माने गये। राय कृष्णदासजी ने साहित्य संग्रहालय की कल्पना की थी। व्यक्तिगत संकलनों में या ग्रन्थालयों में प्राचीन पोथियों का संग्रह एक बात है, किन्तु एक संग्रहालय की अवधारणा में साहित्य संकलन सर्वथा विशिष्ट बात है, जो सम्प्रति अन्य किसी भाषा के सन्दर्भ में नहीं की जा सकती। यह राय साहब की मौलिक कल्पना थी, जिसे चरितार्थ करने में वे किशोरावस्था से लगे थे।...महावीर प्रसाद द्विवेदी द्वारा सम्पादित 'सरस्वती' की मुद्रण के लिए प्रस्तुत की गयी प्रतियाँ भी यहीं हैं। हिन्दी के पुराने अख़बार और पत्र-पत्रिकाएँ, जो अन्यत्र दुर्लभ हैं, राय साहब के संकलन में मिल जायेंगे। वे स्वयं कृति थे, दूसरों की कृतियों का आदर करते थे।' ('कादम्बिनी', फ़रवरी 1983, पृ. 96)।

विदित हो कि आप प्रारम्भ में पत्रकारिता की ओर भी प्रवृत्त हुए लेकिन आपकी प्रतिभा 'कला' के संरक्षण में ही फली-फूली। आपके द्वारा निकाले गये पत्रों में 'सरोज' और 'कलानिधि' उल्लेखनीय हैं, लेकिन ये पत्र अपनी प्रारम्भिक यात्रा में ही रुक गये। जैसा कि उल्लेख मिलता है, 'सन् 1911 ई. में राय कृष्णदासजी ने 'सरोज' नामक एक मासिक पत्र निकालना चाहा था, किन्तु उसका प्रथमांक छपकर भी प्रेस एक्ट के कारण अप्रकाशित ही रह गया। 'सरोज' के सम्पादक पं. रामचन्द्र शुक्ल थे और उसके लेखकों में द्विवेदी जी, मैथिलीशरण जी, किशोरीलाल गोस्वामी और बालकृष्ण भट्ट जैसे लोग थे। 'कला भवन' से राय साहब ने 'कलानिधि' नाम की एक त्रैमासिक पत्रिका भी निकाली थी, जो दो अंकों के बाद बन्द हो गयी' ('धर्मयुग', 30 जनवरी, 1972, पृ. 24)

कला भवन में अनोखे वसीयतनामे भी संगृहीत हैं!

'भारत कला भवन' में राय कृष्णदासजी ने न केवल कला सम्बन्धी सामग्री ही सँजोयी बल्कि अनोखे वसीयतनामे भी एकत्रित किये। 'राजसी रईस बनारस के' आलेख में ऐसी ही अनोखी वसीयतनामे एकत्रित करने की चर्चा की गयी है, वह उल्लेख्य है, कमलनयन लिखते हैं, 'बनारस के प्रमुख चिकित्सक तथा रचनाकार डॉ. भानुशंकर मेहता उनके निकट सम्पर्क में रहे, उन्होंने बताया कि अद्वैत प्रसाद साह

का वसीयतनामा पढ़ने लायक है, जिसकी मूल प्रतिलिपि उन्होंने मुझे दी है। उसे मैं 'भारत कला भवन' को अर्पित करने जा रहा हूँ। इस वसीयतनामे में उन्होंने लिखा है कि मेरे मरने के बाद मेरी अर्थी ऐसे लोग उठायें जो ब्रिज खेलने के शौक़ीन हों, मेरे शव पर ताश की दो गड्डी रखी जानी चाहिए, श्राद्ध के दिन ऐसे ब्राह्मण को भोजन पर आमंत्रित किया जाये, जो भाँग छानने के शौक़ीन हों। पहले उन्हें दिव्य भाँग का गोला छनवाकर, फिर भोजन कराया जाये। भोजन के बाद विदाई में प्रत्येक ब्राह्मण को एक-एक सिल तथा लोढ़ा और भाँग की पत्ती अवश्य दी जाये।' ('धर्मयुग', 12 जुलाई, 1981, पृ. 31)।

आपकी मेधा न केवल कला के प्रति पूर्णतया समर्पित रही, बल्कि कला के संरक्षण और प्रोन्नयन के प्रति सदैव सचेष्ट रही। इसी को दृष्टिगत रखते हुए कला भवन, वाराणसी के प्रमुख आर्टिस्ट गणेशन ने लिखा है, 'उनकी जीवन-पद्धति उदात्त होते हुए भी सुरुचिपूर्ण थी। उन्होंने रवीन्द्रनाथ के सुयोग्य शिष्य आचार्य शैलेन्द्र नाथ जी से मेघदूत चित्रावली तैयार करायी जिसमें काव्य की आत्मा मुखर रूप से साकार हुई है। इन चित्रणों में जितना चित्रकार का योगदान था, उतना ही राय कृष्णदासजी का रहा, जो शब्दों द्वारा उन भावों को चित्रकार तक प्रेषित करते हुए बिम्ब उपस्थित करते हैं...उन्होंने उस्ताद राम प्रसाद से उनकी परम्परागत उत्तर मुग़ल शैली में उमर ख़य्याम के चित्र तैयार कराये।' इस विषय में वे स्वयं लिखते हैं कि मेरा और चित्रकार का अन्त:स्थल एक हो गया था। बाद में उन चित्रों सहित 'मेघदूत' और उमर ख़य्याम का सचित्र प्रकाशन कराया जो हिन्दी संसार की अमूल्य निधि है।

जागरूक नागरिक के रूप में पहचान

बनारस के राजसी रईसों के सम्बन्ध में आपका मत था कि साह ख़ानदान की पहली पहचान है कि हर आदमी कुछ-न-कुछ झक्की अवश्य होता है? कमलनयन ने इस सम्बन्ध में बनारस के राजकुमार साह से पुष्टि करते हुए पूछा, 'राय कृष्णदास के इस कथन से आप कहाँ तक सहमत हैं कि साह ख़ानदान की पहली पहचान यह है कि ख़ानदान का हर आदमी कुछ-न-कुछ झक्की अवश्य होता है?' राजकुमार साह ने कहा, 'राय कृष्णदास की बात से मैं शत-प्रतिशत सहमत हूँ। इसे मैं दैवी प्रकोप कहूँ या ख़ानदानी परम्परा—मैं स्वयं झक्की हूँ। आजकल मुझे एक झक सवार हुई है, बनारस में नलकूप लगवाने की, जिसे मैं एक-एक कर पूरा कर रहा हूँ। बताइए, है न यह एक झक? जो कार्य नगरपालिका को करना चाहिए वह मैं कर रहा हूँ।' ('धर्मयुग', 12 जुलाई, 1981, पृ. 31)। कहना होगा इस संवाद द्वारा राय कृष्णदासजी ने अपने समय के प्रशासन यानी नगरपालिका की उदासीनता को

प्रकट कर एक जागरूक नागरिक की पहचान सिद्ध की है, जो आपके व्यक्तित्व की विरलता को बताती है।

जीवनपर्यन्त खादी के ही हो गये

यों आप कानपुर कांग्रेस के समय मैथिलीशरण गुप्त जी के साथ पूज्य बापू से भेंट कर चुके थे, फिर भी, गांधीजी को कला भवन में ले आने पर आपके खादी वस्त्र धारण करने का जो प्रसंग जुड़ा हुआ है, वह कम उल्लेखनीय नहीं है। पहले आप 'सूट-बूट' में रहते थे, लेकिन गांधीजी के प्रभाव में क्या आये आपने जीवनपर्यन्त खादी वस्त्र धारण करने का व्रत ही ले लिया। बड़ा रोचक प्रसंग है जैसाकि उल्लेख्य है, 'गांधीजी से उन दिनों कौन नहीं प्रभावित था। राय साहब उन दिनों 'सूट-बूट धारी' अच्छे-ख़ासे अंगरेज़ जैसे थे। नागरी प्रचारिणी के 'कला भवन' में गांधीजी को ले जाने का प्रयास हो रहा था, लेकिन गांधीजी ने एक शर्त लगा दी, वे तब 'कला भवन' में प्रवेश करेंगे, जब राय साहब साहबी छोड़कर खद्दर का व्रत लेंगे। बिना क्षणभर देरी किये, अंगरेज़ी वेशभूषा का परित्याग कर वे धोती-कुरते पर उतर आये। तब से उनके घर में जीवनपर्यन्त खद्दर के अलावा अन्य वस्त्र वर्जित हो गये।' ('कादम्बिनी', फ़रवरी 1983, पृ. 96)।

अनवरत साधना-पथ के राही

आपकी सदैव कर्मयोग पर आस्था रही। 'निपुण वीणा' में उन्होंने लिखा, 'दु:ख से उद्विग्न होकर मैंने निश्चय किया कि ऐसे जीवन से मरण अच्छा है। मेरे हृदय ने कहा, 'मैंने कर्म करने का प्रण लिया है और आज मुझे पवित्र शिव कर्ममय जीवन मिला।' और उन्हें सचमुच ही ऐसा जीवन मिला, निधन के दिन उन्होंने पूजा-स्वरूप गीता के कर्मयोग पर भाष्य लिखा था।' ('कादम्बिनी', फ़रवरी 1983, पृ. 94)। और सचमुच उनके व्यक्तित्व की यह विरलता ही मानी जायेगी कि उन्होंने कभी काम बन्द भी नहीं किया, कहना न होगा 'उनके जीवन में काम बन्द करने का समय 1968-69 में एक बार आया जब पक्षाघात आया। हृदय प्रभावित हुआ। अचेत हुए। कोई नहीं जानता था कि वे बचेंगे। जान बची तो चिकित्सकों ने पूर्ण विश्राम की सलाह दी, लेकिन घर के लोग भी नहीं जानते थे कि वे कैसा विश्राम कर रहे थे। हाथ की अँगुलियाँ पक्षाघात से प्रभावित थीं। क़लम नहीं पकड़ सकते थे। शायद दायाँ हाथ बेकार हो जाये, इस आशंका से उन्होंने चुपके-चुपके बायें हाथ से लिखने का अभ्यास किया। बच्चों की तरह गोल-मटोल एक-एक अक्षर को बराबर लिखना शुरू किया और फिर उनका संकल्पित मन बाजी मार ले गया।' ('कादम्बिनी', फ़रवरी 1983, पृ. 94-95)। और पक्षाघात के कारण बायें हाथ से भक्तिमय रचना लिखी, क्योंकि आपका मानना

था कि क्या इस कर्मशील प्रवृत्ति में भी कोई भी क्षण अकर्मण्य रह सकता है? ऐसे थे राय कृष्णदासजी अनवरत साधना के पथ के राही, जो जीवनपर्यन्त कर्मरत रहे।

साहित्य के सन्दर्भ में आपके विचार

कृष्णनाथ ने राय कृष्णदास से कभी 'काशी और हिन्दी साहित्य' के बारे में किये गये साक्षात्कार में उनसे पूछा था कि 'उस समय (सन् 1901 से 1940-45 तक) आप विशेष रूप से सक्रिय थे, साहित्य में तब और अब में क्या फ़र्क़ मालूम पड़ता है?' तो आपने जवाब दिया, 'देखिए समय के साथ सब चीज़ बदलती है। साहित्यिक धारा में भी परिवर्तन होना आवश्यक है और हो रहा है। और ठीक ही हो रहा है। लेकिन एक बात हम देखते हैं कि कुछ इस समय के लेखकों में व्यापारिक प्रवृत्ति ज़्यादा बढ़ गयी है। एक आय का स्रोत यह बन गया है और इस कारण मार्मिक लेखक बहुत कम हैं। ज़्यादातर लोगों ने लिखने को पेशा बना लिया है। अख़बार इतने हिन्दी में निकल रहे हैं। सचित्र साप्ताहिक भी, मासिक भी, सब निकल रहे हैं। कुछ लिखो, दो, कुछ प्राप्त करो।' ('कल्पना', काशी अंक, सं. प्रयाग शुक्ल, संस्करण-2005, पृ. 28)। कहने का तात्पर्य है कि लेखकों की साहित्य के प्रति मिशनरी भावना से व्यावसायिक प्रवृत्ति की पनपती भावना को आपने आज से 75-76 वर्ष पूर्व ही भाँप लिया था, जो कि आज सर्वत्र दृष्टिगत होती देखी जा सकती है।

कला जगत् के लिए उल्लेखनीय अवदान

यों हिन्दी साहित्य और कला जगत् में 'भारत कला भवन, वाराणसी' का मूर्तन आपका महती अवदान है। इसके अतिरिक्त आप ललित कला अकादमी के सदस्य रहे। आप खड़ी बोली के उन्नायकों में एक महत्त्वपूर्ण कड़ी के रूप में गण्य हैं ही, इसी गौरव के सम्मानार्थ आपको नागरी प्रचारिणी सभा से 'वाचस्पति' और हिन्दी साहित्य सम्मेलन से 'साहित्य वाचस्पति' की उपाधियों से विभूषित किया गया। आपके कला जगत् और साहित्य जगत् में दिये गये उल्लेखनीय अवदान को दृष्टिगत रखते हुए भारत सरकार ने उन्हें पद्मविभूषण से अलंकृत किया। देश में सत्साहित्य का प्रकाशन हो, इस पावन उद्देश्य को लेकर आपने अपनी पूँजी से 'भारती भण्डार' (साहित्य प्रकाशन संस्थान) संस्थापित की।

कहना होगा इसी संस्थान से जहाँ आपने 'प्रसाद' जी की रचनाएँ प्रकाशित कीं वहाँ अपनी 'साधना' (1919), 'सुधांशु' (1922), 'संलाप' (1927), 'अनास्था' (1927) तथा 'प्रबाल' (1928) नामक पुस्तकें सर्वप्रथम प्रकाशित कीं। आपकी 'छायापथ' (1937) नामक गद्य-काव्य की कृति तथा 'भारत की चित्रकला' (1939) और 'भारत की मूर्ति कला' (1939) भी इसी संस्थान से प्रकाशित हुईं। आपकी इसी

संस्था की ओर से श्री लक्ष्मीनारायण मिश्र का 'अन्तस्तल' तथा शान्तिप्रिय द्विवेदी का 'हिमानी' नामक काव्य-संकलन प्रकाशित हुआ।

बाद में यह संस्थान आपने 'लीडर प्रेस, प्रयाग' को दे दिया और श्री वाचस्पति पाठक उसके अन्त तक व्यवस्थापक रहे। पाठकजी 'प्रसाद' और राय कृष्णदास के अनन्य स्नेह-भाजन रहे थे। आप जहाँ भारतेन्दुकालीन अनेक संस्मरणों के सन्दोह (प्राचुर्य) अपने मानस में छिपाये हुए थे वहाँ 'प्रसाद' और प्रेमचन्द-काल की अनेक खट्टी-मीठी अनुभूतियाँ सँजोये हुए थे। आपके जो संस्मरण पत्र-पत्रिकाओं में प्रकाशित हुए वे साहित्य की अमूल्य धरोहर हैं। आपकी 'जवाहर भाई' नामक कृति में नेहरूजी के मार्मिक संस्मरण अंकित हैं।' ('दिवंगत हिन्दी-सेवी', सं. क्षेमचन्द्र 'सुमन', प्रथम संस्करण-1981, पृ. 132)।

राय कृष्णदाजी भारती भण्डार प्रकाशन के स्वामी थे, जिनसे महाकवि जयशंकर प्रसाद जी और सरस्वती प्रेस के मालिक मुंशी प्रेमचन्द के निजी सम्बन्ध थे। इस तथ्य का खुलासा 'प्रसाद' जी के ऐतिहासिक नाटक 'चन्द्रगुप्त' के प्रकाशन में हुए विलम्ब को दर्शाते हुए प्रतीत होता है, जैसा कि प्रसाद वाङ्मय के द्वितीय खण्ड के पुरोवाक् में उल्लिखित है, '...छठवाँ ऐतिहासिक नाटक वह चन्द्रगुप्त है जिस पर 1908 ई. से चिन्तन अग्रसर रहा, यद्यपि इसका लेखन स्कन्दगुप्त से पहले ही हो चुका था। किन्तु, प्रकाशन संवत् 1988 (ई. 1931) में हुआ। दो वर्ष पूर्व इसे प्रेस में दे दिया गया था। सरस्वती प्रेस की दशा भी कुछ ऐसी नहीं थी कि वह बड़े काम शीघ्र कर दे, दैनन्दिन व्यय छोटी-छोटी छपाइयों से चलते थे, इसलिए उन्हें पहले करने की बाध्यता रहती थी। वहाँ से अन्यत्र 'चन्द्रगुप्त' को देना भी सम्भव न था, क्योंकि वह मुंशी प्रेमचन्द का प्रेस था, जिनसे लेखक और प्रकाशक भारती भण्डार के स्वामी राय कृष्णदास के निजी सम्बन्ध रहे। टाइप कुछ विशिष्ट प्रकार के सम्भवत: मद्रास की नार्टन टाइप फाउंड्री से मँगाने की बात थी। यत: (चूँकि) टाइप थोड़े परिमाण में आवश्यकतानुसार प्रेस लेना चाहता था आौर फाउंड्री का कहना था कि इस प्रकार के टाइप के और आदेश आ जायेंगे तब ढलाई होगी, इसी कारण वहाँ पाण्डुलिपि 1929 से दो वर्षों तक अमुद्रित पड़ी रही और 1931 के मध्य में छप सकी। लेखन में भी पर्याप्त समय लगा, सम्भव है कुछ नये तथ्यों के उजागर होने की प्रतीक्षा रही हो।' ('पुरोवाक्', पृ. XI, 'प्रसाद वाङ्मय' (रचनावली) द्वितीय खण्ड)।

आपने कला-संरक्षण के साथ-साथ पत्रकारिता के प्रोन्नयन में भी सहभागिता निभायी, जब ज्ञानमण्डल और 'आज' दैनिक, वाराणसी के संस्थापक शिवप्रसाद गुप्त ने उसके संचालक के लिए स्वतन्त्र संस्था का निर्णय लेकर पूँजी जुटाने की दृष्टि से एक लाख रुपये के दस हज़ार शेयर बेचने का निश्चय किया तो अन्य

सहभागियों के साथ राय कृष्णदास ने भी 50 शेयर ख़रीद कर समिति के संचालक का दायित्व निभाया (हिन्दी के प्रमुख समाचार-पत्र और पत्रिकाएँ, सं. अच्युतानन्द मिश्र, संस्करण-2017, पृ. 21)। इस प्रकार उस समय 'आज' के प्रकाशन को आर्थिक निश्चिन्तता प्रदान करने में आपने महती भूमिका निभायी।

उत्तर प्रदेश सरकार द्वारा हिन्दी और संस्कृत के विद्वानों के लिए पुरस्कार प्रदान किये जाते रहे, उसी शृंखला में आपको सन् 1973 में दस हज़ार रुपये का विशिष्ट पुरस्कार प्रदान किया गया, जो अपने आप में गौरवपूर्ण है। केन्द्रीय ललित कला अकादमी एवं राज्य ललित कला अकादमी ने मानक फैलो सदस्यता प्रदान की। आप अखिल भारतीय संग्रहालय संघ के निर्वाचित सभापति रहे। मेरठ विश्वविद्यालय व काशी हिन्दू विश्वविद्यालय ने आपको मानद डी.लिट. की उपाधि प्रदान की। इतना ही नहीं, आपकी स्मृति में 'भारत कला भवन' वाराणसी ने आपके पुत्र डॉ. राय आनन्दकृष्ण को राय कृष्णदास अभिनन्दन ग्रन्थ 'छवि' शीर्षक से 20 जुलाई, 1981 को समर्पित किया। कला-महीयसी डॉ. चन्द्रमणि सिंह के अनुसार, राय कृष्णदास से सम्बद्ध व सन्दर्भित अभिनन्दन ग्रन्थ 'छवि' को तैयार कराने में आपके पुत्र डॉ. राय आनन्दकृष्ण ने तन-मन-धन से पूर्ण सहयोग प्रदान किया था।

वाराणसी स्थित 'भारत कला भवन' के विराट स्वरूप से भारत देश ही नहीं सम्पूर्ण विश्व गौरवान्वित है। उस विश्वविख्यात 'कला भवन' के संस्थापक कला-मनीषी राय कृष्णदास को अपने 'प्राणान्त का अनुभव' आपको कुछ माह पूर्व यानी 1 मार्च, 1980 की रात को एक स्वप्न के द्वारा हो चुका था, उसे आपने 'कादम्बिनी' को स्वप्न-दर्शन के विषय में पराविद्या विशेषज्ञों को शोध की दृष्टि से प्रकाशनार्थ भेजा था, उस स्वप्न का उल्लेख करते हुए आपने लिखा, 'मार्च में पहली तारीख की रात मैंने एक स्वप्न देखा था–मेरी मसहरी की छत ग़ायब है, और कोई चार फुट ऊपर एक वायुयान मँडरा रहा है, जो बिगड़ा हुआ है। मुझे लगा कि वह अब गिरा, तब गिरा, तभी उसका इंजन ठीक हो जाता है और वह उड़ान भरकर ओझल हो जाता है। मुझे आभास हो गया कि कोई भारी शारीरिक कष्ट आयेगा, किन्तु प्राण बच जायेंगे।...मैं दिल के दमा का मरीज़...सन्ध्या शयन-कक्ष में चला गया...दम फूला... डॉक्टर ने इंजेक्शन दिया, राहत मिली...फिर दौरा हुआ...इंजेक्शन दिये...'क्राइसिस' से छुटकारा मिला। साथ ही प्राणान्त का पूर्व अनुभव भी हो गया।' ('कादम्बिनी', सितम्बर 1980)।

फिर भी विधि के विधान को कौन टाल सकता है। ऐसे महान् कला-पारखी, कला-मर्मज्ञ, कला-मनीषी राय कृष्णदासजी का निधन 20 जुलाई, 1980 को हुआ। उनके निधन से आहत होते हुए राष्ट्रकवि 'दिनकर' ने कहा, 'स्नेह, सत्कार और

स्वागत की सघनता तो 'सीता निवास' में है ही, मगर कोई चीज़ थी जो 'शान्ति कुटीर' के साथ ही विदा हो गयी। असल में वह कुटीर साहित्य का सिद्धपीठ था। तथापि भारतीय कलाओं के अनेक संग्रहों के निर्माण में, कला के प्रति रुचि पैदा करने में एवं कला-परम्परा के नव-उत्थान में विनम्रता और सौजन्यता की प्रतिमूर्ति राय कृष्णदासजी का योगदान काल के पटल पर स्वर्णाक्षरों में उत्कीर्ण है, जो कला-प्रेमियों के लिए सदैव प्रेरणास्पद रहेगा।'

इसी परिपार्श्व में यहाँ यह उल्लेखनीय है कि कला-मर्मज्ञ राय कृष्णदास पुराने साहित्यिक संस्मरणों के भण्डार रहे हैं। आप द्वारा लिखे गये पुराने संस्मरणों में जयशंकर प्रसाद के साथ-साथ बाबू देवकीनन्दन खत्री तथा मैथिलीशरणजी के सम्बन्ध में कतिपय उल्लेखनीय संस्मरण हैं जो अज्ञात और अविस्मरणीय हैं, चन्द्रकांता और देवकीनन्दन खत्री के जीवन के सम्बन्ध में एक बहुत ही अल्प ज्ञात संस्मरण आपकी स्मृति में रहा, जिसे आपने ख्यात उपन्यासकार अमृतलाल नागर को बताया था। नागरजी ने मधुरेशजी को लिखे पत्र में उसका उल्लेख करते हुए बताया कि 'चन्द्रकान्ता के सम्बन्ध में एक बड़े भेद की बात तुम्हें बतला दूँ, एक बार स्व. राय कृष्णदासजी बातों की मौज में मुझसे कह गये थे कि बनारस के कुछ रईस लोग किसी वेश्या के कारण देवकीनन्दन खत्री से नाराज़ हो गये। उन्होंने किसी पर्व-स्नान के दिन देवकीनन्दनजी की युवा और अत्यन्त सुन्दरी पत्नी को घाट पर से ही उड़वा दिया। बाद में वह जौनपुर में वेश्या बना दी गयी। देवकीनन्दनजी का दूसरी बार विवाह हुआ। स्व. दुर्गाप्रसाद खत्री आदि दूसरी की सन्तति थे। पहली का नाम था चन्द्रकान्ता। बाद में जौनपुर में चन्द्रकान्ता और देवकीनन्दनजी की भेंट भी होती रही। इस दूसरी पत्नी से भी यशस्वी सन्तानें हुईं और चन्द्रकान्ता सन्तति की भी यशोपताका फहरा रही है। फिर अन्त में मुझे ताकीद करते हुए उन्होंने लिखा, 'अभी इस घटना का इस्तेमाल न करना। अभी तो दूसरी के पोते जीवित हैं। तुम्हारी वृद्धावस्था आने तक सकड़-लकड़ पोते होंगे, तब सँभालकर शायद लिख सकोगे, लेकिन अब जब वे नहीं हैं, मैं समझता हूँ, उस सबको लिखा जा सकता है।' ('उत्तर प्रदेश', अमृतलाल नागर विशेषांक : अगस्त-सितम्बर, 2015, पृ. 94-95)। जहाँ तक मैथिलीशरणजी से सम्बद्ध संस्मरण का प्रश्न है बात सन् 1917 ई. की है, जब राय कृष्णदासजी ने 'पं. महावीर प्रसाद द्विवेदी' को यह पत्र लिखा था कि मैथिलीशरणजी अपने समय के शिखर पर पहुँच गये हैं। उन्हें राष्ट्रकवि की उपाधि से विभूषित किया जाये। द्विवेदी जी ने राय कृष्णदासजी को उत्तर में लिखा कि 'मैथिलीशरण मेरे लिए पुत्रवत् है। यह काम मेरे किये नहीं होगा।'

कुछ ऐसी ही भावना द्विवेदी जी ने 'भारत-भारती' की समीक्षा करते समय भी प्रकट की थी। समीक्षा में द्विवेदी जी ने 'भारत-भारती' की भूरि-भूरि प्रशंसा की थी और समीक्षा के अन्त में कहा था कि मैथिलीशरण मेरे लिए पुत्र के समान है। किन्तु इस समीक्षा को लिखते समय मैंने इसका कोई ख़याल नहीं रखा, 'सत्य इसके साक्षी तुम हो।' ('धर्मयुग', 30 जनवरी, 1972, पृ. 22)। ऐसे ही संस्मरणों की दुनिया में जयशंकर प्रसाद की याद में लिखे संस्मरणों की शृंखला 'जयशंकर प्रसाद जी की यादें' 'साप्ताहिक हिन्दुस्तान' के 1977 के अंकों में प्रकाशित हुई थीं, जो आगे के पृष्ठों में प्रस्तुत हैं, उससे पूर्व महाकवि जयशंकर 'प्रसाद' जी के जीवन, साहित्य एवं व्यक्तित्व को प्रस्तुत किया जाता है ताकि साहित्य-मनीषी और ख्यात साहित्यकार प्रसाद पर समग्र दृष्टि प्राप्त हो सके।

—●—

2

जयशंकर प्रसाद : जीवन, साहित्य और व्यक्तित्व

'कामायनी', 'झरना', 'आँसू', 'लहर', 'अजातशत्रु', 'आकाशदीप', 'कंकाल' और 'तितली' जैसी कृतियों के सर्जक छायावाद युग के चार स्तम्भों[1] में से एक स्थापक

स्तम्भ व हिन्दी के महाकवि, नाटककार, कथा-शिल्पी, उपन्यासकार जयशंकर प्रसाद का जन्म माघ शुक्ल दशमी संवत् 1946 वि. (सन् 1889 ई.) को काशी (वाराणसी) में शिवरत्न साहू (पितामह) के भक्ति-प्रधान सुँघनी साहू माहेश्वर कुल में पिता देवी प्रसाद साहू के यहाँ एक समृद्ध घराने में हुआ था।

आपके पूर्वज कन्नौज से काशी आये। काशी में तम्बाकू का व्यापार किया। इसी क्रम में आपके परिवार में वंशानुगत सुर्ती, तम्बाकू तथा 'सुँघनी' आदि का कार्य होता रहा। इसीलिए आपका परिवार 'सुँघनी साहू' के रूप में ख्यात हो गया। परिवार शिव उपासक था और वैद्यनाथ धाम से लेकर उज्जैन के महाकाल की कृपा के फलस्वरूप पुत्र जन्म माने जाने के कारण आपको 'झारखण्डी' पुकारा जाता था। शिव की कृपा 'जयशंकर प्रसाद' नाम से भी ध्वनित है।

बालपन से ही माँ सरस्वती की कृपा रही, यही कारण रहा कि आपने अपनी आठ वर्ष की आयु में ब्रजभाषा में सवैया–

'हारे सुरेस, रमेस, घनेस, गनेसहू, सेष न पावत पारे।
पारे हैं कोटिक पातकी पुंज 'कलाधर' ताहि छिनो लिखि तारे।
तारेन की गिनती सम नाहिं सुजेते तरे, प्रभु पापी बिचारे।
चारे चले न बिरंचिहू के जो दयालु ह्वै संकर नेकु निहारे।'

---

1. छायावाद के चार स्तम्भ रहे हैं–महाकवि जयशंकर प्रसाद, सूर्यकान्त त्रिपाठी 'निराला', सुमित्रानन्दन पन्त और महीयसी महादेवी वर्मा।

जैसा आदि (प्रथम) कवित्त लिख सुनाकर अपने गुरु रसमय सिद्ध को आश्चर्यान्वित कर दिया था, तभी गुरु को विश्वास हो गया था कि यह बालक निस्सन्देह साहित्य में अपना नाम रोशन करेगा। कहना होगा इस कवित्त का यही छन्द आपके साहित्य के 'आदि छन्द' के रूप में परिगणित है।

हालाँकि ऐसी ही प्रतिभा का स्फुरण भारतेन्दु हरिश्चन्द्र की बाल्यावस्था में ही घटित होना सिद्ध है। यह घटना-साम्य 'भारतेन्दु हरिश्चन्द्र' का स्मरण करा देता है, जहाँ उनके द्वारा भी मात्र नौ वर्ष की आयु में '**लै ब्यौड़ा ठाड़े भये श्री अनिरुद्ध सुजान, बाणासुर की सैन को हनन लगे भगवान**' जैसी कविता उन्होंने अपने पिता को सुनायी तो वे भी बालक की प्रतिभा से आश्वस्त हो गये थे, जो आगे चलकर युग-निर्माता 'भारतेन्दु' सिद्ध हुए।

प्रारम्भिक शिक्षा-दीक्षा

'प्रसाद' जी की प्रारम्भिक शिक्षा-दीक्षा काशी में हुई थी। यों पिताश्री की छत्रछाया में आपने संस्कृत, फ़ारसी और हिन्दी का अच्छा ज्ञान प्राप्त कर लिया था। 'देवकोश' (अमरकोश) व अष्टाध्यायी जैसे ग्रन्थ आठ वर्ष की वय में ही आपको कण्ठस्थ हो गये थे। फिर भी रसमय सिद्ध श्री मोहिनीलाल की विद्वत्ता को पहचानते हुए पिता देवी प्रसाद ने बालक जयशंकर की शिक्षा उनके अधीन कर दी, जो वहाँ एक पाठशाला चलाते थे। मोहिनीलाल जब काशी में निवास करने लगे तो उनका सुँघनी साहू की दुकान पर आना-जाना बना रहता था।

'प्रसाद' जी के पुत्र रत्नशंकर प्रसाद ने पाठशाला की उच्चता के बारे में कहा है, 'उस पाठशाला में भाषा और व्याकरण के सामान्य ज्ञान के साथ-साथ छन्द-पिंगल की शिक्षा भी प्रायः चलती थी। ...ग्यारह वर्ष की वय में आपको पितृ-वियोग हुआ तभी उक्त पाठशाला और क्वींस कॉलिजिएट स्कूल का नियमित क्रम टूट गया। पाठशाला को वे प्रारम्भिक सरस्वती पीठ कहते थे। यों उन्होंने बाबा रामगोपाल की पाठशाला में भी शिक्षा पायी थी। उसी काल में 'रघुवंश', 'शाकुन्तल', 'नैषध' आदि की शिक्षा भी उन्हें कुछ विशिष्ट अध्यापकों द्वारा मिली थी, उनमें आचार्य गंगाधर शास्त्री का नाम उल्लेखनीय है।' ('कादम्बिनी', अप्रैल 1979, पृ. 126)।

'प्रसाद' जी की वय लगभग 16 वर्ष की थी, तभी काशी के अग्रवाल युवकों द्वारा हस्तलिखित पत्रिका निकाले जाने का निश्चय किया कि एक मासिक पत्रिका प्रकाशित की जाये। उसी विचार की परिणति स्वरूप 'भारतेन्दु' की स्मृति को अक्षुण्ण बनाने के उद्देश्य से 'भारतेन्दु' शीर्षक से मासिक-पत्र का प्रकाशन सन् 1905 में आरम्भ हुआ। हालाँकि वह अपने उदय के एक वर्ष यानी 1906 में ही अस्त हो गया। इसी

'भारतेन्दु' के संयुक्तांक में ही 'सावन पंचक' शीर्षक से प्रथम बार युवक जयशंकर प्रसाद की रचनाएँ (कविताएँ) 'कलाधर' उपनाम से प्रकाशित हुईं, **'गावन लागे मयूर 'कलाधर' झांपि के मेघ लगे बर सावन'**। 'प्रसाद' जी की कवित्व शक्ति के बारे में राय कृष्णदासजी अक्सर कहते, 'भारतेन्दु का रत्ती-रत्ती जीवन काव्यमय था। 'प्रसाद' जी का भी यही हाल था। वे केवल कविता लिखते नहीं थे, कवित्व का जीवन जीते थे।' ('धर्मयुग', 30 जनवरी, 1972, पृ. 24)

यही 'भारतेन्दु' सन् 1908 में लाला भगवानदीनजी के सम्पादकत्व में पं. नागेश्वर नाथ हिन्दी-प्रेमी ने पुन: निकाला जो जून, 1908 में ही बन्द हो गया। सन् 1908-09 तक आपने काफ़ी कुछ लिख डाला और प्रकाशनार्थ कहीं अन्यत्र न भेजकर स्वत: ही प्रकाशनार्थ करने का संकल्प साधा। उसी संकल्प-पूर्ति के उद्देश्य से 'भारतेन्दु' पत्रिका निकाले जाने के मंतव्य और 'भारतेन्दु' पर कविता रचे जाने से स्पष्ट होता है कि भारतेन्दुजी के प्रति आपकी अगाध श्रद्धा थी कि अनेक अंशों में 'भारतेन्दु' आपके आदर्श व्यक्ति हो गये थे। यह इस तथ्य से भी पुष्ट होता है कि ' 'भारतेन्दु' पत्र में आपका इतना ममत्व था कि वे उसे पुन: प्रकाशित कराने की प्रबल इच्छा बनाये रहे, किन्तु विशेष कारणवश वैसा न हो सका, जिससे आप बहुत दु:खी हुए।' (द्रष्टव्य : 'कादम्बिनी', मई 1979, पृ. 102)।

बाद में आपने अपने भांजे स्व. अम्बिका प्रसाद गुप्त द्वारा 'इन्दु' शीर्षक से मासिक-पत्र सन् 1909 में निकाला। 'इन्दु' का प्रकाशन कुछ उद्देश्यों को लेकर किया गया था, जैसा कि राय कृष्णदासजी को उन्होंने (प्रसादजी ने) बताया था। 'इन्दु' को तीन उद्देश्यों से आरम्भ कराया था–

(1) अपनी रचनाओं का प्रकाशन, (2) अम्बिका प्रसाद गुप्त की साहित्यिक रुचि का उपयोगपूर्वक कुछ आर्थिक लाभ और (3) अपने सुर्ती के व्यापार का विज्ञापन। यों 'इन्दु' हरिश्चन्द्र चन्द्रिका के अनुकरण पर चलकर उसी परम्परा में जुड़ी 'इन्दु' में आपकी रचनाएँ 'प्रसाद' उपनाम से निकलीं। कहा जा सकता है कि 'इन्दु' के प्रकाशन और उसमें प्रकाशित रचनाओं के बाद आपके नाम की पूर्णता यानी 'जयशंकर प्रसाद' प्रकट हुई।' ('साप्ताहिक हिन्दुस्तान', 23 जनवरी, 1977)।

प्रतिभा प्रस्फुटन और रचना-कर्म

आप प्रारम्भ से ही प्रतिभा-सम्पन्न रहे। आपकी प्रतिभा-स्फुरण की एक घटना प्रासंगिक है, वह यहाँ प्रस्तुत की जाती है। उल्लेख्य है कि उस समय के कवि चक्रवर्ती का अजस्र साधुवाद भी मिल चुका था। समय था, काशी नागरी प्रचारिणी

सभा द्वारा आयोजित 'कोशोत्सव' के उपलक्ष्य में एक विराट-कवि सम्मेलन का। अध्यक्षता की कवि चक्रवर्ती ने। यों आप सहज संकोच एवं आत्मगोपन के वृत्तिवश किसी सार्वजनिक काव्य-पाठ से दूर रहा करते थे। लेकिन उनके किसी अन्तरंग ने 'सभाभीरु' का तंज़ कसा, क्योंकि उस अनूठे सारस्वत-यज्ञ में उनके उद्गीथ-रम्य-पद-पाठ सुनने के सभी इच्छुक थे। प्रश्न था उन्हें कैसे विवश किया जाये? आख़िर एक महानुभाव ने अध्यक्ष के कान में भुनुक दिया। फिर तो अध्यक्ष-पीठ से घोषित हुआ, 'अब श्रीमान् जयशंकर प्रसाद काव्य-पाठ करेंगे।' यह घोषणा आपको अग्रज-कल्प के अनुल्लंघनीय आदेश तुल्य रही। सुतराम् लज्जा सर्ग (कामायनी) उस नि:शब्द सभा ने सुना, '...कवि चक्रवर्ती अपने स्नेहास्पद के प्रतिपाद-पाठ पर उसकी भाव-संयोजना के अवधान में झूम रहे थे। गम्भीर साधुवाद से सभा का विसर्जन करते अध्यक्ष ने उनकी पीठ पर हाथ रख सानन्द कहा, 'महाकवित्वं च महाकवि त्वम्!' ' ('कादम्बिनी', मार्च 1979, पृ. 42-43)। यही साधुवाद फलित हुआ 'कामायनी' सहित उनके समस्त रचना-कर्म में। यही कारण है कि राय कृष्णदासजी ने 'प्रसाद' जी को स्वयंभू शिखर मानते हुए कहा है, ' 'प्रसाद' जी स्वयंभू शिखर थे। वे बिना सहायता के फूटे थे, बिना सहायता से बढ़े थे।'

कहना होगा 'प्रसाद' जी मूर्तिमान साहित्य और प्रेम की मूर्ति थे और जब प्रसादजी 'प्रसाद' जी हो चुके थे, तब सन्ध्या के समय उनकी नारियरी टोला वाली दुकान पर साहित्यिक मण्डली जुटती और चर्चा का विषय एकमात्र साहित्यिक ही रहता, परिणाम था बहुविध और विपुल साहित्य-रचना की पृष्ठभूमि का निर्माण। आपका सम्पूर्ण रचना-कर्म 'प्रसाद वाङ्मय' के पाँच खण्डों (रचनावली) के रूप में सम्पादित और प्रकाशित है। हालाँकि आपने आयु कम पायी, फिर भी मात्र 48 वर्ष की आयु में आपका बहुविध सृजन हिन्दी-साहित्य के लिए बड़े गौरव की बात है। कहना चाहिए आपने विविध रचनाओं के माध्यम से मानवीय करुणा और भारतीय मनीषा के अनेकानेक गौरवपूर्ण पक्षों को उद्घाटित कर हिन्दी साहित्य के समक्ष महती उपलब्धि प्रदान की है।

प्रसंगत: 'प्रसाद वाङ्मय' के आधार पर आपके प्रकाशित साहित्य को काल-क्रमानुसार यहाँ प्रस्तुत किया जाता है–

[1] काव्य–(1) **चित्राधार** (1909-1915 की अवधि में रचित रचना-संग्रह), प्रकाशन : 1918, (2) **कानन-कुसुम-सन्** 1912-13, संशोधित संस्करण चित्राधार में 1928, (3) **प्रेम-पथिक**–(क) ब्रजभाषा : 1909, (ख) खड़ी बोली : 1913, (4) **महाराणा का महत्त्व** : 1914, पुस्तकाकार, 1928, (5) **झरना**–1918,

परिवर्द्धित संस्करण : 1927, (6) **आँसू**–1925, परिवर्द्धित संस्करण : 1931, (7) **लहर** : 1933, (8) **कामायनी**–1936 सं.[1], परिवर्द्धित सं. : 1937। **[2] नाटक** एकांकी–(1) **सज्जन** (एकांकी)–1911, चित्राधार के साथ भी छपा है : 1978, (2) **कल्याणी परिणय** (गीति-नाट्य) : 1912, (3) **प्रायश्चित्त** (एकांकी)–1913, चित्राधर के साथ भी छपा है : 1928, (4) **करुणालय** (गीति-नाट्य)–1913, पुस्तकाकार : सं. 1928, (5) **राज्यश्री** (नाटक)–1915, पुस्तकाकार : सं. 1925 ई., (6) **विशाख** (नाटक)–1921, (7) **अजातशत्रु** (नाटक)–1922, (8) **जनमेजय का नाग यज्ञ** (नाटक)–1926, (9) **स्कन्दगुप्त** (नाटक)–1928, (10) **कामना** (रूपनाट्य)–रचना 1923-24, प्रकाशन : 1927, (11) **एक घूँट** (एकांकी)–1929, (12) **चन्द्रगुप्त** (नाटक)–1931, (13) **ध्रुवस्वामिनी** (नाटक)–1933, (14) **अग्निमित्र** (अपूर्ण), रचनाकाल : 1934, दैनिक 'आज' में 1944, (15) **चन्द्रावली** (काव्य-नाटक), प्रकाशन : अज्ञात। **[3] उपन्यास**–(1) **कंकाल**–साहित्य सुमन माला, काशी : 1912 ई., (2) **तितली**–भारतीय भण्डार, काशी : 1934 ई., (3) **इरावती** (अपूर्ण)–रचनाकाल : 1935 ई.। **[4] कहानी-संग्रह**–(1) **छाया**–11 कहानियों का संग्रह, 1912 ई., (2) **प्रतिध्वनि**–15 कहानियों का संग्रह, 1926 ई., (3) **आकाशदीप**–19 कहानियाँ, 1929 ई., (4) **आँधी**–11 कहानियाँ, 1931 ई., (5) **इन्द्रजाल**–14 कहानियाँ, 1936 ई.। **[5] निबन्ध**–(1) **काव्य और कला तथा अन्य निबन्ध**–1939 ई., (2) **अभिषेक**–1978। **[6] चम्पू**–(1) **उर्वशी**–1909 ई., (2) **बभ्रुवाहन**–1909 ई.।

कहना होगा 'प्रसाद वाङ्मय' के रचनाकर्म के सम्पादक रत्नशंकर प्रसाद (प्रसादजी के सुपुत्र) ने 'प्रसाद' जी के सृजन के आरम्भ और परिणाम को सन्दर्भित करते हुए लिखा है, 'प्रसाद-वाङ्मय के आरम्भ और परिणाम में 'ध्रुवतारा' की भाँति जो अचल-प्रतिष्ठ और मौलिक संकल्प बिन्दु है, जहाँ आरम्भ और परिणाम एकायन हैं...प्रसाद वाङ्मय का आरम्भ 'उर्वशी-चम्पू' से हुआ और परिणाम 'कामायनी' में है। अपनी स्वतन्त्र-अस्मिता रखते हुए भी मध्यवर्ती कृतियों में इस बिन्दु से सम्बन्ध साधन के अन्वेष्य तन्तु हैं, 'प्रसाद' जी के ही शब्दों में, **'वे कितने ऐसे होते हैं जो केवल साधन बनते हैं, आरम्भ और परिणामों को सम्बन्ध-सूत्र से बुनते हैं।'** [प्रथम (काव्य) खण्ड पुरोवाक्, पृ. 'ज']।

यहाँ यह उल्लेख्य है, 'प्रसाद' जी के पुत्र डॉ. रत्नशंकर प्रसाद ने 'प्रसाद साहित्य' को कालक्रम से 'प्रसाद वाङ्मय' छः खण्डों में एकीकृत और वर्गीकृत कर रचनावलियों का प्रकाशन हिन्दी साहित्य अध्येताओं को सुलभ करा दिया है, वस्तुत:

1. जहाँ-जहाँ 'सं.' का उल्लेख है, वहाँ-वहाँ उसका तात्पर्य संस्करण से है न कि 'संवत्' से।

'प्रसाद' जी का रचना-कर्म 'इन्दु' पत्रिका की पृथक्-पृथक् किरणों और कलाओं के रूप में भी प्रकाशित हुआ था, जिनका विस्तृत और प्रामाणिक विवेचन हमें उनके हमसफ़र व समवयस्क कला-मर्मज्ञ राय कृष्णदासजी द्वारा प्रकाशित 'प्रसाद जी की याद' श्रृंखला में देखने को मिलता है, जो इसी पुस्तक के आगे के पृष्ठों में पृ. 56 से पृ. 156-57 तक समाहित है।

'प्रसाद' जी ने अपनी अल्पायु में विविध विधाओं, यथा–कविता, कहानी, नाटक, उपन्यास व निबन्ध आदि का सृजन कर व्यापक रूप से प्रतिष्ठा अर्जित की। जीवन के असीम-संसार से कोई महान् प्रतिभा कैसे अंकुरित और विकसित होती है, 'प्रसाद' और 'प्रसाद साहित्य' इसका बेजोड़ उदाहरण है।

प्रारम्भ में 'कलाधर' उपनाम से आपने सवैया लिखे। भाषा ब्रजभाषा और खड़ी बोली रही। यों 'चित्राधार' प्रसादजी का प्रथम रचना-संग्रह (1905-1915 की अवधि में रचित) जिसका प्रकाशन 1918 में माना जाता है, तथापि 'कानन-कुसुम' खड़ी बोली की कविताओं का प्रथम संग्रह है। 'आँसू' 'प्रसाद' जी का श्रेष्ठ गीति-काव्य है। कवि का गौरव बढ़ाने वाला 'कामायनी' प्रबन्ध-काव्य है।

आपका कवि हृदय कोमलता-मार्दव व सुकुमारता से आप्लावित था। आप दु:खों की विसंगतियों से गुज़र चुके थे यानी पिता का देहावसान, अग्रज का निधन, पहली, दूसरी पत्नी का बिछोह, न्यायालयी विवाद आदि-आदि। इसीलिए जन्मपत्री के हिसाब से भविष्य के आसन्न दु:खों के इतिवृत्त को सुनने से आप दूर रहना चाहते थे, यही कारण रहा कि आपने पं. सूर्यनारायण व्यास को उनके बनारस प्रवास के दौरान अपनी जन्म-पत्री दिखलाते समय स्पष्टत: कहा, 'व्यासजी आप पत्रिका देखें। पर आगे होने वाली कोई बुरी बात अभी से न बतला दीजिएगा। बहुत पहले से चिन्ता लेकर मैं दु:खी नहीं बनना चाहता।' ('यादें' पं. सूर्यनारायण व्यास, संस्करण-2005, पृ. 196)। इस पर व्यासजी ने कहा, 'वे सच्चे अर्थों में कवि हृदय थे, सुकुमार थे।'

यों आपका पुश्तैनी तम्बाकू, जर्दा (सुँघनी साहू) का व्यापार पहले बहुत समृद्ध और उन्नत था, किन्तु 'प्रसाद' जी के पिता के तिरोधान (सं. 1957) होने के साथ ही विघटन की दशा गहराई, जैसा कि आपके पुत्र रत्नशंकर ने लिखा है, 'संवत् 1957 की गोपाष्टमी को मेरे शिवकल्प पितामह श्री देवी प्रसाद का जब तिरोधान हो गया तो कौटुम्बिक श्रृंखला की कड़ियों में तनाव बढ़ने लगा और बरस भर भी नहीं बीता, परिवार विघटन के कगार से टूटकर ढाक गिरने लगे और वह सुरसरि आविल (मैली) हो चली, जिसके तट प्राय: पाँच सौ व्यक्ति आनन्द-मंगल मनाते थे। अदालत में मिसिल मोटी होने लगी और घर में थैली दुबली और कदाचित अनुभूति-संस्कार में वह खग्रास की भूमावाली भूमि उनके समक्ष आ गयी, जिसकी अभिव्यक्ति

मनु-मुख से होती है–'**बढ़ रहा तिमिर गर्भ में नित्य दीन जीवन का यह संगीत।**' ('कादम्बिनी', फ़रवरी 1979, पृ. 109)। यही कारण रहा कि आगामी शैक्षणिक सम्भावना सदैव के लिए समाप्तप्राय हो गयी। किन्तु आप पिताश्री के जीवनकाल तक पूर्ण निष्णात हो चुके थे।

आपके पिताश्री के तिरोधान होने और अठारहवें वर्ष (संवत् 1964) में अग्रज के बिछोह ने आपकी ज़िम्मेदारियाँ और भी बढ़ा दीं। फिर भी, आपकी रचनाशीलता में कोई कमी नहीं आयी। आपके पुत्र रत्नशंकर लिखते हैं, 'कदाचित उस 'तुमुल कोलाहल कलह' में वहीं से 'हृदय की बात सुनने के लिए।' अभी तो केवल दुकान की गद्दी का ही भार था, जहाँ चुपके-चुपके मनन-अध्ययन कुछ-कुछ औरों की आँख बचाते चलता था, किन्तु अब कारख़ाने में उत्पादन और माल का वितरण करणीय हो उठा। साथ ही परिवार के विभाजन में आयी लम्बी ऋण-राशि के भुगतान की व्यवस्था एक सर्वोपरि प्रश्न बनी।' ('कादम्बिनी', अप्रैल 1979, पृ. 127)। कहना होगा आपकी मेधा ही विरल थी कि पारिवारिक कलह के उपसर्गों के चलते भी आपके स्वाध्याय का क्रम बना रहा और प्रतिकूल स्थिति में भी साहित्य-सृजन चलता रहा।

यह बात दीग़र है कि परिवार की प्रतिकूल परिस्थितियों के चलते साहित्य-सृजन गतिमान रहा, नि:सन्देह उसके पीछे आपके आसपास के वातावरण ने भी महती भूमिका निभाई। जैसा कि बेबाकी और साफ़गोई के लिए ख्यात पत्रकार पाण्डेय बेचन शर्मा 'उग्र' ने लिखा है, 'मधुर महाकवि श्री जयशंकर प्रसाद की तम्बाकू-जर्दा की दुकान वेश्याओं के मोहल्ले के सिंहद्वार पर थी। 'प्रसाद' जी की दुकान पर आधा घण्टा बैठने से ही वेश्या बाज़ार की बानगी बहुत कुछ मिल जाया करती थी। लाला भगवान 'दीन' का भाड़े का मकान तो बिल्कुल ही पिछवाड़े था, उस आकर्षक दाल-मण्डी के। जयशंकरजी वैसे गोवर्धन सराय में रहते थे, लेकिन दुकान से आते-जाते शत्-शत् मंगला-मुखियों का दर्शन वेश्यागामी का बिल्ला लगाये बग़ैर ही मिलता था। लाला भगवान 'दीन' हमेशा तम्बाकू जयशंकर ही की दुकान की पीते थे। 'प्रसाद' जी जब-जब दुकान पर होते तब-तब सुखद हास्य-व्यंग्य की दो-दो चोंचें ज़रूर होती थीं' ('अपनी ख़बर' : पाण्डेय बेचन शर्मा 'उग्र', पृ. 107)। उससे निस्सन्देह मन तरोताज़ा होता रहता और सृजनशीलता भी बढ़ती।

राष्ट्रीय आन्दोलन में सहयोग

चूँकि उस समय राष्ट्रीय आन्दोलन परवान चढ़ा था और चन्द्रशेखर आज़ाद व शचीन्द्रनाथ सान्याल आदि क्रान्तिकारी ब्रिटिश हुकूमत के दमन का पुरज़ोर विरोध कर रहे थे। साहित्यकार भी अपने साहित्य के माध्यम से ब्रिटिश सरकार की दमनकारी

नीतियों के प्रति विरोध के स्वर प्रकट करने में पीछे नहीं थे। **'अरुण यह मधुमय देश हमारा'** जैसी कविता लिखकर जहाँ उन्होंने भारत के सांस्कृतिक वैभव को प्रतिबिम्बित किया, वहाँ साथ ही अपने नाटकों के द्वारा भी स्वतन्त्रता के महत्त्व को प्रकट किया। कहना होगा उनके नाटकों में स्वतन्त्रता की गूँज प्रतिध्वनित है, चाहे 'स्कन्दगुप्त' हो चाहे 'चन्द्रगुप्त'। काव्य में नाटकीयता और नाटकों में काव्यात्मकता का गुण समाविष्ट करना आपका वैशिष्ट्य ही माना जायेगा। आपके द्वारा लिखित नाटकों, यथा–'राज्यश्री' (1928), 'चन्द्रगुप्त मौर्य' (1931), 'ध्रुवस्वामिनी' (1933) में अतीत के उज्ज्वल पक्षों पर आधृत कथानकों में युगीन सामाजिक एवं राष्ट्रीय चेतना के सन्दर्भ भी अन्तर्निहित हैं।

आपके नाटकों में अभिव्यक्त राष्ट्रीय भावना को देखते हुए ही जैनेन्द्र कुमार को कहना पड़ा कि 'प्रसाद हिन्दी साहित्य के पहले महान् स्वातन्त्र्यचेता हैं।' आपकी स्वातन्त्र्य चेतना और राष्ट्रीय भावना के सन्दर्भ में यहाँ एक तथ्य और उल्लेखनीय है कि स्वयं जयशंकर भले ही जेल नहीं गये हों, लेकिन उस समय ब्रिटिश हुकूमत के ख़िलाफ़ विद्रोह करने वाले क्रान्तिकारियों को प्रश्रय देकर अपनी राष्ट्रभक्ति का फ़र्ज़ निभाने की भूमिका में आप यत्किंचित भी पीछे नहीं रहे। आपके पुत्र रत्नशंकर प्रसाद ने अपने पिता के राष्ट्रीय भावना जनित संस्कार को इंगित करते हुए लिखा है कि 'क्रान्तिकारियों को वह बराबर प्रश्रय देते थे। 'चन्द्रशेखर आज़ाद' एक-दो बार उनके पास रहे, बल्कि आज़ाद से उन्होंने उस दिन कहा कि अभी तुम रुक जाओ, क्योंकि अभी जो काण्ड हुआ है प्रात:काल उस पर बड़ा बावेला मचेगा।' ('कादम्बिनी', जनवरी 2004)।

आपने **'स्वतन्त्रता पुकारती'** जैसी अभिव्यक्ति दी। स्वतन्त्रता आन्दोलन में ब्रिटिश हुकूमत ने जनसाधारण को तरह-तरह की यातनाएँ दीं, क्रान्तिकारियों पर अनेक अत्याचार किये और विरोध व विद्रोह के स्वरों को दबाने का निरन्तर प्रयास किया। यहाँ तक कि विदेशी सरकार के विरोध व जनजागृति का यह क्रम रुका नहीं। लक्ष्य था–स्वतन्त्रता, जो उनकी आत्मा पुकार रही थी। उसी क्रम में महाकवि जयशंकर प्रसाद ने आह्वान किया। **'हिमाद्रि तुंग शृंग से प्रबुद्ध शुद्ध भारती, स्वयं प्रभा समुज्वला स्वतन्त्रता पुकारती। अमर्त्य वीर पुत्र हो दृढ़ प्रतिज्ञ सोच लो, प्रशस्त पुण्य पन्थ है, बढ़े चलो, बढ़े चलो।'** लगता है यही कारण था कि ब्रिटिश हुकूमत ने इस कविता को जब्तशुदा कविताओं में माना ('आजकल', अगस्त 1998, पृ. 22)। इस प्रकार ब्रिटिश हुकूमत का यह कृत्य महाकवि जयशंकर प्रसाद की राष्ट्रीय भावना के गौरव को और भी उच्च स्थान प्रदान कर देता है।

मूलत: आप कवि हैं लेकिन नाट्य-लेखन के लेखक के रूप में भी आपका अवदान उल्लेखनीय है। यों 'उर्वशी चम्पू', 'कामना', 'विशाख', 'एक घूँट' आदि

महत्त्वपूर्ण हैं ही फिर भी अधिकांश नाटक हिन्दी साहित्य की विशेष उपलब्धि हैं, जिनमें 'चन्द्रगुप्त', 'स्कन्दगुप्त', 'ध्रुवस्वामिनी', 'राज्यश्री' आदि कालजयी नाटक हैं। श्री प्रभाकर श्रोत्रिय ने 'चन्द्रगुप्त', 'स्कन्दगुप्त' व 'ध्रुवस्वामिनी' को 'प्रसाद' जी के प्रौढ़ नाटकों की श्रेणी में मानते हुए कहा है, 'चन्द्रगुप्त प्रसादजी की प्रौढ़ राष्ट्रीय विचारधारा, समसामयिक चेतना तथा विश्व-जीवन में भारतीय संस्कृति की महत्ता स्थापित करने वाला नाटक है, जिसमें तेजस्वी, प्रखर और सजग राष्ट्रीय स्वातन्त्र्य की योजना की गयी है। इतिहास माध्यम है, समकालीन राष्ट्रीयता साध्य है, वह राष्ट्रीय चेतना की दृष्टि से सटीक ही है।' ('आजकल', जनवरी 2008, पृ. 8)।

आपकी राष्ट्रीयता की भावना उस घटना प्रसंग में भी देखी जा सकती है, जहाँ सन् 1911 में सम्राट् जॉर्ज पंचम् का दिल्ली दरबार हुआ, उधर दरबार हो रहा था, इधर बनारस में 'प्रसाद' जी कह रहे थे, **'यह ब्रिटिश साम्राज्य का मध्याह्न है।'** आपकी भविष्यवाणी अक्षरश: सत्य सिद्ध हुई और क्रमश: अस्तमित ब्रिटिश सूर्य चौदह अगस्त, 1947 ई. को डूब गया। 15 अगस्त का सूर्योदय, स्वतन्त्र भारत का सूर्योदय था। हालाँकि 'प्रसाद' जी अपनी भविष्यवाणी की भौतिक सत्यता देखने के पहले ही चले गये। लेकिन इस घटना के वृत्तान्त से 'प्रसाद' जी की राष्ट्रीयता की भावना पुष्ट होती हुई उस अर्थ में देखी जाती है कि आप ब्रिटिश शासन के अन्त के लिए उत्साहित थे कि आपने भविष्यवाणी की और वह सत्य सिद्ध हो गयी।

कहना न होगा हिन्दी साहित्य में आपके नाट्य-लेखन और नाटकों की महत्ता होने के बावजूद उस समय के दौर में आपको अपने नाटकों को मंचन की दृष्टि से जिन चुनौतियों का सामना करना पड़ा, वे कम नहीं थीं और उसी दौर में यह कम चौंकाने वाली घटना नहीं रही कि बरसों से साथ उठने-बैठने वाले प्रेमचन्द, मैथिलीशरण गुप्त, पाण्डेय बेचन शर्मा 'उग्र', शान्तिप्रिय द्विवेदी, लक्ष्मीनारायण मिश्र जैसे साहित्यिकार साथियों ने पत्र-पत्रिकाओं में ऐसी हवा बाँधी कि 'प्रसाद' के पूरे नाट्य-लेखन को चुनौती दे दी। 'प्रेमचन्द' ने 'माधुरी' (1928) में **'गड़े मुर्दे उखाड़ने'** वाली समीक्षा लिखकर इसकी शुरुआत की। लेकिन 'सुधा' (1930) में प्रकाशित 'कृष्णानन्द गुप्त' की लेखमाला (बाद में पुस्तकाकार रूप में वितरण) ने सभी मूर्धन्य आलोचकों को अपनी तर्कशक्ति के आगे निरुत्तर कर दिया' ('आजकल', अप्रैल 1998, पृ. 22) और 'प्रसाद' जी के नाटकों की महत्ता स्वयं सिद्ध हो गयी।

और बाद में 24 जनवरी, 1930 को 'प्रेमचन्द' ने 'हंस' कार्यालय से 'प्रसाद' जी को जो पत्र लिखा उसके पूर्वार्द्ध से स्पष्ट है कि 'प्रेमचन्द' ने 'कंकाल' को पढ़ते ही 'प्रसाद' जी के साहित्यिक अवदान को रेखांकित करते हुए अपने द्वारा पूर्व में धारित **'गड़े मुर्दे उखाड़े'** जाने वाली धारणा को परिष्कृत कर उन्हें न

केवल बधाई ही दी, बल्कि 'हंस' में उसकी बृहद् समीक्षा करने के लिए भी उन्हें आश्वस्त भी किया (दिनांक 24 जनवरी, 1930 को काशी से 'प्रसाद' जी को लिखा गया पत्र यहाँ उद्धृत है), साथ ही 'कंकाल' की प्रशंसा करते हुए श्री बनारसीदास चतुर्वेदी को लिखा भी, ' 'कंकाल' आपको पसन्द नहीं आया, मुझे खेद है। मैं ज़रा पुराने ढंग का आदमी हूँ और मेरी प्रवृत्ति आलोचनात्मक नहीं है। 'कंकाल' में मुझे बड़ा आनन्द आया। और पुस्तक से अधिक इसके लेखक (जयशंकर प्रसाद) का प्रशंसक हूँ। वे इतने साफगो हैं।' (क़लम का मज़दूर : प्रेमचन्द, संस्करण 2019, पृ. 213)

हंस कार्यालय, सरस्वती प्रेस, काशी
ता. 24-1-1910

प्रिय प्रसाद जी,

पहले मुझे आज्ञा दीजिए कि मैं 'कंकाल' पर आपको बधाई दूँ। मैंने इसे आदि से अन्त तक पढ़ा और मुग्ध हो गया। आपसे मेरी जो पुरानी शिकायत थी वह बिल्कुल मिट गयी। मैंने एक बार आपकी पुस्तक 'स्कन्दगुप्त' की आलोचना करते हुए लिखा था आपने इसमें **गड़े मुर्दे उखाड़े** हैं। इस पर मुझे काफ़ी सज़ा भी मिली थी, पर जो लेखनी वर्तमान समस्याओं को इतने आकर्षक ढग से जनता के सामने रख सकती है, इस तरह दिलों को हिला सकती है, उसे, फिर वही बात मेरे मुँह से निकलती है, क्षमा कीजिए। पूर्वजों की कीर्ति का भविष्य के निर्माण में भाग होता है और बड़ा भाग होता है, लेकिन हमें तो नये सिरे से दुनिया बनानी है। अपनी किस वस्तु पर गौरव करें–वीरता पर? दान पर? तप पर? वीरता क्या थी? अपने ही भाइयों का रक्त बहाना। दान क्या था? एकाधिपत्य का नग्न नृत्य। और तप क्या था? वही जिसने आज कम से कम 80 लाख बेकारों का बोझ हमारी दरिद्र जनता पर लाद दिया है। अगर 5) रुपये प्रति मास भी एक साधु की जीविका पर ख़र्च हो तो लगभग 20 करोड़ रुपये हमारी गाढ़ी कमाई के उसी पुराने 'तप' के आदर्श की भेंट हो जाते हैं। किस बात पर गर्व करें–वर्णाश्रम धर्म पर, जिसने हमारी जड़ खोद डाली। 'कंकाल' में एक समाज के सच्चे हितैषी की आँखों का गर्म, बड़ी-बड़ी बूँदों वाला आँसू है। घण्टी और यमुना दोनों का क्या कहना। मैं 'हंस' में इसकी बृहद् आलोचना करूँगा।...

[प्रसाद वाङ्मय (रचनावली), तृतीय खण्ड]

भवदीय
धनपत राय

शिल्पगत दृष्टि

आपकी छायावादी कविता के प्रारम्भिक रुझान और परिपाक को सन्दर्भित करते हुए राष्ट्रकवि रामधारी सिंह 'दिनकर' ने लिखा है, वह संगत ही है, वे लिखते हैं, 'प्रसादजी कविता पहले ब्रजभाषा में लिखते थे। जब वे खड़ी बोली में आये, अपने लिए वे बिल्कुल नया रास्ता बनाने की तैयारी में लग गये।' और वह रास्ता था 'छायावाद' का। हालाँकि छायावाद की पहली किरण की झिलमिलाहट पं. माखनलाल चतुर्वेदी में दिखाई पड़ी थी, मगर उसके बाद इस झिलमिलाहट का दूसरा प्रमाण प्रसादजी में ही मिलता है। सन् 1924 में 'माधुरी' में प्रसादजी की कविता छपी थी और परिपाक पर पहुँचते-पहुँचते छायावाद ने 'प्रसाद' जी को हिमालय पर पहुँचा दिया।' ('धर्मयुग', 30 जनवरी, 1972, पृ. 22)।

कहना होगा 'प्रसाद' जी छायावाद युग के कृती एवं प्रसिद्ध रचनाकार रहे हैं, क्योंकि इस साहित्य आन्दोलन की जितनी अधिक प्रवृत्तियाँ उनके साहित्य में मिलती हैं, उतनी अन्य किसी में नहीं। अनुभूति की गहनता, लाक्षणिक शैली, गीतिमयता, प्रेमानुभूति, सौन्दर्य चेतना, कल्पना तत्त्व, सांस्कृतिक भावना, आदर्शवादी दृष्टि, आत्म-प्रकाशन आदि जो गुण छायावादी काव्य में प्रमुखता से प्राप्त हैं, उनका सर्वाधिक प्रतिफलन उनमें (प्रसादजी में) मिलता है।' ('हिन्दी साहित्य कोश', भाग-2)।

आपकी सभी कृतियों की विषयवस्तु भाषा दृष्टि शिल्प पर दृष्टिपात करने पर विदित होता है कि 'शिल्प की दिशा में प्रसाद का व्यक्तित्व उनकी मौलिकता का परिचायक है। प्रांजल, प्रसादगुण सम्पन्न उनकी भाषा कविता, कहानी, नाटक, उपन्यास सभी में एकरूप है और कहीं-कहीं भाव परिचालित होने के कारण गद्य में भी वह कवित्वपूर्ण हो जाती है।' (हिन्दी साहित्य कोश, भाग-2)। भाषा शब्दानुकूल अभिव्यंजित होती दृष्टिगत होती है। कहना होगा प्रसाद की प्रतीक योजना अपने में अनूठी है, आपने संकेत और ध्वनि का पर्याप्त प्रयोग किया है, इतना ही नहीं आपने जहाँ किसी वस्तु का वर्णन करना अभीष्ट समझा, वहाँ उसका शब्दचित्र भी प्रस्तुत कर दिया है। इस दृष्टि से 'कामायनी' उल्लेखनीय है, जिसमें मनोविकारों का यथेष्ट मूर्त्तन है।

'प्रसाद' जी अपनी भाषा से जुड़े रहे। नागरी प्रचारिणी सभा के आर्य भाषा पुस्तकालयाध्यक्ष स्व. पं. केदारनाथ पाठक, जो हिन्दी जगत् के जीवित विश्वकोश के रूप में गण्य रहे, ने 'प्रसाद' जी को उनके प्रारम्भिक अवदान के आधार पर ही हिन्दी का रवीन्द्र घोषित कर दिया था ('साप्ताहिक हिन्दुस्तान', 27 मार्च, 1977), लेकिन वे उनके प्रभाव से असम्पृक्त थे, क्योंकि 'प्रसाद' जी अपनी भाषा से जुड़े रहे। इस सन्दर्भ में कला-मर्मज्ञ श्री राय कृष्णदासजी लिखते हैं, 'कुछ आलोचकों

का यह कथन कि 'प्रसाद' जी पर रविबाबू क़ा प्रभाव है, सर्वथा अनर्गल है। यद्यपि 'प्रसाद' जी ने बंगभाषा सीखी अवश्य थी और उसका साहित्य भी देखा था, तथापि जब उन्होंने पाया कि मैं अपने लिए जो पथ बना रहा हूँ, उससे बहक जाऊँगा, तब बंगला साहित्य का पढ़ना ही नहीं छोड़ दिया, उस भाषा को भी बिल्कुल भुला दिया। ...एक दिन 'प्रसाद' जी और वे कविगुरु से मिलने गये, तब कविगुरु ने मौक़े की बात केवल इतनी कही कि हर एक भाषा की अपनी-अपनी एक विशेषता होती है... एक भाषा का परिधान दूसरी भाषा नहीं पहन सकती।' ('साप्ताहिक हिन्दुस्तान', 17 अप्रैल, 1977)।

'कामायनी' आपका प्रसिद्ध महाकाव्य है। प्रस्तुत महाकाव्य की रचना सन् 1927 की बसन्त पंचमी के दिन शुरू हुई जो वि.सं. 1992 की शिवरात्रि (यथा सन् 1935 की 22 फ़रवरी) के दिन पूर्ण हुआ। इसके पूर्ण होने पर उसकी छपाई के विषय में आपने दो आदेश दिये–टाइप इटैलिक हो और काग़ज़ ख़ूब बढ़िया दबीज। भारती भण्डार ने उसी के अनुसार मुद्रण कर हिन्दी जगत् के सामने उसे प्रस्तुत कर दिया। 'कामायनी' की प्रति 14 मार्च, 1937 को राय कृष्णदासजी को अपनी हस्तलिपि में यह लिखते हुए '**प्रियवर श्री राय कृष्णदासजी को सप्रेम भेंट**' की। उसके प्रकाश में आने पर श्री विनोदशंकर व्यास ने उसे विश्व-साहित्य की अमूल्य निधि बताते हुए कहा था, 'हिन्दी के लिए यह सौभाग्य की बात थी कि प्रसादजी अपनी इस महती कृति (कामायनी) को सम्पूर्ण कर गये। इस बारे में कभी भी दो मत नहीं हो सकते कि 'कामायनी' को अमर साहित्य में स्थान मिलेगा। वह हिन्दी-साहित्य की ही नहीं विश्व-साहित्य की भी अमूल्य निधि है।'

जहाँ तक 'कामायनी' के महाकाव्यत्व का प्रश्न है, यहाँ अधिक ऊहापोह में न पड़कर इतना ही कहना पर्याप्त होगा कि जयशंकर प्रसाद के साहित्य में उनके द्वारा विरचित 'कामायनी' का महत्त्वपूर्ण स्थान है, विशेषकर महाकाव्यत्व की दृष्टि से, यों 'कामायनी' एक ऐसा महाकाव्य है जो आज के मानव-जीवन को उसके समस्त परिवेश और परिस्थिति के साथ प्रस्तुत करता है, तथापि आचार्य रामचन्द्र शुक्ल से लेकर डॉ. नगेन्द्र, नामवर सिंह और आचार्य नन्ददुलारे वाजपेयी 'प्रभृति' आलोचकों ने 'कामायनी' को उसके महाकाव्य की सन्दिग्धता-असन्दिग्धता पर विचार प्रस्तुत किये हैं, निष्कर्षत: आचार्य नन्ददुलारे वाजपेयी के विचारों से सहमत होते हुए, यह कहने में कोई अत्युक्ति नहीं, जहाँ उन्होंने कहा है कि 'परम्परागत महाकाव्य के लक्षणों की पूर्ति न करने पर भी 'कामायनी' को नये युग का प्रतिनिधि महाकाव्य कहने में हमें कोई हिचक नहीं होती। और उस दृष्टि से वह विकास प्रधान महाकाव्य है भी', जहाँ डॉ. नगेन्द्र ने कहा है, 'मानवता की समग्रता का गान है 'कामायनी' ' ('धर्मयुग',

6 अगस्त, 1988)। 'सर्वे भवन्तु सुखिन:' का सन्देश जो निहित है 'कामायनी' में, जहाँ मनु कहते हैं, **'अपने सुख को विस्तृत कर लो, सबको सुखी बनाओ।'** और जब तीनों वृत्तियाँ पृथक्-पृथक् कार्य करती हैं, मन अशान्त तथा उद्विग्न रहता है, **'ज्ञान दूर कुछ क्रिया भिन्न है, इच्छा क्यों पूरी हो मन की, एक-दूसरे से न मिल सके, यह विडम्बना है जीवन की।'** और जब श्रद्धा द्वारा इनका समन्वय हो जाता है, तो मन समरसता की अवस्था को प्राप्त कर लेता है।

'आँसू' प्रेम के देवता की अर्चना है, न कि 'पीड़ा' की

'झरना' जहाँ 'प्रसाद' जी के छायावाद युग का महत्त्वपूर्ण सोपान है, जिसकी कविता में कवि के आगामी विकास का आभास मिलता है, वहीं 'लहर' में वे गद्य-गीत सम्मिलित हैं जो अग्रन्थित रहे। 'हृदयवेदना' जो 'इन्दु' की तृतीय कला की अन्तिम बारहवीं किरण उस साल की आख़िरी कविता है। इसमें छायावाद, रहस्यवाद और निजी मर्मवेदन तीनों ही समाविष्ट हैं। 'आँसू' के भावों का अंकुर भी उसमें विद्यमान है, जहाँ कवि कहता है–

'सुनो प्राणप्रिय, हृदय वेदना,
विकल हुई क्या कहती है।
... ...
जब तुम सदय नवल नीरद से
मन पट पर छा जाते हो।
पीड़ा-स्थल पर शीतल बनकर,
तब आँसू बरसाती हो।'

यह सच है कि 'प्रसाद' जी के जीवन में दो-दो दाम्पत्य जीवन समाप्त हुए थे, अतएव असीम वेदना होना भी स्वाभाविक था। चूँकि 'आँसू' का सृजन भी इस असीम वेदना के बाद ही पूरा हुआ और **'जो घनीभूत पीड़ा...आज बरसने आये'** तथाकथित छन्द 'आँसू' पुस्तक के इनर टाइटल का हिस्सा भी है। पुरुषोत्तम दास जैसे ख्यात लेखक कहते हैं, 'इसे मैथिलीशरण द्वारा लिखी गयी 'आँसू' की भूमिका समझना चाहिए, क्योंकि 'आँसू' का प्रथम छन्द है–

'इस करुणा कलित हृदय में
अब विकल रागिनी बजती
क्यों हाहाकार स्वरों में,
वेदना असीम गरजती।'

घनीभूत पीड़ा की स्मृति और बजती विकल रागिनी और हाहाकार स्वरों में गरजती असीम वेदना 'आँसू' हैं।' (नवनीत, अप्रैल 2007, पृ. 145)। लेकिन स्वयं 'प्रसाद' ने इसे प्रेम के देवता की अर्चना माना है, जैसा कि राय कृष्णदासजी लिखते हैं, 'प्रसादजी ने 'समग्र आँसू' को ऐसी मस्ती और तन्मयता के साथ सुनाया कि हम लोग (आचार्य केशव प्रसाद मिश्र और मैं) झूमने लगे।...आँसूकार के जीवनकाल में ही उनसे पूछा गया कि आप अपने रहस्यमय घूँघट और अंचल वाले प्रियतम का नाम बतलाइए।'...बोले ' 'आँसू' प्रेम के देवता की अर्चना है। प्रेम अपनी माया-विग्रह से अनन्त रमणीय रूप धरता है। उसे न स्त्री कहा जा सकता है न पुरुष, न कोमल कहा जा सकता है न परुष।' इसी क्रम में 'आँसू' की प्रति पर ये पंक्तियाँ अपने हाथ से लिख दीं–

'ओ मेरे प्रेम बता दे तू स्त्री है या कि पुरुष है?
दोनों ही पूछ रहे हैं, कोमल है या कि परुष है।'

उनके प्रकाश में आँसू के लक्ष्य, आराध्यदेव कौन हैं, सहृदयों के लिए खोज व रहस्य का विषय नहीं रह जाता।

आप आगे लिखते हैं, 'आँसू' के सम्बन्ध में कुछ और भी उल्लेख्य हैं– 'यह असन्दिग्ध है कि 'आँसू' की रचना सन् 1922 ई. में हुई।...सामान्य दाम्पत्य जीवन चल रहा था और 1 जनवरी, 1922 को चि. रत्नशंकर के जन्म ने यदि कहीं कोई दुराहित उदासी छिपी रही हो, तो उसे भी निःशेष कर दिया था। 'आँसू' की रचना उसके महीनों बाद हुई, अतएव यह प्रश्न ही नहीं उठता कि उनके आँसू पोंछने के लिए भाई मैथिलीशरण ने कुछ देर गुनगुनाकर यह पद बना दिया, **'जो घनीभूत पीड़ा थी मस्तक में स्मृति-सी छायी, दुर्दिन में आँसू बनकर वह आज बरसने आयी।'** और उनसे इसी राह पर चलने की स्वीकृति उपलब्ध कर ली।'

इस सम्बन्ध में यह भी कथ्य है कि 'मैथिलीशरण की पद-योजना सर्वथा भिन्न थी और उक्त शैली वाला उनका एक भी छन्द खोजे न मिलेगा। एक बात और उक्त छन्द में स्मृति-सी पद मात्र उपमान है, इसके अतिरिक्त उसकी कोई इयत्ता नहीं। अतः उस पर जो बहुतेरे ऊहापोह किये गये हैं, वे निरर्थक हैं।' ('साप्ताहिक हिन्दुस्तान', 10 अप्रैल, 1977, पृ. 33)। यों तो महाकवि जयशंकर प्रसादजी की प्रत्येक काव्य-कृति का अपना विशेष महत्त्व है, लेकिन 'कामायनी' के बाद यदि

वैशिष्ट्य की दृष्टि से देखा जाये तो 'आँसू' आपकी विशिष्ट रचना है, जो प्रेम के देवता की अर्चना है, न कि नि:सृत हुई पीड़ा की।

यों जयशंकर 'प्रसाद' जी का व्यक्तित्व बहुत ही सौम्य, सुन्दर और आकर्षक था। और उनका धीर-गम्भीर, हँसमुख चेहरा, आनन्द भरी बातचीत एवं प्रफुल्ल व्यक्तित्व एवं परिचितों के लिए एक जीवन्त शबीह की तरह सदैव स्मरणीय बना रहेगा। कहना होगा आप निरापद व्यक्तित्व के धनी और साहित्य के उत्तुंग शिखर थे। बकौल प्रभाकर श्रोत्रिय, नन्ददुलारे वाजपेयी उनकी 'तराशी हुई आकृति', 'तांबूल आरक्त अधर' और 'मैत्री एवं आत्मीयता' का निमंत्रण देने वाली मन्द मुस्कान पर मुग्ध थे, निस्सन्देह 'प्रसाद' जी शिष्ट-मिष्ठ व्यक्तित्व के धनी और साहित्य के उत्तुंग शिखर ही थे। कहते हैं, 'दरबार या तो भारतेन्दु का लगता था या फिर 'प्रसाद' जी का। 'प्रसाद' जी के दरबार में पहुँचने पर बड़े-बड़े फणधारी भी अपने फणों को नीचे कर लेते थे और 'प्रसाद' जी तो प्रेम की मूर्ति थे। उनकी निन्दा लिखने या करने वाले भी अगर उनके दरबार में पहुँच जाते, तो पान और जलपान से स्वागत वे उनका भी करते थे और यह ज़िक्र बिल्कुल नहीं करते थे कि तुम जो इधर-उधर बोलते हो, उसकी भनक मुझ तक भी पहुँची है।' ('धर्मयुग', 30 जनवरी, 1972, पृ. 23) तथापि, उनके बहुमुखी कर्तृत्व की आभा अपनी भव्य गरिमा के साथ कवि, कथाकार, नाटककार और उपन्यासकार के रूप में जो विकीर्ण है, हिन्दी साहित्य को द्युतिमान करती रहेगी।

छोटे-से जीवन की बड़ी कथाएँ

आज 'आत्मकथा' और संस्मरण लिखे जाने का इतना बोलबाला है, उस आत्मकथा जैसी विधा की शुरुआत 'मुंशी प्रेमचन्द' अपने 'हंस' का आत्मकथा अंक प्रकाशित कर आज से लगभग 92 वर्ष पूर्व (सन् 1932 ई. में) कर चुके थे, जैसा कि उक्त अंक से स्पष्ट है। इस विशेषांक के लिए 'प्रेमचन्द' जी ने 'प्रसाद' जी से भी आत्मकथ्य लिखने का आग्रह किया तो 'प्रसाद' जी ने बहुत ही संक्षेप में कविता के रूप में आत्मकथ्य प्रेषित किया, जिसे 'प्रेमचन्द' जी ने उक्त विशेषांक के प्रारम्भ में यानी पहले क्रम पर प्रकाशित कर 'प्रसाद' जी को आदर देते हुए अपने को धन्य माना। 'प्रसाद' जी द्वारा विरचित 'आत्मकथा' 'हंस' के आत्मकथा अंक 1932 ई. (तृतीय आवृत्ति : 2014 ई.) से उद्धृत करते हुए पाठकों के हित यहाँ प्रस्तुत किया जाता है–

हंस

आत्मकथा : जयशंकर 'प्रसाद'

मधुप गुन-गुनाकर कह जाता कौन कहानी यह अपनी
मुरझा कर गिर रहीं पत्तियाँ देखो कितनी आज घनी
इस गम्भीर अनन्त नीलिमा में असंख्य जीवन इतिहास
देखो करते ही रहते हैं अपना व्यंग्य -मलिन उपहास
तब भी कहते हो कह डालूँ दुर्बलता अपनी बीती
तुम सुनकर सुख पाओगे देखोगे यह गागर रीती
किन्तु कहीं ऐसा न होकि तुमही खाली करने वाले
अपने को समझो मेरा रस ले अपनी भरने वाले
यह विडम्बना! अरी सरलते तेरी हँसी उड़ाऊँ मैं
भूलें अपनी या प्रवञ्चना औरों की दिखलाऊँ मैं
उज्ज्वल गाथा कैसे गाऊँ मधुर चाँदनी रातों की
अरे खिल-खिलाकर हँसते होने वाली उन बातों की
मिला कहाँ वह सुख जिसका मैं स्वप्न देखकर जाग गया
आलिङ्गन में आते-आते मुसक्याकर जो भाग गया
जिसके अरुण कपोलों की मतवाली सुन्दर छाया में
अनुरागिनी उषा लेती थी निज सुहाग मधुमाया में
उसकी स्मृति पाथेय बनी है थके पथिक की पन्था की
सीवन को उधेड़ कर देखोगे क्यों मेरी कन्था की
छोटे से जीवन की कैसे बड़ी कथाएँ आज कहूँ
क्या यह अच्छा नहीं कि औरों की सुनता मैं मौन रहूँ
सुनकर क्या तुम भला करोगे मेरी भोली आत्मकथा
अभी समय भी नहीं थकी सोई है मेरी मौन व्यथा।

प्रस्तुत 'आत्मकथा' से 'प्रसाद' जी के व्यक्तित्व-कृतित्व की चमक व आघातों का संकेत भी मिल जाता है, जैसा कि उनके पुत्र रत्नशंकर ने लिखा है, 'नर्मदा के प्रखर प्रवाह में बहते-टूटते-घिसते शिला-खण्ड जैसे शिवलिंग की प्रतिष्ठा पाते हैं। कितने आघातों और प्रघर्षों को सहन करने के बाद शिवलिंग पर अपौरुषेय चमक आती है। उनका व्यक्तित्व और कृतित्व दोनों ही समाज की उपत्यका में, काल-प्रवाह से आहत हुए घिस गये, किन्तु चमक बढ़ती ही गयी। आज...उसी भाव-लिंग की प्रतिष्ठा हो रही है, उन आघातों की, उस घिसाई की लम्बी गाथा के सम्बन्ध में तो उन्होंने स्वयं

कह दिया है, '**सुनकर क्या तुम भला करोगे मेरी भोली आत्मकथा, अभी समय भी नहीं थकी सोई है मेरी मौन व्यथा।**' ('धर्मयुग', 6 अगस्त, 1989, पृ. 25)।

आत्मकथा को 'हंस' में उचित स्थान दिये जाने के सन्दर्भ में एक तथ्य और स्पष्ट होता है कि आपके समकालीन आपका बहुत सम्मान करते थे, न केवल सम्मान ही बल्कि उनसे सलाह भी लेते थे। इस सन्दर्भ में यहाँ उल्लेख है कि उपन्यास सम्राट् मुंशी प्रेमचन्द काशी से एक साहित्यिक पत्रिका निकालना चाहते थे, उसी सम्बन्ध में उन्होंने अपने मित्र कवि जयशंकर प्रसाद जी को पत्र लिखा, 'काशी से कोई साहित्यिक पत्रिका न निकलती थी। मैं धनी नहीं हूँ। मज़दूर आदमी हूँ, मैंने '**हंस**' निकालने का निश्चय कर लिया है। जिसका नामकरण जयशंकर प्रसाद जी ने ही किया था।' ('हंस', आत्मकथा अंक, भूमिका, सन् 1932 ई.)।

पहले जब भी कोई पत्र प्रकाशित होता, तब हिन्दी-प्रेमी उस पत्र के सम्पादक को शुभकामनाएँ प्रेषित करते थे। यह गुण 'प्रसाद' जी के व्यक्तित्व में भी निहित था। जैसा कि उल्लेख्य है, '5 नवम्बर, 1926 को जब पं. रामगोविन्द त्रिवेदी के सम्पादकत्व में सचित्र साप्ताहिक पत्र 'सेनापति' प्रकाशित हुआ तो आपने पद्य रूप में शुभकामना प्रेषित की थी, वह है, '**हाथों में हो शक्ति कर्म में नव-कौशल हो। मन में भगवद्भक्ति सत्य का अतुलित बल हो। जीवन के संग्राम करे हँस-हँस कर निर्भय। निश्छल सेनापति की है निश्चय जय॥**' ' (हिन्दी पत्रकारिता, ले. डॉ. कृष्ण बिहारी मिश्र, पृ. 372-73)।

विदित हो 'प्रसाद' जी ने कविता के क्षेत्र में पदार्पण किया तब कवियों द्वारा नये-नये छन्दों का प्रयोग किया जा रहा था। उदाहरणार्थ, पं. अयोध्यासिंह उपाध्याय 'हरिऔध' ने जहाँ संस्कृत में भिन्नतुकान्त रचनाएँ लिखीं, वहाँ 'प्रसाद' जी ने भी हिन्दी छन्दों में अनेक भिन्नतुकान्त रचनाएँ प्रस्तुत कीं। आपकी ऐसी रचनाओं में 'महाराणा का महत्त्व', 'प्रेम-पथिक', 'पेशोला की प्रतिध्वनि', 'प्रलय की छाया' तथा 'शेरसिंह का सशस्त्र समर्पण' आदि उल्लेखनीय हैं।

यद्यपि महाकवि जयशंकर 'प्रसाद' जी ने उम्र कम पायी थी, लेकिन जितनी भी मिली उस अल्पायु में भी आप कितने ही साहित्यकारों के जीवन परिवर्तन/जीवन बदलाव यानी 'टर्निंग पॉइंट' के हेतु सिद्ध हुए। कहना होगा 'प्रसाद' जी में नवोदित लेखकों, कवियों को बढ़ावा देने, प्रोत्साहित करने का गुण भी अप्रतिम रहा, वह था, 'जो कवि प्रसाद जी की शैली में लिखते थे, 'प्रसाद' जी उन्हें बढ़ावा देते थे। 'प्रसाद' जी कहते थे, 'वाह क्या बढ़िया लिखा है, और लिखिए आप होनहार हैं।' ' ('धर्मयुग', 30 जनवरी, 1972, पृ. 22)।

कहा जा सकता है कि कितने ही साहित्यकार, लेखक, रचनाकार उनके मार्गदर्शन से उपकृत हुए। ऐसे ही साहित्यकारों में से एक गण्य हैं 'पं. विनोद शंकर व्यास', जिन्होंने 'प्रसाद' जी के पथ-प्रदर्शन का आभार व्यक्त करते हुए लिखा है, 'उन दिनों कहानी लिखने की प्रवृत्ति हुई। मैंने दो-एक कहानियाँ लिखीं, पर वे बहुत सुन्दर न थीं। बस, इसके बाद ही मेरे साहित्यिक जीवन में एक बहुत बड़ा परिवर्तन हुआ। और बाबू जयशंकर 'प्रसाद' जी से मेरा परिचय हुआ। 'प्रसाद' जी के खानदान से हम लोगों का कई पुश्त का सम्बन्ध था, अत: 'प्रसाद' जी से दिन-दिन घनिष्ठता बढ़ने लगी। मैं प्रतिदिन उनके पास जाता। वहाँ प्राय: साहित्यिक विषयों पर ही वार्तालाप होता। लगभग सभी छोटे-बड़े लेखक और कवि वहाँ आते थे। 'प्रसाद' जी के सत्संग ने मेरे जीवन की धारा ही पलट दी। एक नयी लहर बह चली। उन्हीं के उत्साहित करने पर मैंने कहानियाँ लिखीं। उनके संशोधन और आदेश सदैव मेरे पथ को आलोकित करते रहे। अपने साहित्यिक जीवन के विकास में मैं सबसे अधिक उन्हीं का ऋणी हूँ।' (आत्मकथा अंक, 'हंस', 1932 ई., सं. प्रेमचन्द, पृ. 10)।

राय कृष्णदासजी के कला भवन के मूर्ति-संग्रहण में भी 'प्रसाद' जी का सहयोग अनुपमेय है। 'प्रसाधिका' की प्राप्ति आलेख में राय कृष्णदासजी ने इस बात का उल्लेख करते हुए लिखा है कि 'उक्त मूर्ति का पता लगाने गर्मियों में एक दिन सन्ध्या-समय भाई 'प्रसाद' जी और मैं रत्नाकरजी के यहाँ गये। 'रत्नाकर' जी ने हम लोगों के हाथों में एक ही फ़ोटो की दो कॉपियाँ रख दीं। 'प्रसाद' जी के लिए चित्रस्थ आकृति नयी थी, किन्तु मैंने देखा कि वह उसी चिर-परिचित प्रतिमा का नया फ़ोटोग्राफ़ है, भभरा हुआ। 'प्रसाद' जी उसे ध्यान से देखने लगे। अन्तत: वह दिव्य रत्न 'प्रसाद' जी के संकेत पर राय कृष्णदासजी ने प्राप्त कर लिया।' (आत्मकथा अंक, 'हंस', 1932 ई., पृ. 141)।

'प्रसाद' जी वेद, पुराण, दर्शन, उपनिषद के कुशल अध्येता थे। 'कामायनी' इस बात का पुष्ट प्रमाण है कि आपने वेदों, पुराणों व उपनिषदों का विशद अध्ययन किया था। यों 'कामायनी' की भूमिका इसका प्रत्यक्ष साक्षी है, जिससे स्पष्ट हो जाता है कि यह कृति आपकी प्रौढ़तम रचना है, तथापि, आपकी विद्वत्ता और मेधाशक्ति का साक्ष्य पं. सूर्यनारायण व्यास ने भी एक प्रसंग के माध्यम से अभिव्यक्त किया है, वह यहाँ प्रस्तुत करना प्रासंगिक होगा।

पं. सूर्यनारायण व्यास के बनारस प्रवास के समय जयशंकर प्रसाद जी से भेंट हुई। 'प्रसाद' जी संवत् 1956 (यानी 10 वर्ष की उम्र) में अपने पिता के साथ उज्जैन यात्रा पर गये, तब के संस्मरण प्रसादजी ने उन्हें अक्षरश: सुना दिये तो आप उनकी

आश्चर्यजनक मेधाशक्ति से दंग रह गये। आपने लिखा है, 'प्रसादजी की वर्णन शैली भी लेखन शैली की तरह अपनी ही थी। धीर-गम्भीर वृत्ति से वे बड़ी प्रांजल और परिमार्जित भाषा में विषय का तात्त्विक विवेचन करते जाते थे। उनका एक-एक शब्द अपने पीछे आधार बल रखता हो, यही ज्ञात होता वे केवल कवि, नाटककार या कहानी-लेखक और औपन्यासिक ही नहीं थे, संस्कृत, साहित्य, इतिहास, वेद, उपनिषद् आदि के भी उच्च कोटि के मार्मिक विद्वान् थे। मैं दूर से उन्हें बहुत गम्भीर, अभिमानी और न जाने क्या-क्या सोचकर मिलने में हिचकता था। पर निकट से उन्हें अत्यन्त सहृदय, कुसुम-कोमल, सरलतम तथा निरभिमान पाया।' ('यादें', पं. सूर्यनारायण व्यास, भारतीय ज्ञानपीठ, संस्करण–2005, पृ. 195)।

यों उस समय जो भ्रमण (तीर्थ यात्रा) उज्जैन सहित अयोध्या, चित्रकूट, वृन्दावन, नासिक, अमरकंटक आदि स्थलों का हुआ, उससे प्रथम बार प्रकृति के प्रति आकर्षण और प्रभाव आपके मन पर व्यापक स्तर पर पड़ना प्रारम्भ हो गया था, जिसका प्रतिफलन और वैदुष्य का प्रभाव न केवल 'कामायनी' बल्कि उनके समस्त साहित्य पर पड़ता हुआ देखा जा सकता है। हालाँकि आपने सन् 1931-32 में पुरी और गंगा-सागर की यात्रा भी की, उसी क्रम में आपका कोलकाता (कलकत्ता) प्रवास भी रहा। कहना होगा उस प्रवास में राय कृष्णदास के साथ रहकर अपने ग्रामीण परिवेश का भी यथेष्ट ज्ञान प्राप्त कर लिया था, जो 'तितली' उपन्यास की रचना में सहायक रहा।

जहाँ तक साहित्यिक प्रतिद्वन्द्विता का प्रश्न है, वह साहित्य के हर युग में रही है। ऐसे में 'प्रसाद' जी का समय भी इस प्रतिद्वन्द्विता से अछूता रहा हो, ऐसा कहना एकांगी होगा। यह भावना महाकाव्य 'कामायनी' और 'साकेत' की रचना के समय भी स्पष्टत: दृष्टिगोचर होती है। 'प्रसाद' जी के समकालीन लेखक रामनाथ 'सुमन' अपने एक संस्मरणात्मक लेख में सम्बन्धित घटना की चर्चा करते हुए लिखते हैं, 'प्रसादजी की अभूतपूर्व काव्य-प्रतिभा पर मैथिलीशरण आह्लादित नहीं थे, उनमें... प्रतिद्वन्द्विता का भाव घर कर गया था। जिस समय 'प्रसाद' महाकाव्य 'कामायनी' लिख रहे थे, उन्होंने उसके कुछ अंश कविवर से सुने और वर्णन से अभिभूत हो गये। मैथिलीशरणजी के मन में आया कि 'कामायनी' यदि पहले निकल गयी तो 'साकेत' का साहित्य-क्षेत्र में वह आदर नहीं होगा, जो होना चाहिए, यह सोच वे काशी में रहने का कार्यक्रम समाप्त कर बिना कोई कारण बताये चिरगाँव लौट गये और सब काम छोड़कर 'साकेत' को जल्द से जल्द पूरा करने में अपनी सारी शक्ति लगा दी।' (साहित्यिक प्रतिद्वन्द्विता, 'धर्मयुग', 2 से 8 अप्रैल, 1989, पृ. 4) और देखते

हैं कि उनका 'साकेत' सन् 1931-32 ई. में प्रकाशित हो गया, जबकि 'कामायनी' सन् 1935 में पूर्ण हुई, उसके पीछे परिस्थितियाँ जो भी रही हों। हालाँकि 'प्रसाद' जी के पुत्र रत्नशंकर प्रसाद के अनुसार, 'कामायनी चिन्तन का बीज जहाँ तक अभिलेख कहते हैं संवत् 1966 में पल्लवित हो गया था,' बकौल डॉ. विश्वनाथ प्रसाद के 'यह काव्य निरन्तर लिखा जाता रहा। बीच-बीच में अन्य कविताएँ, कहानियाँ, नाटक तथा उपन्यास चलते रहे।' ('धर्मयुग', 19 फ़रवरी, 1989, पृ. 25)।

छींटे ही क्यों...?

प्रतिद्वन्द्विता के चलते दोनों महाकवियों के बीच भारी मनमुटाव भी हो गया था। यह बात अलग है कि आगे चलकर मनमुटाव दूर हो गया था। उस अल्पज्ञात सन्दर्भ को प्रस्तुत करना अप्रासंगिक न होगा। राष्ट्रकवि रामधारी सिंह 'दिनकर' लिखते हैं, 'जब स्कन्दगुप्त निकला, उसकी प्रतिकूल आलोचना 'सुधा' में छपी। लोगों में चर्चा हुई कि इस लेख के पीछे मैथिलीशरणजी का हाथ है। स्वभावत: ही 'प्रसाद' जी इससे दु:खी हुए। काशी के सम्राट् कवि की निन्दा छपे और काशी के विद्वान् चुप रह जायें। यह कैसे हो सकता था? काशी उस समय हिन्दी की राजधानी थी। 'सुधा' में जो कुछ छपा था, उसका बदला 'आज' में चुकाया गया। कृष्णदेव प्रसाद जी गौड़ ने 'आज' में 'साकेत' की अच्छी ख़बर ली।' इसके बाद दोनों महाकवियों के बीच भारी मनमुटाव हो गया और वह कोई चार वर्ष चला। फिर पं. वाचस्पति पाठक के प्रयत्न से यह दूर हुआ और दोनों कवि एक-दूसरे के यहाँ आने-जाने लगे।

यों राय कृष्णदासजी वह बिन्दु थे, जहाँ मैथिलीशरण और 'प्रसाद' जी का मिलन होता था। मनमुटाव बढ़ने के ठीक पूर्व एक बार मैथिलीशरणजी काशी आये हुए थे और राय साहब की 'शान्ति कुटीर' में ठहरे हुए थे। ऐसा संयोग कि जब राय कृष्णदास और मैथिलीशरण गुप्त गंगा नहाने को गये हुए थे, उसी समय 'प्रसाद' जी राय साहब को ढूँढ़ते हुए उनके घर पर आये और उन्हें वहाँ न पाकर नीचे उतरकर घाट पर चले गये। मैथिलीशरणजी ने 'प्रसाद' जी को देखकर कहा, 'आओ तुम भी नहा लो!' 'प्रसाद' जी स्नान करके आये हुए थे अतएव उन्होंने दुबारा नहाने से इनकार किया। इस पर मैथिलीशरणजी ने कहा, 'नहीं आओगे तो पानी के छींटे डालूँगा।' 'प्रसाद' जी ने ज़रा रोष से कहा, 'पानी के छींटे ही क्यों, कीचड़ ही उछालो न!' ('धर्मयुग', 30 जनवरी, 1972, पृ. 22)।

आज के परिप्रेक्ष्य में महाकवि के भाषा सम्बन्धी विचार भी मूल्यवान हैं। प्राय: उनकी भाषा की जटिलता को लेकर प्रश्न किये जाते हैं। डॉ. रत्नशंकर प्रसाद ने

'प्रसाद' जी की भाषा की जटिलता के प्रश्न को स्पष्ट करते हुए कहा है, 'अपनी भाषा के विषय में उनका ('प्रसाद' जी का) कहना था कि लोगों का भ्रम है कि मेरी भाषा जटिल है। जटिलता वहीं लगती है, जहाँ वे भाव समझ नहीं सकते। जब भाव समझ में आ जाते हैं, जटिलता चली जाती है। उच्च भावों को प्रकट करने में भाषा अवश्य ऊँची श्रेणी की हो जाती है। राष्ट्रभाषा के विषय में उनका मत था कि अरबी, फ़ारसी के जो शब्द हिन्दी में आ गये हैं, उन्हें निकाल फेंकने की आवश्यकता नहीं है, किन्तु अभिव्यक्ति के लिए जब नया शब्द आवश्यक हो तब संस्कृत से ही लेना चाहिए, चाहे वे शब्द कितने ही कठिन क्यों न हों? इस प्रसंग में वे कहा करते थे कि संस्कृत में भी देशीय शब्द हैं। यह तो भाषा के स्वास्थ्य का प्रमाण है कि वह अन्य शब्दों को पचाकर कैसे आत्मसात कर लेती है।' उन्होंने संवाद करते हुए आगे कहा, 'किन्तु यह भी ध्यान रहे कि अतिभोजन से अजीर्ण हो जाता है। आज कदाचित उसी की चेष्टा हो रही है। मुम्बई (बम्बई) के आयोजन में 'कामायनी' के गीति-नाट्य का कार्यक्रम भी मराठी भाषी बन्धुओं द्वारा प्रस्तुत हुआ। इसे देखने वाले समुदाय का काव्य से कोई परिचय नहीं था, फिर भी, उसने भावाभिव्यक्ति के माध्यम से वस्तु का बोध पाया। हर्ष, विषाद और आनन्द के स्थलों से उसका सहज ही तादात्म्य हुआ। तब मुझे प्रतीत हुआ कि अभिव्यक्ति की समस्त विधाओं में नाटक को श्रेष्ठ बताते हुए 'काव्येषु नाटकं रम्यम्' क्यों कहा गया है? इस रमणीयता का रहस्य उसका भाषिक अन्तराल से ऊपर उठकर अभिव्यक्ति को बोधगम्य बनाना है।' ('धर्मयुग', 6 अग़स्त, 1989, पृ. 25)।

अन्तिम दिन और अवसान

'प्रसाद' जी यों कसरती व्यक्ति थे और अपने स्वास्थ्य के प्रति काफ़ी सचेष्ट भी थे। बेनिया पार्क में नित्य-प्रति उनका घूमने का क्रम रहता था। आप प्रेमचन्दजी के साथ भी नित्य टहलने जाया करते। ख्यात कथाकार चन्द्रगुप्त विद्यालंकार ने सन् 1933-34 के संस्मरण में लिखा है, '1933-34 की सर्दियों में कलकत्ता जाते हुए मुझे बनारस रुकना था।...मैं उनके (प्रेमचन्दजी के) यहाँ तीन दिन ठहरा। प्रतिदिन बहुत सुबह प्रसादजी वहाँ पहुँचते थे और दोनों मित्र बेनिया पार्क में टहला करते थे। मैं प्रसादजी से उनके घर जाकर मिला था। उनसे काफ़ी देर बातचीत भी हुई थी।'

लेकिन सन् 1934 ई. के बाद आप बीमार जो पड़े स्वास्थ्य दिन पर दिन बिगड़ता गया और वही बीमारी उनकी अन्तिम बीमारी हुई। आपने बीमारी के असाध्य होने

पर अपने को 'विश्वनाथजी' पर छोड़ दिया था, उससे आपकी काशी विश्वनाथ के प्रति आस्था प्रकट होती है, वह प्रसंग यहाँ उद्धृत है, 'क्षय से आपका फेफड़ा ख़राब हो जाने से एलोपैथी डॉक्टर ने सुई द्वारा दवा दिये जाने की सलाह दी, तभी आपकी तबीयत एकाएक बहुत ख़राब हो गयी। सम्भवत: इसका कारण मानसिक था। सुई की चिकित्सा न कराने की अनिच्छा का ही यह मूर्त रूप था। वह राय कृष्णदासजी से कहने लगे कि 'जब बित्ते भर लम्बी सुई मेरी छाती में घुसेड़ी जायेगी तब मेरी क्या दशा होगी? अब मैं अपने को विश्वनाथ पर छोड़ता हूँ।' ' ('साप्ताहिक हिन्दुस्तान', 1 मई, 1977)।

और बहुमुखी प्रतिभा के धनी, कालजयी साहित्यकार जयशंकर प्रसाद का अवसान यक्ष्मा से 15 नवम्बर, 1937 ई. को हो गया। लगता है महाकवि को अपनी अल्पायु का आभास हो गया था तभी सन् 1937 से पूर्व सन् 1932 को मुंशी प्रेमचन्द के आत्मकथा अंक में प्रकाशित अपनी पद्यमयी आत्मकथा में **'छोटे से जीवन की कैसे बड़ी कथाएँ आज कहूँ, क्या यह अच्छा नहीं कि औरों की सुनता मैं मौन रहूँ। सुनकर क्या तुम भला करोगी मेरी भोली आत्मकथा, अभी समय भी नहीं थकी सोयी है मेरी मौन व्यथा'** जैसा सन्देश देकर कदाचित सदैव के लिए मौन हो गये।

कहना न होगा मात्र 48 वर्ष की अल्पायु में 'प्रसाद' जी का निधन अपेक्षाकृत जल्दी हो गया, जबकि आप प्रौढ़ता के बिन्दु पर पहुँचे ही थे। यदि आप कुछ काल तब और रहे होते तो निस्सन्देह कितनी ही अन्य प्रौढ़-कृतियाँ हिन्दी साहित्य के समक्ष आतीं। तभी 'प्रसाद' जी की स्मृति को दोहराते हुए पं. सूर्यनारायण व्यास ने लिखा, वह अविस्मरणीय है, ' 'प्रसाद' जी की बैठक 'हँसी' के फव्वारे का केन्द्र थी। श्री विनोदशंकर व्यास, पं. केशवप्रसादजी मिश्र आदि शाम को वहाँ पहुँच जाते। लगातार पान की गिलौरियाँ, निर्दोष हास्य, साहित्यिक चुटकियाँ, मनोरंजन के विविध प्रकार, आज भी चित्रपट की तरह घूम रहे हैं। कौन जानता था कि वह महान् विभूति इतनी जल्दी उठ जायेगी। आज भी उनका वह निर्मल हास्य उस बैठक की गली में गूँज रहा होगा, पर हाय वह मस्त गम्भीर हृष्ट-पुष्ट विद्वान् आज वहाँ नहीं। विनोद पूर्ति प्रतिभा पुंज हिन्दी का वह ईश्वरीय 'प्रसाद' आज हमें निर्धन कर अमरपद को प्राप्त हो गया।...हिन्दी साहित्याकाश का वह सर्वोन्नत प्रकाश-पुंज बीच में ही अस्त हो गया। साहित्य गगन को तिमिरावृत्त कर गया। उसके अस्तित्व में हमारा गौरव था, उसकी 'कला' का पुनीत 'प्रसाद' अब हमें नहीं मिलेगा।' ('यादें', पं. सूर्यनारायण व्यास, पृ. 197)।

यों 'साहित्य की हर रचना अपने में कोई न कोई विचार छिपाये रहती है। लोगों को रचना का रस भूल जाता है, लेकिन सार-तत्त्व के रूप में उसका विचार याद रहता है, विचार कैसा है, कैसे उद्‌भूत हुआ, उसका क्या अपेक्षित प्रभाव हो सकता है। यह सब जानने के लिए उस जीवन-यथार्थ की पहचान ज़रूरी है, जो साहित्यकार को कुछ सोचने को मजबूर कर देती है। उसकी यह सोच ही प्रत्यक्षाप्रत्यक्ष रूप से विचार बनकर अभिव्यक्त होती है।' ('चुनिन्दा साहित्यकारों के ज़िन्दगी और मौत के दस्तावेज़', ले. डॉ. कल्याण प्रसाद वर्मा, संस्करण–2016, पृ. 16)। ऐसे ही विचार रचनाकार की 'याद' के रूप में अभिव्यक्त विचारसरिणी कला-मर्मज्ञ राय कृष्णदासजी द्वारा 'प्रसाद' जी के जीवन, सृजन और व्यक्तित्व से सम्बद्ध घटनाओं का इतिवृत्त 'प्रसादजी की याद' शीर्षक से 'साप्ताहिक हिन्दुस्तान' के 1977 के अंकों में (23 जनवरी, 1977 से 1 मई, 1977) शृंखलाबद्ध प्रकाशित हुए थे, वे आगामी पृष्ठों में अध्यायवार 'साप्ताहिक हिन्दुस्तान' से साभार प्रस्तुत हैं।

3
'प्रसाद' जी की याद : 1
(इन्दु का उदय और उसका प्रथम वर्ष)

राय कृष्णदास

1904 के पिछले महीनों में अथवा 1905 के आरम्भ में काशी के कई उत्साही अग्रवाल युवकों ने 'अग्रवाल स्पोर्ट्स क्लब' नामक एक गोष्ठी स्थापित की। इस सजीव गोष्ठी के मुख्य उद्देश्य तीन-चार थे। पहला तो यह कि अग्रवाल युवकों में कुश्ती, कसरत तथा अन्य मैदानी खेलों का प्रचार किया जाये ताकि वे सशक्त बनें। दूसरा यह कि प्रति रविवार क्लब का अधिवेशन हो, जिससे युवकों में प्रेम और भाईचारा उत्पन्न हो, देश और समाज उपकारी विषयों पर वाद-विवाद और बौद्धिक-विनिमय हो तथा प्रतिमास एक हस्तलिखित मासिक पत्रिका क्लब में पढ़ी जाये। अग्रवालों में व्याप्त पिछड़ेपन और कुरीतियों को दूर करना भी इस क्लब का उद्देश्य था। एक प्रतिज्ञा-पत्र तैयार किया गया था, जिस पर सदस्यों से तथा बिरादरी के अन्य लोगों से इस प्रतिज्ञा पर हस्ताक्षर कराये जाते थे कि वे किसी नशे का सेवन न करेंगे।

क्लब के सदस्यों में बौद्धिक वर्ग के कई युवक थे। उनमें भारतेन्दुजी के भतीजे बाबू बृजचन्द्र, प्रकाशजी, देशरत्न बाबू शिवप्रसाद गुप्त, बाबू गोकुलदास तथा स्व. बाबू राजाराम के नाम विशेष उल्लेखनीय हैं। राजारामजी तो मौलिक चिन्तक थे और यदि वह भरी जवानी में ही प्लेग के शिकार न हो गये होते तो हिन्दी को बहुत कुछ दे जाते। उन सभी युवकों के निर्माण में गोष्ठी का बहुत कुछ हाथ था।

भारतेन्दु का लक्ष्य

क्लब की हस्तलिखित मासिक पत्रिका में सदस्यों के अतिरिक्त अन्य व्यक्तियों के लेख भी सम्मिलित किये जाते थे। इस प्रकार जब पत्रिका के 6-7 अंक निकल चुके तब यह निश्चय हुआ कि उनमें से कुछ चुने हुए लेख एक मासिक पत्र के रूप में

श्री जयशंकर प्रसाद 20 वर्ष के वय में

प्रकाशित किये जायें। फलत: 1905 के अगस्त से 'भारतेन्दु' नामक मासिक पत्र का प्रकाशन आरम्भ हुआ। पहले अंक की आरम्भिक भूमिका की ये पंक्तियाँ भारतेन्दु के उदय पर प्रकाश डालती हैं..."हम लोगों के मन में यह विचार उत्पन्न हुआ कि एक ऐसा मासिक पत्र निकाला जाये जिससे हिन्दी का कुछ उपकार हो और सर्वसाधारण में विद्या का प्रचार बढ़े। यों तो कई-एक मासिक पत्र काशी से निकलते हैं, परन्तु...विज्ञान तथा कला-कौशल की बातें न सिखलाकर केवल ऐय्यारी औ़र तिलिस्मों ही से...मन को मोह लेते हैं। इसी हेतु इस पत्र में काव्य, साहित्य, जीवन-चरित्र...पुरातत्त्व विज्ञान...व्यायाम, समाज-सुधार आदि विषय के लेखों पर अधिक ध्यान दिया गया है...इसका नाम 'भारतेन्दु' रखने की... धृष्टता केवल इसे पूज्यपाद भारतेन्दु बाबू हरिश्चन्द्र का स्मारक स्वरूप बनाने के लिए की गयी है...।"

यह 'भारतेन्दु' पत्र अगस्त, 1905 ई. से उदित होकर एक वर्ष तक निकलता रहा। किन्तु शैशव-मरण हिन्दी-पत्रों की पुरानी व्याधि है। जुलाई, 1906 ई. की अपनी बारहवीं संख्या के साथ यह अस्त हो गया। उसके मई-जून वाले संयुक्त 10वीं और 11वीं संख्या में प्रसादजी की एक रचना प्रकाशित हुई, जो उनकी सर्वप्रथम प्रकाशित कविता है, उसका शीर्षक है 'सावन पंचक'। पहले चार पद्य रोला छन्द

में हैं और पाँचवाँ सवैया में। यह रचना ब्रजभाषा में है और उसमें उन्होंने अपना उपनाम 'कलाधर' दिया है।

'भारतेन्दु' में प्रकाशित वह कविता इस प्रकार है–

सावन पंचक

रोला छन्द

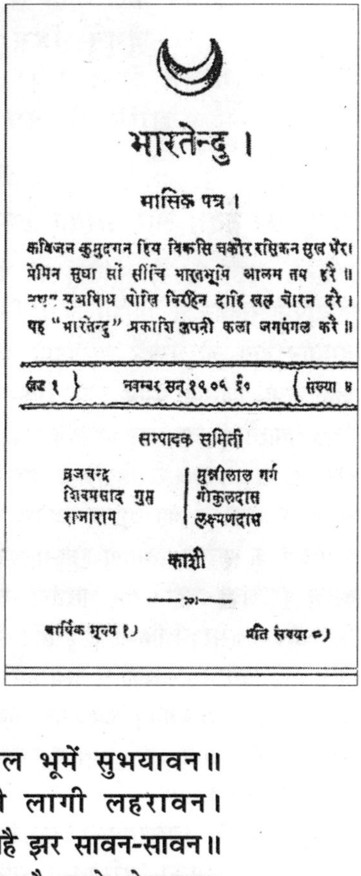
भारतेन्दु।
मासिक पत्र।
कविजन कुमुदगन हिय विकसि चकोर रसिकन सुख भरै।
प्रेमिन सुधा सों सींचि भारतभूमि आलम तम हरै॥
[illegible] सुअभिाध पोखि बिरहिन दाहि खल चोरन दरै।
यह "भारतेन्दु" प्रकाशि अपनी कला जगमंगल करै॥
खंड १ } नवम्बर सन् १९०९ ई० { संख्या ४
सम्पादक समिती
ब्रजचन्द | मुन्नीलाल गर्ग
शिवप्रसाद गुप्त | गोकुलदास
राजाराम | लक्ष्मणदास
काशी
वार्षिक मूल्य १) प्रति संख्या ≡)

तड़िता तड़पन लगी
चहुँ, दिसि ते चितचावन।
जगमग जुगनू लगे
चमकि चितआग लगावन॥
सिखरन पै चढ़ि
मत्तमयूर लगे कल गावन।
मलय मंजु मारुत
हिय धीरहिं लगे नसावन॥
विरह सिन्धु में मग्न
लगे अति ही दुखपावन।
नयननतें झरि लगीं
बूँद जिमि भादों सावन॥
काम कहर चपला-
सी हिय लागे चमकावन।
जगत सवै रस पागे
हा! लागे अब सावन॥
नवल तमालन पै
लतिका लागी चढ़ि छावन।
बदरा ये नभ में नवनील भूमें सुभयावन॥
बाल भुअंगम-सी बेनी लागी लहरावन।
लखि के सब यह कहै अहै झर सावन-सावन॥
जुगनू चौकीदार चमकि कै लगे चेतावन।
गरजि-गरजि के मेघ लगे दुन्दुभी बजावन॥
चपला चमकि-चमकि लागी निसान फहरावन।
सजग होह, सब जीव लगे अब सावन-सावन॥

सवैया

सावन आये वियोगिन को तन आली
अनंग लगे अति तावन।
तावन हीय लगी अवला तड़पै
जब बिज्जु छटा छवि छावन॥
छावन कैसे कहौं मैं विदेश लगे
जुगनु हिय आग लगावन।
गावन लागे मयूर 'कलाधर'
झांपि कै मेघ लगे बरसावन॥

–'जयशंकर प्रसाद' उपनाम–'कलाधर', काशी

'इन्दु' का उदय और उसका प्रथम वर्ष

जनवरी, 1908 ई. में, भारतेन्दु का पुन: प्रकाशन पं. नागेश्वरनाथ नामक एक हिन्दीप्रेमी सज्जन ने आरम्भ किया जिनका अपना नागेश्वर प्रेस भी था। लाला भगवान दीन जी उसके सम्पादक हुए। यह भारतेन्दु का दूसरा वर्ष (कला) कहा गया, जिसके प्रथम अंक (किरण) की प्रस्तावना में 'दीन' जी कहते हैं, "यह 'भारतेन्दु' नाम का मासिक पत्र अग्रवाल स्पोर्ट्स क्लब काशी की ओर से अगस्त, सन् 1905 से निकलना प्रारम्भ हुआ और पूरे एक वर्ष अर्थात् जुलाई, 1906 ई. तक तो यह अपना प्रकाश करता रहा, परन्तु इसी जुलाई मास से यह धनाभाव के कारण...अपनी सुकुमार और बाल्यावस्था में ही अस्त हो गया...; अस्तु पूरे सत्रह महीने यह भारतेन्दु, घोरकर्मा धनाभाव रूपी राह से ग्रसित रहा और इस अवसर में किसी ने इसकी न तो सुधि ली और न बात पूछी। अन्त में श्रीयुत पं. नागेश्वर नाथजी ने अब इसे अपने हाथ में लिया है और अपने नागेश्वर नामक प्रेस में छपवाकर प्रकाशित कराया है। जनवरी मास का यह प्रथम अंक जो इस समय आप अपने हाथ में लिए हुए अवलोकन कर रहे हैं–पं. जी की ही कृपा का फल है...।"

कहने की आवश्यकता नहीं कि आदर्श वाक्य की प्रथा भारतेन्दुजी ने चलायी थी, उनकी 'हरिश्चन्द्र चन्द्रिका' पर निम्नलिखित आदर्श वाक्य रहता था–

कविजन कुमुदगन हिय विकासि,
चकोर रसिकन सुख भरै।

प्रेमिन सुधा-सी सींचि, भारतभूमि आलस तम हरै।
उद्यम सुओषधि पोखि,
विरहिन तापि खल चोरन दरै।
हरिश्चन्द्र की यह चन्द्रिका परकासि जग मंगल करै॥

यही आदर्श चौथे चरण में इस परिवर्तन के साथ भारतेन्दु में भी दिया गया–

यह 'भारतेन्दु' प्रकासि
अपनी कला जग मंगल करै॥

अस्तु, भारतेन्दु का यह नया संस्करण भी नहीं चल सका, अधिक-से-अधिक इसकी छह किरणें निकलीं अर्थात् जून, 1908 ई. में यह पुन: अस्त हो गया।

प्रारम्भिक सरस्वती-पीठ

प्रसादजी जब पढ़ने योग्य हुए, तब उनका शिक्षा-क्रम उनके पिता ने ऐसा रखा कि उन्हें संस्कृत, हिन्दी और उर्दू की अच्छी योग्यता हो जाये तथा साहित्यिक रुचि भी उद्बुद्ध हो जाये। उन्होंने अपने आरम्भिक पाठ स्वर्गीय मोहनीलाल गुप्त से पढ़े। वहाँ भारतेन्दुजी के भ्रातृ-पुत्र बृजचन्द्रजी उनके सहपाठी थे। वह असमय में न चल बसे होते तो अच्छी साहित्यिक ख्याति प्राप्त करते। श्री लक्ष्मीनारायण सिंह 'ईश' भी, वहीं उनके सहपाठी थे। प्रसादजी इस छोटी-सी पाठशाला को सदा अपना आरम्भिक सरस्वती-पीठ कहा करते।

मोहिनीलालजी हिन्दी-साहित्यशास्त्र के अच्छे ज्ञाता थे और स्वयं कविता भी करते थे। उनका उपनाम था 'रसमय सिद्ध कवि'। उन्होंने कई काव्य भी लिखे थे, जिनमें सबसे बड़ा है, 'सिद्ध मनोरंजन'। यह बड़े आकार वाले सौ-डेढ़ सौ पृष्ठों में प्रकाशित हुआ। इसमें एक ओर काम, क्रोध आदि तथा दूसरी ओर संयम, शान्त, तप आदि को पात्र बनाकर रूपकमय कथा कही गयी है। प्रसादजी को उन्होंने हिन्दी और संस्कृत के साथ-साथ साहित्यशास्त्र की भी शिक्षा दी। यों वह बड़े कठोर शिक्षक थे, किन्तु प्रसादजी ने पर्याप्त समय तक उनसे काव्य रचना विषयक बहुत कुछ ज्ञान प्राप्त किया।

प्रसादजी की निमातृ-प्रतिभा 1906 ई. के भी कई वर्ष पहले से विकसित हो चली थी। प्रसादजी ने अपनी सर्वप्रथम रचना रसमय सिद्ध जी के सामने की–

हारे सुरेस, रमेस, धनेस, गनेस हूँ
सेस न पावत पारे।

पारे हैं कोटिक पातकी पुंज
'कलाधर' ताहि छिनौंविच तारे॥
तारेन की गिनती सम नाहि,
सुजेते तरे प्रभु पापी विचारे।
चारे चले न विरञ्चि हुँ के,
जो दयालु हैं संकर नेंकु, निहारे॥

जब प्रसादजी ने यह कविता अपने गुरु के सामने संशोधन के लिए रखी, तब उन्होंने उनकी पीठ ठोक दी। उस समय उनकी वय 7 से 9 वर्ष से अधिक न रही होगी। कुछ दिशाओं से यह शंका उठायी गयी है कि क्या इतना अल्पवयस्क ऐसी कविता कर सकता है। हमारा कथन है कि कर सकता है। यदि भारतेन्दुजी का सात वर्ष की वय में रचा गया यह दोहा–

लै व्योंडा ठाढ़े भए श्री अनिरुद्ध सुजान
वाणासुर की सैन्य को हनन लगे भगवान।

उनके पिता महाकवि गिरधरदास अपने दशावतार कथामृत में सम्मिलित कर सकते हैं तो यह संशय निस्सार है कि प्रसादजी उस अल्पावस्था में ऐसी रचना नहीं कर सकते थे।

–भारतेन्दु की 'हरिश्चन्द्र-चन्द्रिका' की साहित्यिक परम्परा की उल्लेखनीय कड़ी

इस रचना से तथा 'भारतेन्दु' में प्रकाशित रचना से यह अनुमान भी होता है कि तब तक प्रसादजी अपनी दुकान पर जो गुप्त रूप से रचनाएँ करते थे, उनमें 'कलाधर' उपनाम रहा होगा, क्योंकि 1909 ई. से प्रकाशित 'इन्दु' में उनकी जो भी रचनाएँ निकली हैं, 'प्रसाद' उपनाम से। खेद है कि उनकी 'कलाधर' उपनाम वाली शेष कविताएँ सर्वथा अप्राप्त है।

1908-09 ई. तक तो उन्होंने यद्यपि बहुत कुछ लिख डाला था, तथापि कहीं प्रकाशनार्थ नहीं भेजा था। उनका यही संकल्प था कि यह सब स्वत: प्रकाशित करेंगे।

इस उद्देश्य से उन्होंने अपने भांजे स्व. अम्बिकाप्रसाद गुप्त द्वारा अग्रवाल स्पोर्ट्स क्लब से यह अनुरोध किया कि क्लब 'भारतेन्दु' के पुन: प्रकाशन की अनुमति गुप्तजी को दे दे, किन्तु क्लब ने कुछ ऐसी शर्तें रखीं, जिनका पालन सम्भव नहीं था। ऐसा याद पड़ता है कि इसी प्रसंग में प्रसादजी की कुछ चर्चा भी क्लब में हुई थी, क्योंकि तब उनका साहित्यिक व्यक्तित्व काशी में विदित हो चला था।

प्रसादजी अनुमति न मिलने से विशेष हताश हुए, क्योंकि भारतेन्दुजी पर उनकी अगाध श्रद्धा थी। तब उन्होंने प्रकाश्य मासिक पत्र का नामकरण 'इन्दु' किया। उन्होंने मुझसे स्वयं कहा था कि 'इन्दु' को इन तीन उद्देश्यों से आरम्भ कराया था–(1)

अपनी रचनाओं का प्रकाशन, (2) अम्बिकाप्रसाद गुप्त की साहित्यिक रुचि के उपयोगपूर्वक कुछ आर्थिक लाभ और (3) अपने सुर्ती के व्यापार का विज्ञापन।

इस प्रकार श्रावण शुक्ल सं. 1966 (1909 ई.) से 'इन्दु' का प्रकाशन आरम्भ हुआ।

आरम्भ से ही 'इन्दु' का एक निजस्व रहा और उसने अपने को भारतेन्दु काल से श्रृंखलित किया, यदि हम 'इन्दु' के प्रथम अंक को 'हरिश्चन्द्र चन्द्रिका' के किसी अंक के साथ पढ़ें तो यही जान पड़ेगा कि 'इन्दु' उसी परम्परा में है।

भारतेन्दु हरिश्चन्द्र की स्मृति को अक्षुण्ण रखने के लिए एवं हिन्दी के प्रसार तथा ज्ञान-विज्ञान की समुन्नति के लिए प्रकाशित 'भारतेन्दु' और 'इन्दु' पत्रों का विवरण–

'इन्दु' का प्रथम वर्ष

'हरिश्चन्द्र चन्द्रिका' के ही अनुकरण पर प्रसादजी ने 'इन्दु' पर यह आदर्श वाक्य रखा–

सज्जन चित्त चकोरन को,
हुलसावन भावन पुरो अनिन्दु है।
मोहन-काव्य के प्रेमिन के हित,
सांच सुधारस को बलि बिन्दु है॥
ज्ञान-प्रकाश प्रसारि हिय विच,
ऐसो जो मुरखता तम भिन्दु है।
काव्य महोदधि ते प्रकट्यो,
रसरीति कलायुत पूरन 'इन्दु' है॥

प्रथम अंक की आरम्भिक प्रस्तावना में प्रसादजी कहते हैं–

"साहित्य का कोई लक्ष्य-विशेष नहीं होता है और उसके लिए कोई विधि का निबन्धन नहीं है, क्योंकि साहित्य स्वतन्त्र प्रकृति, सर्वतोगामी प्रतिभा के प्रकाशन का परिणाम है। वह किसी की परतन्त्रता को सहन नहीं कर सकता, संसार में जो कुछ सत्य और सुन्दर है, वही साहित्य का विषय है। साहित्य केवल सत्य और सौन्दर्य की चर्चा करके सत्य को प्रतिष्ठित और सौन्दर्य को पूर्ण रूप से विकसित करता है, आनन्दमय हृदय के अनुशीलन में स्वतन्त्र आलोचना में उसकी सत्ता देखी जाती है।"

साहित्य का आदर्श पक्ष

परन्तु इसका यह अर्थ नहीं कि प्रसादजी पश्चिम वाले–'कला के लिए कला' सिद्धान्त को मानते थे। यहाँ उन्होंने साहित्य के केवल भाव-पक्ष का निरूपण किया है। साहित्य

के आदर्श पक्ष के प्रति वह उदासीन नहीं थे, इस पर उन्होंने विस्तृत विचार किया है, जिसे हम आगे देखेंगे।

उनका 'प्रेम-पथिक' नामक खण्ड-काव्य 'इन्दु' कला, किरण 2 में प्रकाशित हुआ था। उस समय वह बृजभाषा में था और बरसों पहले लिखा जा चुका था। उन्होंने इसे पीछे से खड़ी बोली में किया और आकार में भी कुछ वृद्धि की। उसके कथावस्तु और आध्यात्मिक सन्देश पर आगे विचार किया जायेगा।

चौथे अंक में उनका छोटा-सा ऐतिहासिक खण्ड काव्य 'प्रेमराज्य' निकला, साथ ही वह छोटी-सी पुस्तिका के रूप में भी प्रकाशित किया गया। इसमें उन्होंने एक ऐतिहासिक घटना ली है जो 1565 ई. में घटित हुई थी। उस समय दक्षिण के विजयनगर राज्य और अहमदनगर के दक्खिनी शाह में एक युद्ध तालीकोट में हुआ, जिसमें सेनापति के विश्वासघात के कारण हिन्दू राजा की पराजय हुई। इसी आधारशिला पर उनकी यह वीरता और प्रेममय कहानी निर्मित हुई है। कथानक इस प्रकार है–

पूर्वार्द्ध में विजयनगर के हिन्दू राजा सूर्यकेतु युद्ध में जाने से पूर्व अपने पंचवर्षीय बालक चन्द्रकेतु को एक भील सरदार को सौंपते हैं, जो उन्हें लेकर हिमालय की तराई में चला जाता है। युद्धभूमि में क्षत्रियों के अतुलित पराक्रम एवं शौर्य-प्रदर्शन ने यवन सेना को भागने के लिए विवश कर दिया, किन्तु तभी उनके राजा घिर गये और सेनापति मूकदर्शक बना रहा।

राजा वीरगति को प्राप्त होते हैं। सेनापति अपने घर वापस आता है तो वहाँ उसे पत्नी नहीं मिलती। वह उसके विश्वासघात तथा कायरता से दु:खी एवं क्षुब्ध होकर अपनी लड़की तथा एक पत्र छोड़ जाती है, जिसमें उसे धिक्कारा गया है। सेनापति को अपनी कायरता पर क्षोभ होता है और वह दु:खी होकर संन्यास ले लेता है।

उत्तरार्द्ध में राजा के पुत्र चन्द्रकेतु और सेनापति की पुत्री ललिता के प्रेम और परिणय की कहानी है, जिसके फलस्वरूप प्रेमराज्य की स्थापना हुई।

यद्यपि रचना छोटी ही है, तथापि अपने में सम्पूर्ण है। प्राय: काव्य रस के सभी अंगों की ओर समुचित ध्यान दिया गया है। एक ओर जहाँ हम प्रकृति चित्रण की झलक पाते हैं–

बाल विभाकर सोहत अरुण किरण अवली सों।
कृष्णा क्रीड़त निज नव तरलित जल लहरी सों॥
मलयज धीर पवन वन उपवन मह संचरहीं।
कोकिल कल कलनाद करत अतिमधुर बिहरहीं॥

साथ ही, यह उपमा भी देखिए–

तारागन सहचन्द्र, लसै उज्ज्वल अम्बर में।
हरिन के ज्यों हार निशा रानी के गर में।

नवल चन्द्रिका की लहरें, तरलित हिंय करतीं।
विधुमण्डल तें विमल, सुधा बूंदै ज्यों परतीं॥

नील समुज्ज्वल गगन नील तरुवर की श्रेनी।
छाया सो नीलिमामयी सुरसरि सुखदेनी॥
हंसत सुधाकर तामे, लखि प्रतिबिम्ब मनोहर।
लखि स्वरूप-गर्विता, आरसी ज्यों निज मुखबर॥

एक ओर जहाँ करुण रस की धारा बहती है–

'दादा' कहि अकुलाइ उठ्यो तब ही वह बालक।
नैनन मों भरि नीर, कह्यो नरगन के पालक–
'दादा' ये ही हैं तुम्हरे, इनही को कहियों।
मेरे जीवनप्रान सदा ही सुख में रहियों॥

वहीं युद्धभूमि के वीर रस का उदात्त वर्णन है–

फरकि उठे भुजदण्ड बीर रस सों उमगाहे।
चमकि उठी तरवार, वर्म्म अरु चर्म्म सनाहे॥

X X X

भिड़े वीर दुहुं ओर चली कारी तलवारें।
एक वीर सिर हेतु, अप्सरा तन-मन वारें॥

कवि को अपने देश के प्रति कितना प्रेम, देश के लिए मरने वालों के प्रति क्या ही श्रद्धा एवं समादर है, उधर देशद्रोही के प्रति कैसी घृणा है–यह निम्न पंक्तियों से परिलक्षित होता है–

'भारतभूमि' धन्य तुम, अनुपम खान।
भए जहाँ बहु रतन, अतुल महान॥

X X X

जिनके प्रत्यञ्चा की, सुनि झनकार।
अरिशिर मुकुट मणित की, सहै न भार॥

X X X

भए भीष्म रणभीष्म, हरण अरिदर्प।
जामदग्नितें रच्यो, समर करि दर्प॥

X X X

जिनके क्रोध अनल महं, श्रुवां नराच।
आहुति अक्षौहिणी, भई सुनु सांच।

X X X

करि कुकर्म यह जब वह क्षत्रि कुलकलंक अति।
सेनापति यवनन के सैनप यहं निशंक मति॥
गयो लेन निज पुरस्कार तब सब उठि धाये।
मातृभूमि द्रोही कहि अति उपहास बनाये॥

कवि की पैनी दृष्टि से तत्कालीन समाज तथा उसके मानसिक ह्रास भी अछूते नहीं रह पाते–

अहो लाभ वश करत, काज कैसे नर-नारी।
करत आत्म मर्यादा, धर्म्म सबहिं को वारी॥

किन्तु 'शान्ति' की महत्ता सबसे परे है–

अहो लखो यह विश्वेश्वर की सृष्टि अनुपम।
शिव स्वरूप तिन माहि विराजति लखि सब ही सम॥
यह विराट संसार तासु, अव्यक्त रूप है।
यामें अंगन की आभा, राजत अनूप है॥
शान्तिमयी दिग्वस्त्र, सहित वह मनहर मूरति।
चिता-भस्म तम मय, पै शुचि हिमगिरि सों पूरति॥

और अन्त में वैर-विरोध का त्याग कर प्रेम राज्य की स्थापना होती है–

लखहु परस्पर परम विरोधी कैसे शुचि सों।
पान करत वह प्रेम सुरसरी धारा रुचि सों॥

X X X

लखे नवल यह 'प्रेमराज्य'! अति है आनन्दित।
चमकि उठ्यो नव चारु, चन्द्र तारागन वन्दित॥

'इन्दु' कला 1 किरण 6 में 'वनवासिनी बाला' प्रकाशित हुई, जो कालिदास के 'अभिज्ञान शाकुन्तल' पर आधारित है, यद्यपि कथा में कुछ प्रसादजी की मौलिकता भी है। इसका आरम्भ भी प्रकृति-चित्रण से ही होता है–

अरुण विभा विलसित-हिम-शृंग मुकुटवर छाजत।
मालिनि मन्द प्रवाह सुखद-सुदुकुल विराजत॥
तरुगन-राजि कतहुं मरकत-हारावलि लाजै।
सांचहु भूधर नृपति समान हिमालय राजै॥

महाकवि कालिदास ने जहाँ अपने अमर नाटक में दुष्यन्त के दरबार से मेनका द्वारा शकुन्तला को ले जाये जाने के उपरान्त कण्व ऋषि के आश्रमवासियों को भुला दिया वहाँ प्रसादजी की शकुन्तला दुष्यन्त से पुनर्मिलन के बाद सखियों से फिर मिलने आश्रम की ओर जाती है–

शकुन्तला दुष्यन्त बीच में भरत सुहावत।
धर्म, शान्ति, आनन्द मनहुं साथहिं चलि आवत॥

यही नहीं, इसी बीच मेनका भी आती है और सब मिल जाते हैं–

चिर बिछुरे सब मिले हिये आनन्द बढ़ावन।

पूरी रचना रोला छन्द में है।

'अयोध्योद्धार' नामक आख्यानक कविता भी सर्वप्रथम 'इन्दु' कला 1 किरण 10 में प्रकाशित हुई। इसकी प्रेरणा यद्यपि प्रसादजी को रघुवंश के सोलहवें सर्ग से मिलती है, तथापि इसमें भी उनका निजस्व है। राम के बाद उनका राज्य विभाजित हो गया। कुश की राजधानी कुशावती और लव की श्रावस्ती बनी। प्रस्तुत काव्य में उसके बाद के दृश्यों का संयोजन हुआ है। कुश अपनी राजधानी में शय्या पर शयन कर रहे हैं, स्तब्ध निशा है–

विमल विधुकला की कान्ति फैली भली है।
सुलालित बहुत तारा हीर-हारावली है॥
सरवर जल हूँ में चन्द्रमा मन्द डोलै।
वर परमिल पूरो पौन कीन्है कलोलैं॥

कुशावती के राजधानी बन जाने से अयोध्या श्रीविहीन हो चली, फलतः नागवंशी कुमुद उस पर अधिकार जमा लेता है, अस्तु अयोध्या की राजश्री इस स्तब्ध निशा में कुश को जगाकर अपने पुराने वैभव की याद दिलाती है और कुश से अपना उद्धार करने का वचन लेती है–

तुम छाई रहे कुशावती अस सोए रघुवंश की ध्वजा।
उठि जागहु सुप्रभात है
जेहि जागे सुख सोवती प्रजा॥

पुन:

रघु दिलीप अज आदि नृप दशरथ राम उदार
पाल्यो जाको सदय है तासु करहु उद्धार॥

महाराज अपनी विशाल सेना सहित नागवंशी कुमुद पर आक्रमण करते हैं और उसे परास्त करके उपहारस्वरूप बहुत से रत्न तथा उसकी सुन्दरी पुत्री कुमुदवती को प्राप्त करते हैं। अन्त में कुश और कुमुदवती के परिणय के साथ यह प्रेम-कथा समाप्त होती है। इस रचना में संस्कृत गणवृत्तों का विशेष प्रयोग हुआ है।

इनके अतिरिक्त प्रसादजी की फुटकर बृजभाषा कविताएँ भी उस कला में कई-कई स्थान पर प्रकाशित हुई हैं।

इसी वर्ष के एक अंक (किरण) में प्रसादजी ने अपने सुखी दाम्पत्य जीवन का भी एक छोटा-सा चित्र दिया है। यह मुझे विदित है कि यद्यपि नाम कल्पित है, किन्तु घटना वास्तविक है।

नायक कड़कड़ाते जाड़े की रात में अपने पलंग पर मोटा लिहाफ ओढ़े, निद्रित होने का उपक्रम कर ही रहा है कि सारे गृहकार्य से छुट्टी पाकर उसकी प्रणयिनी पत्नी आ पहुँचती है। उसके दोनों हाथ तुरन्त धोए जाने के कारण बर्फ़ की तरह ठण्डे हो गये हैं, जिन्हें वह लिहाफ में डालकर अपने पति के दोनों गालों पर रख देती है, जो ठिठुरन के स्थान पर सुख की ऊष्मा का अनुभव कराता है।

4
'प्रसाद' जी की याद : 2

(जब प्रसाद जी ने ब्रिटिश साम्राज्य के अस्त होने की भविष्यवाणी की थी)

राय कृष्णदास

अवधेशजी के मंचासीन होने पर भारतेन्दु नाटकमण्डली द्वारा मांगलिक गान हुआ और तब कविताओं का पाठारम्भ। राष्ट्रकवि मैथिलीशरण गुप्त जयन्ती के प्राय: दो सप्ताह पूर्व काशी आये थे, वह एक कविता दे गये थे। वह पढ़ी गयी। आचार्य रामचन्द्र शुक्ल ने भी कविता-पाठ किया। अब प्रसादजी खड़े हुए। उनकी उस दिन वाली वेशभूषा इस समय भी आँखों में नाच रही है। खस के अतर से मुअत्तर ढाके की बारीक धामदानी वाले अँगरखे के नीचे से झलकती हुई हरी मिर्जई की छटा निराली थी। सिर पर महीन चुनी हुई अदा वाली दो-पालिया टोपी और पाँव में चूड़ीदार पाजामा था। हाथ में सुन्दर बाँस की छड़ी, जिसकी मूँठ बारहसिंघे की। प्रसादजी की इस प्रिय छड़ी को उनके सभी और भक्त आज भी न भूले होंगे। यह उनकी चिरसंगिनी थी। जयन्ती के लिए उन्होंने भी एक सुन्दर कविता लिखी थी। पढ़ी भी उन्होंने बड़े ठाठ से, यद्यपि किसी ऐसे समाज में कविता पढ़ने का उनके लिए यह पहला अवसर था। भारतेन्दुजी के प्रति उनकी अगाध श्रद्धा थी और अनेक अंशों में वह प्रसादजी के आदर्श व्यक्ति थे। सो इस अवसर की रचना में हार्दिकता का होना स्वाभाविक था। फलत: इस रचना को उनकी उस काल वाली प्रतिनिधि बृजभाषा रचनाओं में रख सकते हैं। पूरी कविता उद्धरणीय है–

सज्जन चकोर भए प्रफुल्लित
मानि मन में मोद को।
सहृदय हृदय शुचि कुमुद,
विकसे विशठ बन्धु विनोद को॥

छिटकी सुहिन्दी चन्द्रिका,
आनन्द अतिहिं विधायिनी।
यह भारतेन्दु भयो उदय,
धरि कान्ति जो सुखदायिनी।

जो सुर के शुचि किरन में, भारत पयोनिधि नीर में।
शुभ नाव हिन्दी की चली, यह सहज ही कछु तीर में॥
सो अन्धकार निहारि ठिठकी भूमि भँवर में भीर तें।
यह भारतेन्दु प्रकाशि के, पथ दियो ताहि समीर ते॥
प्रच्छन्न मारक कंटकों ते, रैन अँधियारी घनी।
कहुँ कबहुँ चपला जोति होति न चाँदनी ऐसी तनी॥
बटमार हू मग माहिं, हिन्दी को पथिक जावै कहाँ।
हरिचन्द ने दिनरात में इकल्यो प्रकाश कियो तहाँ॥

अभिमान के जब गरल में सब कण्ठ लो पुरित रहे।
कवि वचन विमला सुधा के तब धार में सब ही बहे॥
नक्षत्र जुगनू की चमक तें चाहते शोभा भलीं!
यह भारतेन्दु कियो प्रकाश भई उदित चन्द्रावली॥

उर्दू सुतीछन किरन में कुम्हिलाइ चाहि कराहती।
नक्षत्र दर्शन ते सुकछुं आराम पायो है रती॥
हिन्दी रजनिगन्धा सुलखि के भारतेन्दु अमन्द सों।
भइ आप धीश प्रसन्न कर में तालिता आनन्द सों॥
भादों यही पै पक्ष कृष्ण सुचन्द्र प्रकटे आदि में।
यह शुक्ल यश ही में भये यै रंग एक अनादि में॥
वह अष्टमी को इन्दु औ यह सप्तमी के मोद में।
यह भक्त थे भगवान के सामीप्य शुद्ध विनोद में॥

यह धन्य है दिन आजु को हिन्दी वदन को विन्दु है।
जेहि में प्रकट सुन्दर भए यह धन्य भारत इन्दु है।
हरिचन्द्र की मंजुल कला प्रकटी लखो सुखमा-मई।
हिन्दी विजयिनी के विजय को वैजयन्ति उड़ा दई॥

–जब प्रसादजी ने ब्रिटिश साम्राज्य के अस्त होने की भविष्यवाणी की थी

'कवयः क्रान्तदर्शिनः'

'मध्याह्न होते ही सूर्य अस्ताचल का मार्ग ग्रहण करता है'—यह प्रकृति का शाश्वत नियम है।

12-12-1911 ई. के दिन सम्राट् जॉर्ज पंचम का दिल्ली-दरबार हुआ। उधर दरबार हो रहा था, इधर बनारस में प्रसादजी कह रहे थे—'यह ब्रिटिश साम्राज्य का मध्याह्न है।' वहाँ दिल्ली में क्या हो गया, इसका रंच-मात्र ज्ञान न उन्हें था, न उनके उक्त भविष्यवाणी के सुनने वालों को।

दिल्ली की घटना लिखने के पहले जॉर्ज-पंचम के भारत आने के प्रयोजन का एक विहंगावलोकन कर लेना उपादेय होगा। बंग-भंग के विरुद्ध 1906 ई. से प्रबल आन्दोलन चल रहा था जो देशव्यापी तो हो गया था, क्रान्तिकारी दल के प्रादुर्भाव के कारण सर्वत्र बमकाण्ड की घटनाएँ भी साधारण हो गयीं। निर्भय अंग्रेज़ भी भय का अनुभव करने लगे। मार्ले-मिन्टो रिफॉर्म का आडम्बर खड़ा कर वे कम-से-कम नरम दल वालों को अपनी ओर करने में सफल हुए थे, इतने पर भी स्थिति को वश में करने के लिए उन्होंने यह उपाय निकाला कि कुछ समय पहले ही राज्यासीन सम्राट् जॉर्ज भारत आकर प्रजा को पुचकारे अपना वैभव प्रदर्शित करके प्रभावित करे और साथ ही कुछ ऐसे परिवर्तन भी कर दें, जिससे बंगाल का बल टूट जाये और राज्यशक्ति अधिक बढ़ जाये। इसके लिए तीन परिवर्तन तय किये गये—

(1) राजधानी कलकत्ता से उठाकर दिल्ली में ले आयी जाये, जहाँ एक ओर राजपूतों की सहायता सुलभ थी, दूसरी ओर रजवाड़ों पर अधिक अंकुश लगाये रहने की सुविधा भी।

(2) बंग-विच्छेद की समाप्ति की जाये, जिससे बंगवासियों के आँसू पुँछ जायें।

(3) बिहार और उड़ीसा बंगाल से अलग कर दिये जायें, जिससे बंगाल का क्षेत्र बहुत संकुचित हो जाये।

ये ही दिल्ली दरबार के मुख्य प्रयोजन थे।

दरबार के मण्डप की विशालता का क्या कहना था; देश के लगभग सात सौ नरेशों के बैठने के लिए सजीली कुर्सियाँ लगाई गयी थीं, फिर अन्य आमन्त्रितों के लिए स्थान थे। उन सबके सम्मुख तीन-चार सीढ़ियों वाला वह चबूतरा था, जिसकी सजावट स्वर्णमय थी। एक चन्दोवे के नीचे सम्राट्-सम्राज्ञी के पृथक्-पृथक् सिंहासन थे और पैर रखने के लिए कारचोबी गद्दियाँ। चार प्रमुख महाराजों के युवराज, सम्राट्-सम्राज्ञी के पेज बनाकर चबूतरे के चारों कोनों पर बैठ गये थे। पेज अंग्रेज़ी में

उस किशोर सेवक को कहते हैं, जो सम्राट्-सम्राज्ञी के पीछे की ओर दूर तक फहरने वाले अवा (आवरण वस्त्र) को उठाकर चलते हैं कि वह मैला न हो।

ब्रिटिश सत्ता का पहला अपमान

रजवाड़ों की पंक्ति में प्रथम स्थान था, निज़ाम हैदराबाद का, दूसरा बड़ौदा नरेश महाराज सयाजी राव गायकवाड़ का। अवसर-अपेक्षित अन्य कार्यक्रम हो जाने पर जब नरेशों द्वारा सम्राट् के अभिवादन का समय आया, तब स्वभावत: पहले निज़ाम उनके सामने उपस्थित हुए। अपने शरीर को 108 डिग्री झुकाकर उन्होंने तीन बार फ़र्शी आदाब किया, फिर बिना सम्राट् की ओर पीठ किये, ज़रा बायें हटकर चबूतरे की समतल भूमि के किनारे तक आये। फिर और बायें हटकर सीढ़ियों की ओर घूमे और अपने स्थान पर आ बैठे।

अब गायकवाड़ का नम्बर आया। सभी रजवाड़े एक-से-एक रत्नाभूषण से लदे हुए थे, केवल वह बिल्कुल सादे परिधान में थे। सिर पर कुल-परम्परागत लाल पगड़ी थी, जिसे वह सदैव पहनते थे। उस पर भी सिर-पेंच अभी कुछ नहीं था। हाथ में एक पतली बेंत की छड़ी थी। वह निश्चिन्तता से उठे, छड़ी को ज़रा-ज़रा हिलाते हुए, तपाक के साथ सम्राट् के सामने पहुँचे, तनिक नत-सिर हुए और उसी क्षण सम्राट् की ओर पीठ किये हुए, छड़ी हिलाते हुए अपने स्थान पर आ बैठे। इसके बाद दरबार का प्रणति वाला पूर्वक्रम चालू किया।

यह अपमान सम्राट् को बहुत खला। खलना स्वाभाविक था। ब्रिटिश-काल में किसी देशी राजा को बड़े लाट तक के ऐसे अपमान का कभी दुस्साहस नहीं हुआ था, फिर यह तो स्वयं-सम्राट् के प्रति था। ब्रिटिश जाति अपने राजा का देवतुल्य आदर करती है।

इतने 'भूतो न भविष्यति' विस्तार और प्रखरता वाले साम्राज्य, जिसमें कभी सूर्यास्त नहीं होता था, के अधिष्ठातृ देवता का यह निरादर। गोरे पदाधिकारी दाँत पीसने लगे। बड़े लाट ने गायकवाड़ से कैफ़ियत तलब की। उन्होंने कुछ पंक्तियों में केवल इतना उत्तर दिया कि "मेरे से पहले केवल निज़ाम अभिवादन के लिए गये थे। मैं परिस्थिति से ऐसा स-सम्भ्रम (नर्वस) हो गया था कि यह भूल हो गयी, जिसके लिए मुझे खेद है। पत्र में कहीं क्षमा-याचना का शब्द नहीं आया।"

निदान, ब्रिटिश जाति इस अपमान को पी कर रह गयी, क्योंकि महाराज गायकवाड़ का शासन ऐसा अछिद्र और इतना समुन्नत था कि उन्हें पदच्युत करना कल्पनातीत था। सारी दुनिया यह जान गयी कि गायकवाड़ की सफ़ाई मात्र एक बहाना थी, क्योंकि उन सरीखे महामना व्यक्ति की वैसी भ्रमदशा होनी असम्भव थी।

यहाँ यह उल्लेखनीय है कि तत्कालीन काशी नरेश महाराज प्रभुनारायण सिंह जब दिल्ली दरबार से लौटे, तब उसके ठीक बाद मुझे उनसे मिलने का एक अवसर आया। मैंने पूछा–"श्रीमान के विचार में महाराजा बड़ौदा ने जान-बूझ कर वैसा किया या वह वस्तुत: घबरा गये थे?"

महाराज ने सविस्तार उत्तर दिया–"मैं उनकी मनोवृत्ति भलीभाँति जानता हूँ, वह घबराने वाले आदमी नहीं हैं, उन्होंने जान-बूझकर सम्राट् का निरादर किया। दरबार के एक दिन पहले उसका पूर्वाभ्यास (रिहर्सल) हुआ था। उसमें हम सब (भारतीय नरपति) गये थे। जो नहीं आ सके थे, उन्होंने अपने ज़िम्मेदार प्रतिनिधि भेजे थे। सब तौर-तरीक़ा भलीभाँति समझाया गया था, अतएव भूल-चूक का प्रश्न ही नहीं उठता। फिर इतने बड़े व्यक्ति से वैसी भूल असम्भव है।"

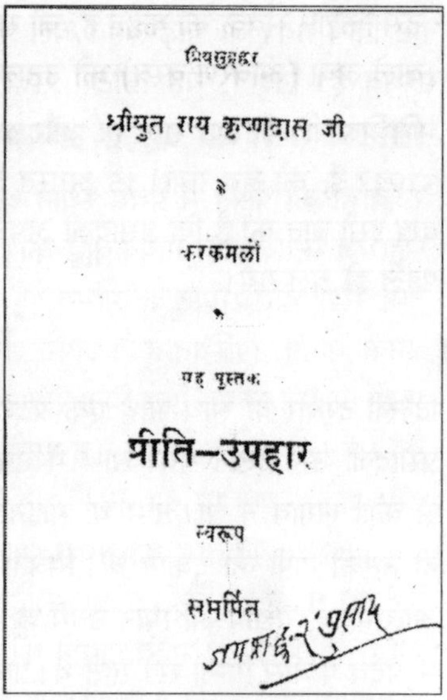
प्रियसुहृद्वर
श्रीयुत राय कृष्णदास जी
के
करकमलों
यह पुस्तक
प्रीति–उपहार
स्वरूप
समर्पित

प्रसादजी ने अपनी 'चन्द्रगुप्त मौर्य' पुस्तक लेखक यानी राय कृष्णदासजी को भेंट की थी।

सचमुच, महाराज सयाजीराव गायकवाड़ महान मराठों में अन्तिम महान् व्यक्तित्व हुए।

दूसरा अपमान

उसी 12 दिसम्बर को एक काण्ड और हुआ–वही दिन भारत में सम्राट् पंचम जॉर्ज के रुपये चालू करने के लिए भी नियत किया गया था। ज्योंही रुपये चले, मुस्लिम भारतीयों को भ्रम हुआ कि सम्राट् की प्रतिकृति के गले में जो दोहरी सिकड़ी है, उसके बीच-बीच वाले टिकरों में से एक में रूपकार–कलकत्ता स्कूल ऑव आर्ट के उस्ताद ईश्वरीप्रसाद वर्मा ने सूकर बना दिया है। बात यह है कि यूरोप भर के सभी सम्राटों के कण्ठ में ऐसी सिकड़ी रहती थी, जिसमें उनके राजकुल के विशेष-विशेष चिह्न वाले टिकरे रहते थे। भारत-सम्राट् होने के कारण ब्रिटिश शासक की सिकड़ी भारत पर आधिपत्य-सूचक एक हाथी का टिकरा भी रहता। सिक्के पर उस टिकरे में हाथी की सूँड़ इतनी छोटी बना दी गयी थी कि वह सूअर मालूम पड़ता था। परिणाम यह हुआ कि मुस्लिम प्रजा ने उसे छूने तक से इनकार कर दिया। सारे सिक्के

नष्ट किये गये। जो थोड़े-बहुत चल चुके थे, उनका दर्शन अब संग्रहालयों में ही सम्भव है। निदान, यह ब्रिटिश सत्ता का द्वितीय अपमान हुआ। यों कवि की भविष्यवाणी अक्षरश: सत्य हुई और क्रमश: अस्तमित ब्रिटिश सूर्य चौदह अगस्त, S1947 ई. को डूब गया। 15 अगस्त का सूर्योदय, स्वतन्त्र भारत का सूर्योदय था। दुख इसी बात का है कि प्रसादजी अपनी भविष्यवाणी की भौतिक सत्यता देखने के पहले ही चले गये।

•

दिल्ली दरबार के साथ-साथ एक प्रदर्शनी भी लगी थी, जो कुछ दिन चलती रही। प्रसादजी उसे देखने गये। साथ में उनके एक अन्तरंग मित्र थे, जिनका साहित्य से कोई लगाव न था। नाम था मोहनलाल रस्तोगी। प्रसादजी की दुकान के पास ही उनकी टोपी की दुकान थी। मित्रता का कारण था, उनका उदात्त स्वभाव और आत्मगौरव, यद्यपि अभिमान उनमें छू नहीं गया था। उनकी एक आदत थी कि टेंट में सदैव पच्चीस गिन्नी रखे रहते थे। प्राय: प्रसादजी की दुकान वाली मण्डली में आ बैठते और बीच-बीच में हँसी-मज़ाक़ हुआ करता।

उस दिल्ली-प्रवास में एक दिन ऐसा संयोग हुआ कि किसी दुकानदार ने इन लोगों की सादी वेश-भूषा देखकर सोचा कि इन्हें माल क्या दिखाएँ, कुछ ख़रीदेंगे तो हैं नहीं। मोहनलाल ने अण्टी में से गिन्नियाँ निकालकर चुपचाप उसके सामने रख दीं, बस, वह पानी-पानी हो गया।

मोहनलाल के प्रसंगवश कई और व्यक्ति याद आ गये, जो प्रसादजी के बहुत निकटवर्ती थे। यद्यपि प्रसादजी मूर्तिमान साहित्य थे, तथापि यह एक अचरज की बात है कि उनके एक ऐसे अनन्य बाल-संघाती थे, जिनका साहित्य से कोई सम्बन्ध न था। उनके पुकारने का नाम था गज्जन। वास्तविक नाम था मुं. गयाप्रसाद। प्रसादजी का और उनका बचपन से साथ था, सहपाठी भी थे। उस समय से उन लोगों में जो स्नेहबन्ध हो गया, वह आजन्म बना रहा। गज्जनजी पढ़-लिखकर सरकारी नौकरी में चले गये, बढ़ते-बढ़ते बनारस ज़िलाधीश के पेशकार तक हो गये थे।

प्रसादजी ने साहित्यिक मार्ग ग्रहण किया। गज्जनजी का उससे कोई सम्बन्ध नहीं था, किन्तु दोनों बाल्य-मित्र नित्य मिलते और उनमें ऐसी सख्यपूर्ण बातचीत होती कि कोई कह नहीं सकता था कि दोनों के मार्ग बिल्कुल विभिन्न दिशाओं में हैं। जब प्रसादजी 'प्रसादजी' हो चुके थे और सन्ध्या के समय उनकी नरियरी टोला वाली दुकान पर साहित्यिक मण्डली जुटती और चर्चा का विषय

एकमात्र साहित्यिक ही रहता, तब भी गज्जनजी वहाँ नियमपूर्वक आते और सबकी बातें सुना करते।

प्रसादजी अपने बालसुहृद को हृदय से मानते थे और अक्सर उनकी चर्चा भी मुझसे करते। गज्जनजी की सरलता और सौम्यता पर वह मुग्ध थे। ऐसे साधु स्वभाव के साथ-साथ गज्जनजी बड़े हँसोड़ और खिलवाड़ी थे।

मेरे यहाँ एक चौबेजी आया करते। थे तो वह माथुर पर निवासी थे आगरे के। हुण्डी-पुर्जे की दलाली से हज़ार-पाँच सौ प्रतिमास कमा लेते। अत्यन्त शुद्ध हृदय, भगवत्-भक्त और नीतिज्ञ थे, एक-एक बात लाख-लाख रुपये की होती। ख़ूब हँसते-हँसाते रहते। प्रसादजी को वह 'सुगन्धी' कहा करते, क्योंकि उनके यहाँ जाते ही सारा घर सुगन्धपूर्ण पाते।

प्रसादजी के यहाँ भाँग की अधिकता के कारण सुर्ती के पत्ते और डण्ठल मशीन से पीसे जाते। तब ऑयल इंजन था इलेक्ट्रिक इंजन नहीं चले थे। पत्थर के कोयले का बड़ा भारी इंजन था, उसी से पिसाई होती।

एक दिन प्रसादजी चौबेजी को पिसाई दिखा रहे थे। साथ में गज्जन भी थे। उन्होंने पिसी हुई तम्बाकू के ढेर में पाँव से ठोकर मार दी। सुँघनी चौबेजी की नाक में घुस गयी और छींकते-छींकते बुरा हाल हो गया, लेकिन वह ऐसे अलमस्त जीव थे कि बुरा मानने के बजाय छींकते जाते और हँसते भी जाते।

प्रसादजी के एक अन्य घनिष्ठ मित्र थे, जिनका साहित्य से कोई सम्बन्ध न था। प्रसादजी को उदात्त प्रकृति के लोग बहुत पसन्द थे। इसी कारण उनको अपने इन पड़ोसी से बड़ी घनिष्ठता थी। उनका पुकारने का नाम था बोकीसिंह। वह ज़मींदार थे। वे दोनों मित्र दूसरे-तीसरे दिन मिला करते और ख़ूब गपशप करते। बोकीसिंह को एक ऐसी बीमारी हो गयी थी जिसकी शल्य चिकित्सा आवश्यक थी। एक दिन उन्होंने प्रसादजी से कहा, "भैया मुझे अस्पताल ले चलो और नश्तर लगवा दो, जो होना है होगा।" "प्रसादजी ने उन्हें धीरज बँधाया और अस्पताल ले गये। ऑपरेशन सफल हुआ, प्रसादजी को बड़ी प्रसन्नता हुई। कभी-कदास उनके संग बोकीसिंह मेरे यहाँ भी आते थे।

प्रसादजी के भाई साहब के एक दरबारी थे, सिंघा। वह ठाकुर थे, अंग्रेज़ी की कृपा से सिंह से सिंघा बन गये थे। हृदय में मरोर उठाने वाली चीज़ों के गाने में उन्हें कमाल हासिल था। स्वर ऐसा पल्लेदार था कि होली पर शहनाई के संग गाते तो उनकी आवाज़ इक्कीस रहती। भाई साहब के गत हो जाने पर, प्रसादजी के यहाँ उनका आना कभी-कदास होता। जब आते, तब क्या समां बँध जाता। एक बचनू थे। फूहड़ बातों को शाल में लपेटकर कहना उनकी विशेषता थी। प्रतिदिन दुकान पर

पहुँचते और बीच-बीच में विदूषक की भूमिका अदा करते रहते। एक बार होली पर चन्द्रग्रहण पड़ा। यह फर्माने लगे, "आज पापी को नरककुण्ड में डाल देना चाहिए।"

प्रसाद जी सन्ध्या सम्य दुकान जाने के पहले, डेढ़-दो घण्टे अपने घर के सामने वाले विस्तृत चबूतरे पर बैठते। एक पत्थर की चौकी उनका आसन थी। उस समय भी एक मण्डली जुटती। कभी-कभी भाँग-बूटी भी छनती। उस समय नियमपूर्वक एक महाशय आया करते, जो बुढ़ापे की देहली तक पहुँच चुके थे,परन्तु चलते थे अकड़कर; सिर पर तिरछी टोपी। सब लोग उन्हें छेड़ा करते। उनमें एक सनक थी कि एक छोटे-मोटे राज सरीखी ज़मींदारी पर जो उनकी सम्पत्ति है, किसी ने क़ब्ज़ा कर लिया है। सभी उन्हें राय साहब कहते और गम्भीर मुद्रा में पूछते–"कहिए राय साहब, रियासत कब वापस मिलेगी।"

–'बस महीने-दो महीने में...तब देखना मेरी शान;' अकड़े वक्ष को और अकड़ाकर, वह जवाब देते। इसी प्रसंग को लेकर उनसे और मज़ाक़ भी किये जाते, पर वह भाँप न सकते।...पक्के शराबी थे परन्तु कभी बदमस्त न होते।

एक वृद्ध परमहंसजी अक्सर आने वालों में थे। सदा ब्रह्मानन्द में रहते, जो उनके निरन्तर हँसते रहने में व्यक्त हुआ करता। उनमें कोई इहा न थी। सबसे घुल-मिल जाते और अलग के अलग बने रहते।

जी चाहता है कि यहाँ प्रसादजी के दो नौकरों की चर्चा भी कुछ पंक्तियों में कर दूँ– 'पहला उनका ड्योढ़ीदार था रंजीत सिंह। बहुत मुस्तैद और कर्तव्यपरायण। चढ़ी हुई राजपूती दाढ़ी और वैसा ही स्वभाव। प्रसादजी के हुक्म की देर थी, बस रंजीत दिन देखता न रात, तत्पर होकर काम सुचारु रूप से सम्पन्न कर देता। दूसरा था–सन्तू नामक प्रसादजी का खिदमतगार। कितनी लगन से वह उनकी सेवा करता। उन्हें कुछ कहने की आवश्यकता न पड़ती। एक मिनट का भी फ़र्क़ पड़े बिना सब सेवाएँ ऐसे हो जातीं कि ऑटोमैटिक मशीन क्या करेंगी।...एक दिन उसे अपने गाँव की याद आ गयी और ऐसी आ गयी कि वह एक क्षण भी न रुका, घर चला गया। प्रसादजी को फिर वैसा सेवक न मिला।

–●–

5
'प्रसाद' जी की याद : 3
(सन् 1912-13 के वर्ष : प्रारम्भिक गद्य-पद्य की रचनाएँ)

राय कृष्णदास

1911 ई. की दो विशिष्ट घटनाओं : 'भारतेन्दु जयन्ती' और दिल्ली दरबार काण्ड का हाल सुनाने में 1912 ई. की कई बातों का उल्लेख हो गया है। अत: अब हम उसके उपरान्त की 1912 ई. तथा 13 ई. की कई आरम्भिक बातें सुनाने में प्रवृत्त होते हैं। इस सन्दर्भ में 'इन्दु' की चर्चा भी कुछ आवश्यक प्रतीत होती है।

'इन्दु' की तीसरी कला 1911 ई. के सितम्बर से प्रारम्भ होकर 1912 ई. के नवम्बर में पूरी हुई। प्रसादजी की सत्ताईस रचनाएँ प्रकाशित हुईं। इन रचनाओं में सत्रह कविताएँ, सात कहानियाँ और तीन निबन्ध हैं। कविताओं में से चार उर्दू छन्द और तदनुकूल उच्चारण में हैं। बृजभाषा की दो कविताएँ हैं। जिनमें कुछ रचनाएँ ऐसी हैं, जो 1911 से पूर्व की सम्भावित हैं। भारतेन्दुजी की रचनाओं से उनका बहुत सादृश्य है। लेख में उन्होंने कविता-विषयक अपने कुछ और विचार व्यक्त किये हैं।

कुछ कविताएँ तो रहस्यवाद-मय हैं, कई-कई ऐसी भी हैं, जिनका सम्बन्ध उनके उस काल वाले जीवन से है, जिसकी चर्चा आगे 'ग़लतफ़हमी' शीर्षक प्रकरण में की गयी है।

विश्वरूप परमात्मा की उपासना

'इन्दु' की कला 3 का प्रारम्भ 'प्रभो' शीर्षक प्रसादजी की कविता से होता है। इसमें हम उन्हें विश्वरूप परमात्मा का उपासक पाते हैं–

विशाल मन्दिर को यामिनी में,
जिसे देखना हो दीपमाला।
तो तारकागण की ज्योति,
उसका पता अनूठा बता रही है।

प्रभो प्रेममय प्रकाश तुम हो,
प्रकृति पद्मनी के अंशुमाली।
असीम उपवन के तुम हो माली,
धरा बराबर जता रही है।

छायावादी रचनाएँ

इसी कला में उनकी 'रजनीगन्धा' शीर्षक विशिष्ट रचना है, जो छायावादी तो है ही, निरालाजी की 'जूही की कली' की अग्रजा भी कही जा सकती है–

देखो वह है कौन कुसुम कोमल डाली में।
किये सम्पुटित वदन दिवाकर किरणाली में॥
गौर अंग को हरे पल्लवों बीच-छिपाती।
लज्जावती मनोज्ञ लता का दृश्य दिखाती॥
कुल बाला-सी लजा रही थी जो वासर में।
रूप अनुपम सजा रही है वह सुख-सर में॥
कितना है अनुराग भरा इस छोटे मन में।
निशा सखी का प्रेम भरा है इसके तन में॥

तीसरी कविता 'देवमन्दिर' भी इसी किरण में है। यह भी छायावादोन्मुख है–

जब मानते हैं व्यापी, जल भूमि में अनिल में,
तारा शशांक में भी, आकाश में अनल में।
फिर क्यों ये हठ है प्यारे,
मन्दिर में वह नहीं है,
वह शब्द जो नहीं है, उसके लिए नहीं है।
प्रतिभा ही देख करके क्यों भाल में है रेखा?
निर्मित किया किसी ने इसको, यही है देखा।
हर एक पत्थरों में वह मूरती छिपी है
शिल्पी ने स्वच्छ करके दिखला दिया, वही है।

दूसरी 'किरण' में 'एकान्त में' शीर्षक कविता भी छायावादी परमात्म-चिन्तन है–

आकाश श्री सम्पन्न था नवनीरदों से था घिरा।
सन्ध्या मनोहर खेलती थी, नील पट तम का गिरा॥
यह चंचला चपला दिखाती थी कभी अपनी कला।

ज्यों वीर वारिद की कटिस्थल की मणिमय मेखला॥
हर ओर हरियाली विटपि डाली कुसुम से पूर्ण है।
मकरन्दमय, ज्यों कामिनी के नेत्र मद से पूर्ण है॥
यह शैल-माला नेत्र-पथ के सामने शोभा भली।
निर्जन प्रशान्त सुशैल पथ में गिरी है धवली कली॥

X X X

स्त्रोतस्विनी हरियालियों में कर रही कलरव महा।
ज्यों हरे घूँघट ओट में है कामिनी हँसती अहा।
किस ओर से यह स्त्रोत आता है शिखर में वेग से।
जो पूर्ण करता वन-कणों से हृदय को आवेग से॥

X X X

निस्तधता संसार की उस पूर्ण से है मिल रही।
पर जड़ प्रकृति सब जीव में सब ओर ही अनमिल रही।
ज्यों मूल से उस वृक्ष की शाखा सभी एकत्र है।
पर हैं सभी यह भिन्न अगणित डाल में जो पत्र हैं॥

X X X

होकर अविद्या में अकेला देख अपने आपको।
होता विकल वह खोजता है नाथ नर तब आपको॥
विद्या में हो देखे कहीं वैसा अकेला रूप वह।
तत्काल सच्ची शान्ति पर होता जगत का भूप वह॥

इसी दूसरी किरण में, अगली कविता 'ठहरो' है। यह भी छायामय है। एक ओर उद्यत युवकों को उपदेश है, दूसरी ओर अन्त:करण की उद्दाम वृत्तियों को वशवर्ती करने की शिक्षा है–

वेगपूर्ण है अश्व तुम्हारा पथ में कैसे?
कहाँ जा रहे मित्र? प्रफुल्लित प्रमुदित जैसे॥
देखो आतुर दृष्टि किये वह कान निरखता।
दयादृष्टि निज डाल उसे नहिं कोई लखता॥
हट जाओ! की हुंकार से होता है भयभीत वह।
यदि दोगे उसको सान्त्वना होगा मुदित सप्रीत वह॥

X X X

तुनक न जाओ मित्र, तनिक उसकी भी सुन लो।
जो कराहता खाट धरे उसको कुछ गुन लो॥
कर्कश स्वर की बोल कान में नहिं भाती है।
मीठी बोली तुम्हें कहो क्या नहिं आती है॥
उसके नेत्रों में अश्रु है वह भी बड़ा समुद्र है।
अभिमान नाव जिस पर चढ़े हो वह तो अति क्षुद्र है॥

X X X

उन्नति की घुन लगी तुम्हारे हृदय बीच में।
देश भलाई नहीं होयगी कार्य नीच में॥
सबका दुःख समान जानकर बनो कार्यरत।
प्रेमधर्म का मार्ग समझकर धरो लोकमत॥
ठहरा कर मन का क्षिप्र गति तुमसे जो मैंने कहा।
उसको विनती ही मानकर भूल न जाना तुम हहा॥

इसके कुछ पृष्ठ बाद 'बाल-क्रीड़ा' नामक कविता है। ऊपर कह आया हूँ कि 'इन्दु' के सम्पादक स्व. अम्बिकाप्रसाद गुप्त, प्रसादजी के भांजे थे। उनका एकमात्र पुत्र प्रसादजी को बहुत प्यारा था। उसी बालक को लक्ष्य करके यह कविता लिखी गयी है।

नमूने का एक छन्द प्रस्तुत है–

उपवन के फल-फूल तुम्हारा मार्ग देखते।
काँटे, ऊँचे, खाल, नहीं तुम एक लेखते॥
दौड़े-दौड़े नदी कूल में तुम जाते हो।
मिल जाता जो आम उसे तुम खा जाते हो।
माली बूढ़ा बक-बक किया करता है, कुछ बस नहीं।
जब तुमने कुछ भी हँस दिया,
क्रोध आदि सब कुछ नहीं॥

खेद है कि यह बालक असमय में ही चल दिया।

तीसरे किरण की 'नव बसन्त' शीर्षक रचना पूर्णतः छायावादी है। इसे एक प्रकार की रूपकाशयोक्ति कह सकते हैं, जो छायावाद की जान है।

इस रचना में एक रहस्यमय युवक-युवती का मिलन भौतिक मिलन के अतिरिक्त आध्यात्मिक सन्देश भी देता है–

पूर्णिमा की रात्रि सुखमा स्वच्छ सरसाती रही।
इन्दु की किरणें सुधा की धार बरसाती रही॥
युग्म याम व्यतीत है आकाश तारों से भरा।
हो रहा प्रतिबिम्ब पूरित रम्य यमुना जल हरा॥
मधुर मलयानिल महक की मौज में मदमत्त है।
लता ललिता से लिपटकर ही महान प्रमत्त है॥
क्यारियों की कुसुम-कलियों को कभी खिझला दिया।
सहज झोंके से कभी दो डाल को ही मिला दिया॥
घूमता-फिरता वहाँ पहुँचा मनोहर कुंज में।
थी जहाँ एक सुन्दरी बैठी महा सुख-पुंज में॥
धृष्ट मारुत भी उड़ा अंचल तुरत चलता हुआ।
माधवी के पत्र कानों को सहज मलता हुआ॥
ज्यों उधर मुख फेरकर देखा हटाने के लिए।
आ गया मधुकर इधर उसको सताने के लिए॥
कामिनी इन कौतुकों से कब बहलने ही लगी।
किन्तु अन्यमनस्क होकर वर टहलने ही लगी॥
ध्यान में आया मनोहर प्रियवदन सुख मूल वह।
भ्रान्त नाविक ने तुरत पाया यथेप्सित कुल वह॥

X X X

सामने आया युवक इक 'प्रियतमे' कहता हुआ॥
बिटप बाहु सुपाणि-पल्लव मधुर प्रेम जता छुआ॥
कुमुद विकसित हो गये जब चन्द्रमा वह सज उठा।
कोकिला कलरव समान नवीन नूपुर बज उठा॥
प्रकृति और बसन्त का सुखमय समागम हो गया।
मंजरी रसमत्त मधुकर पुंज का क्रम हो गया॥

सरोज की दुर्गति की चर्चा ऊपर हो चुकी है। उसके लिए प्रसादजी की उर्दू छन्द और गति वाली भी वहीं दे दी गयी है। पीछे से यह 'इन्दु' की चौथी किरण में प्रकाशित हुई। इसी किरण में 'महाक्रीड़ा' नामक छायावादी रचना भी प्रकाशित हुई, इसकी भी छन्द और गति उर्दू वाली है–

सुन्दरी प्राची विमल ऊषा से मुख धोने को है।
पूर्णिमा की रात्रि का शशि अस्त अब होने को है॥

तारका का निकर अपनी कान्ति सब खोने को है।
अरुण की किरणावली अब स्वर्ण रज बोने को है॥
वृत्त आकृति, कुंकुमारुण, कंज काननमित्र है।
पूर्व में प्रकटित हुआ यह चरित जिसके चित्र हैं॥
कल्पना कहती है कन्दुक है महा शिशु-खेल का।
जिसका है खिलवाड़ इस संसार में सब मेल का॥

X X X

बनके बाल स्वरूप वट के पत्र पर तुम सो रहे।
समय के सोते में इस संसार को ही धो रहे॥
आँख तो खोलो कहो, निद्रा में क्या आराम है?
सब अँगूठा चाटते हैं तुमको भी यह काम है?

X X X

देके ऊषा-पट प्रकृति को हो बनाते सहचरी।
भाल में कुंकुम अरुण की देके जो बिन्दी खरी॥
नित्य नूतन रूप उसका हो बनाकर देखते।
वह तुम्हें है देखती तुम युगल मिलकर खेलते॥
तुम तो क्रीड़ाशील थे, संसार क्यों ऐसा किया?
नष्ट करना और रचना सब को ही सिखला दिया॥
इस महाक्रीड़ा का अनुपम दृश्य है संसार में।
है 'प्रसाद' उसी का जिसके सब निमग्न विचार में॥

चौथी किरण वाली 'करुणाकुंज' नामक कविता का दोहरा महत्त्व है, वह छायावादी कृति तो है ही, जैसा हम नीचे के अवतरण से देखेंगे, उसकी एक विशेषता यह भी है कि वह अरिल्ल छन्द में प्रसादजी की सर्वप्रथम रचना है। जब उन्होंने इस छन्द में लिखा, तब यह मुझे तनिक भी न रुचा। मैंने उलाहना दिया कि किस छन्द में तुमने रचना की है। पढ़ने में एक झटका-सा लगता है, तुम इसका नाम अरिल्ल छन्द बता रहे हो, मैं इसका नाम चौपटहा छन्द धरता हूँ।

उन्होंने तनिक गम्भीर होकर उत्तर दिया कि पढ़ने में झटका ही इसकी विशेषता है, देख लेना आगे चलकर इसी को मैं हिन्दी का 'ब्लैंक वर्स' बनाऊँगा। इसमें उसके समस्त अपेक्षित अवयव विद्यमान हैं। उन्होंने आगे चलकर यही किया भी, जिससे हिन्दी की एक बहुत बड़ी कमी पूरी हुई और कविता तुक की बेड़ियों से ही मुक्त नहीं हो गयी, अपितु उसे उन्मुक्त विचरण के लिए प्रशस्त, प्रान्तर प्राप्त हो गया।

अरिल्ल को नयी वेश-भूषा देना इस बात का भी प्रमाण है कि उन्होंने बंग भाषा से कोई अपहरण नहीं किया, जैसा कई ग़ैर-ज़िम्मेदार आलोचकों ने लिख मारा है। ग्यारह छन्द वाली इस कविता में से कम-से-कम छह छन्द सर्वथा देय हैं–

क्लान्त हुआ सब अंग शिथिल क्यों वेष है।
मुख पर श्रम सीकर का भी उन्मेष है॥
भारी बोझा लाद लिया, न संसार है।
छल-छालों से पैर छिले न उबार है॥
चले जा रहे वेग भरे किस ओर को।
मृग-मरीचिका तुम्हें दिखाती छोर को॥
किन्तु नहीं, है पथिक वहाँ जल है नहीं।
बालू के मैदान सिवा कुछ है नहीं॥
त्रस्त पथिक देखो करुणा विश्वेश की।
खड़ी दिलाती तुम्हें याद हृदयेश की॥
शीतातप की भीति सता सकती नहीं।
दुख तो उसका पता न पा सकती कहीं॥
श्रान्त श्रान्त पथिकों का जीवन मूल है।
इसका ध्यान मिटा देता सब शूल है।
कुसुमित, मधुमय, जहाँ सुखद अलिपुंज है।
शान्त हेतु वह देखो 'करुणा-कुंज'॥

उसी 'किरण' में वह परमसुन्दर के सौन्दर्य का दर्शन करते हैं। 'सौन्दर्य' नामक कविता में। छन्द और गति उर्दू की है और वस्तु-विन्यास उर्दू की मार्फ़त (प्रियतम के रूप में परमात्मा का ध्यान) कविता के समानान्तर है। इस सात छन्दों वाली सृष्टि में अन्तिम छन्द तो ग़ज़ब के हैं–

लोग प्रियदर्शन बताते इन्दु को।
देखकर सौन्दर्य के इक बिन्दु को॥
किन्तु प्रियदर्शन स्वयं सौन्दर्य है।
सब जगह इसकी प्रभा ही वर्य है॥
जो पथिक होता कभी इस चाह में।
वह तुरन्त ही लुट गया इस राह में॥
मानवी या प्राकृतिक सुखमा सभी।
दिव्य शिल्पी के कलाकौशल सभी।

देख लो जीभर, इसे देखा करो।
इस क़लम से चित्र पर रेखा करो॥
लिखते-लिखते मित्र वह बन जायेगा।
'सत्य' 'सुन्दर' तब प्रकट हो जायेगा॥

किरण पाँच में 'कोकिल' नामक कविता में कोकिलगान का वर्णन ही रहस्यमय है। इसमें एक नयी रंगत है, यद्यपि कविता केवल तीन छन्दों की ही है, तथापि अन्तिम छन्द में उसकी पराकाष्ठा देखते ही बनती है–

कुमुद-बन्धु उल्लास सहित है नभ में आया।
बहुत पूर्व से दौड़ा था अब अवसर पाया॥
रुका हुआ है गगन बीच इस अभिलाषा से।
ले निकाल कुछ अर्थ तुम्हारी नव भाषा से॥
गावो नव उत्साह से, रुको न पल भर के लिए।
कोकिल मलयज-पवन में, भरने को स्वर के लिए॥

दसवीं 'किरण' (सितम्बर, 1912 ई.) की 'मर्मकथा' शीर्षक कविता का एक पृथक् एवं विशिष्ट महत्त्व है। इसमें वह वातावरण है, जिसका ब्योरा आगे 'ग़लतफ़हमी' शीर्षक प्रकरण में दिया जायेगा। अतएव इनके पाँचों छन्द यहाँ प्रस्तुत हैं–

प्रियतम वे सब भाव तुम्हारे क्या हुए।
'प्रेम कंज किंजल्क शुष्क कैसे हुए?
हम! तुम! इतना अन्तर क्यों कैसे हुआ॥
हा-हा प्राणाधार, शत्रु कैसे हुआ॥
कहे मर्म वेदना दूसरे से अहो।
'जाकर उससे दुख कथा मेरी कहो'
यों तो तेरी कृपा न पा कर बउ दुख सहे।
यहाँ दुख है अधिक जीवनाधार है॥
नहीं कहेंगे कोप सहेंगे धीर हो।
दर्द न समझो, क्या इतने बेपीर हो?
चुप रहकर कह दूँगा मैं सारी कथा।
बीती है हे प्राण! नयी जितनी व्यथा॥
मेरा चुप रहना बुलवायेगा तुम्हें।
मैं न कहूँगा वह समझायेगा तुम्हें॥
जितना चाहो शान्त बनो, गम्भीर हो।

खुल न पड़ो, तब जानेंगे तुम धीर हो॥
कहे लाख कुछ लोग हमारे हो तुम्हीं।
मैं तेरा हूँ, प्राण हमारे हो तुम्हीं॥
रूखे ही तुम रहो, बूँद रस की झरें।
हम तुम सब हैं एक, लोग बकते फिरे॥

तीन गुणों की समष्टि

'हृदय-वेदना' तृतीय कला की अन्तिम बारहवीं किरण की, साथ ही उस वर्ष वाली प्रसादजी की, समूची कविताओं में आख़िरी है। इसमें छायावाद, रहस्यवाद और निजी 'मर्मवेदना' तीनों की समष्टि है। इतना ही नहीं, इसके दस बरस बाद 1922 ई. में उनके जिन भावों ने 'आँसू' का रूप पाया, उनका अंकुर भी उसमें विद्यमान है। आठ छन्द वाली इस हृदयस्पर्शी रचना के कुछ प्रासंगिक अंश इस प्रकार हैं–

सुनो प्राणप्रिय, हृदय-वेदना।
विकल हुई क्या कहती है।
तब दुःसह यह विरह रातदिन।
कैसे सुख से सहती है॥
हृदय-वेदना मधुर मूर्ति तब
सदा नवीन बनाती है।
तुम्हें न पाकर भी छाया में।
अपना दिवस बिताती है॥
जब तुम सदय नवल नीरद से
मन पट पर छा जाते हो।
पीड़ा-स्थल पर शीतल बनकर
तब आँसू बरसाते हो॥
इससे तुम्हारा एक सहारा
किया करो इससे क्रीड़ा
मैं तो तुमको भूल गया हूँ
पा कर प्रेममयी पीड़ा॥

उक्त समूची कविताओं के अतिरिक्त इस कला में प्रसादजी की लघु रचनाओं के दो समुच्चय भी हैं। एक तो 'वसन्त-विनोद', जिसमें तेरह धनाक्षरी हैं, जिनका मुख्य विभाव वसन्त हैं। प्रत्येक छन्द रस में सराबोर है। एक मर्मज्ञ का यह विचार

कि प्रसादजी यदि बृज भाषा में ही लिखते तो और भी बड़े कवि होते, बिल्कुल यथार्थ है। वे तेरहों कवित्त एक से एक बढ़कर हैं और भारतेन्दु शैली के नितान्त निकट हैं। प्रस्तुत हैं उनमें से कवित्त–

चन्द्र

कौन भ्रम भूलि के भ्रमत, चलि जात कितै,
बितै जीन देह, रजनी को, चित धारिए।
कबते तिहारी आस लाय एक टक यह,
रूप सुधा प्यासी तासु प्यास निखारिए॥
राखै परवाह ना सराह की तिहारी सौंह,
लखत 'प्रसाद' कौन प्रेम अनुसारिए।
चित्त चैन चाहत है, चाह में भूरी है, चेतिं,
चैत-चन्द नेक तो चकोरी को निहारिए।

आवाहन

फेरि रुख जात है कहाँ को प्रिय नेक इतै
चितै चित चैन देहु लेहु सुधि आओ तो।
अमल कमल हिय प्रेमबिन्दु, सिंचित है,
आसन सु बैठि के प्रसाद सरसाओ तो॥
चरन कमल इन नैन जल धारन ते,
सींचिहों तिहारे अब हिय हरखाओ तो।
नाहिं तरसाओ कि दया दरसाओ आओ,
बेगि प्रानप्यारे नेक कण्ठ सों लगाओ तो॥

दूसरा समुच्चय 'विनोद-बिन्दु' नामक है जिसमें तीन धनाक्षरी और तीन सवैया हैं। कुछ प्रेमपरक और कुछ प्रार्थना-परक। जीवन नैया में प्रसादजी के सवैया का रस लीजिए–

घोर उठ घने रात अन्धेरी,
धरे हठ मारुत है पुरवैया।
छाँड़ि के कुलहि मातु को अंक,
सबै, भवसिन्धु में होत खेवैया॥

पाय 'प्रसाद' तिहारो सबे सुखी
होत तुही पतवार धरैया।
नाथ तिहारे सहारे चलावत,
लक्ष्य तुही, यह जीवन नैया॥

इसके अतिरिक्त इस कला में प्रसादजी के दो निबन्ध भी हैं। एक तो हिन्दी कविता का विकास। यह दूसरा निबन्ध उसका पूरक है। इसमें उन्होंने हिन्दी काव्य की एक व्यापक पड़ताल करके ये सिद्धान्त प्रतिपादित किये हैं–

"जब तक समाज के उपकार के लिए कवि की लेखनी ने कुछ कार्य न किया हो, तब तक केवल उसकी उपमा और शब्दवैचित्र्य तथा अलंकारों पर भूलकर हम उसे एक ऐसे कवि के आसन पर नहीं बिठा सकते, जिसने कि अपनी लेखनी से समाज की प्रत्येक कृतियों को स्पन्दित करके उनमें जीवन डालने का उद्योग किया है।"

"...महाकवि उसी को कहेंगे जिसकी रचना...से मनोरंजन और शिक्षा का विकास तथा मानव हृदय में अपूर्व उदारता के भावों का उदय हो...उत्तम निबन्ध से पाठक वा समाज अच्छी शिक्षा पा सकता है।"

तुलसी सर्वश्रेष्ठ

मध्ययुग के कवियों में उन्होंने तुलसी को सर्वश्रेष्ठ माना है। कहते हैं–

"उस समय 'रामचरितमानस' बना। उसमें सरल सुन्दर शब्दों का सुन्दर चमत्कार और अलंकारों की मनोहर झनकार, भावमय गम्भीर अर्थों का समावेश, धीरोदात्त राम की पूर्ण कथा, गार्हस्थ्य का सुन्दर चित्र दुष्ट और सज्जन हृदय का अपूर्व विकास, युद्ध, शान्ति, ईश्वर तथा समाज सम्बन्धी चित्र बड़े सुन्दर दिखाये गये हैं। तात्पर्य यह कि महाकवि तुलसीदास ने देश, काल और पात्र पर ध्यान रखकर इस काव्य को बनाया और उनकी प्रतिभा धर्म, साम्राज्य और समाज तीनों पर बराबर दौड़ती है।"

शेषांक में कहते हैं–

"...अठारहवीं शती का अन्त हुआ।

"देशभक्ति और जातीयता के लिए सामाजिक अनुशीलन आरम्भ हुआ और साथ ही साथ जातीयता के लिए राष्ट्रभाषा की आवश्यकता हुई। यह हिन्दी का चतुर्थ परिवर्तन युग है। भारतेन्दुजी इसी समय उत्पन्न हुए। इस युग के ये महाकवि, आचार्य दोनों ही कहे जा सकते हैं।

"हिन्दी वालों के लिए उन्होंने एक ऐसी भाषा की कल्पना की, जो सरल होने के साथ ही साथ भारत के बड़े भू-भाग पर फैली है। हरिश्चन्द्र ने इतना ही नहीं किया, किन्तु काव्य का आधा हिस्सा, जिससे कि हिन्दी का भण्डार शून्य था, उस

'नाटक काव्य' को भी लिखा तथा उसका प्रचार किया। इसके अतिरिक्त हिन्दी में दृश्य-काव्यों के तो वे जन्मदाता कहे जा सकते हैं।"

एक 'सरोज' नामक ललित निबन्ध है। यह सरोज के लिए लिखा गया था। यदि वह प्रकाशित होता तो उसके दूसरे अंक में जाता। निबन्ध छोटा-सा है किन्तु मनोज्ञ है–

"संसार कानन में जितने कुसुम हैं, उनमें सरोज का आसन सबसे ऊँचा है, इसका प्रवेश प्राय: सब देव दुर्लभ स्थानों में है। श्री का विलास मन्दिर सरोज ही है। यहाँ तक कि बनवाला भी बिना इसके नहीं बनती।"

"सरोज! साहित्य सरोवर की तुम एक सुखद सामग्री हो, कवि लोग तुम्हें इसी लिए नाना अलंकारों से सुसज्जित कर अहर्निश तुमसे खेला करते हैं, वास्तव में तुम कवि कल्पना के कल्पद्रुमकुसुम हो, मधुकर से विशेष कविगण तुम्हारे परागकण से रंजित रहते हैं। सरोज! यदि तुम सरोवर में न होते तो जलक्रीड़ा के समय में कोई रमणी अपना मुख कैसे छिपा सकती।"

"सरोज! साहित्य-सरोवर के सुन्दर सौरभित सरोज! विशेष क्या लिखें, सौन्दर्यमयी सुन्दरियों के चरण से लेकर नेत्र-मुख आदि की उपमा के लिए कवियों के समीपस्थ सामग्री तुम्हीं हो।"

'इन्दु' की इस कला में प्रकाशित उनकी सात कहानियों में से तीन के विषय में कुछ कथ्य है। कहानियों में 'मदन' नामक कहानी जो आगे चलकर 'मदन-मृणालिनी' शीर्षक से उनके 'छाया' नामक कहानी-संग्रह में निकली, बहुत ही मर्मस्पर्शी है, अथ से इति तक एक वेदना है जो मातृ-स्नेह, अनाथ-स्नेह, समवयस्क-स्नेह तथा दो प्रणयी हृदयों के सामाजिक बन्धन के कारण असफल प्रेम में अथ से इति तक फैली है, वह हृदय पर एक छाप छोड़ जाती है।

मदन और मृणालिनी का बिछोह दो मिले हुए हृदयों का सामाजिक बाधाओं के कारण असफल होने का एक बड़ा ही दर्दनाक चित्र है।

भावों का उत्थान-पतन बड़े ही स्वाभाविक रूप में अंकित हुआ है। यह नहीं जान पड़ता कि कहानी पढ़ रहा हूँ। स्वाभाविकता अथ से इति तक ओतप्रोत है।

लेखन विधा में यदि कोई कसर है तो यह कि बीच-बीच में चिन्तन-मनन के ऐसे अंश आ गये हैं जो कथानक की गति में रोड़े अटकाते हैं। सच पूछिए तो कहानी न होकर यह एक पूरे उपन्यास का सिमटा हुआ रूप है। मैं अपने को इस बात का दोषी ठहराता हूँ कि मैंने क्यों न ऐसा उपन्यास प्रसादजी द्वारा लिखवा लिया।

रचनाएँ जिनमें उनका रहस्यवाद और छायावाद ओत-प्रोत है

तानसेन की कहानी

प्रसादजी ने 'तानसेन' शीर्षक कहानी एक काल्पनिक घटना के रूप में लिखी है। सम्भव है, उन्होंने कोई ऐसी किंवदन्ती सुनी हो। घटना की रूपरेखा यों है–

जयशंकर प्रसाद

एक सरोवर किनारे वृक्षों की झुरमुट के मध्य एक कोमल स्वरलहरी गूँजती है, जिसे सुनकर सरोवर पर अपनी प्यास बुझाने आया एक पथिक ठिठक जाता है। वह पथिक ग्वालियर दुर्ग का क़िलेदार है जो तन्मय होकर उस स्वरलहरी के उत्स को, जिसका नाम रामप्रसाद है, अपने साथ ले जाता है। अब यह स्वरलहरी दुर्ग के प्रांगण में आन्दोलित होने लगती है, जिस पर साँसन नाम की दासी, जो स्वयं एक निपुण गायिका है, मुग्ध हो जाती है। एक दिन सरदार तथा उसकी पत्नी अपने-अपने गायकों की गायकी की प्रशंसा करते हैं, फलस्वरूप उनका सामना कराया जाता है। एक बार पुन: वह स्वरलहरी अपनी समस्त कोमल भावनाओं के साथ तरंगित होती हैं और पुरस्कारस्वरूप दोनों कलाकार एक-दूसरे को पाकर परिणय सूत्र में बँध जाते हैं। धर्म तथा समाज की मान्यताएँ उनके लिए शिथिल हो जाती हैं।

इसमें हम एक अद्वितीय कहानीकार का होनहार बिरवा पाते हैं। कुछ प्राकृतिक वर्णन और मनोविकारों के नमूने यहाँ प्रस्तुत हैं–

"यह छोटा-सा सरोवर भी क्या ही सुन्दर है, घने आम और जामुन के पेड़ चारों ओर से उसे घेरे हुए हैं। दूर से देखने में यहाँ केवल एक बड़ा-सा वृक्षों का झुरमुट दिखाई देता है, पर इसका स्वच्छ जल अपने सौन्दर्य को ऊँचे ढूहों में छिपाये हुए है। कठोर-हृदया धरणी के वक्षस्थल में यह छोटा-सा करुणा कुण्ड बड़ी सावधानी से प्रकृति ने छिपा रखा है।

"सन्ध्या हो चली है। विहंगम-कुल कोमल कलरव करते हुए अपने-अपने नीड़ की ओर पलटने लगे हैं। अन्धकार अपना आगमन सूचित कराता हुआ वृक्षों की ऊँची टहनियों की कोमल किसलयों को धुँधले रंग का बना रहा है। पर सूर्य की अन्तिम किरणें अभी अपना स्थान नहीं छोड़ना चाहती हैं। वे हवा के झोंकों से हटाई जाने पर भी अन्धकार के अधिकार का विरोध करती हुई सूर्यदेव की उँगलियों की तरह हिल रही हैं।

"...पथिक बड़े वेग से अश्व से उतरा, पर वह भी स्तब्ध खड़ा हो गया, क्योंकि उसको भी उसी स्वर-लहरी ने मन्त्रमुग्ध फणी की तरह बना दिया।..."

किन्तु उस मधुर स्वर-लहरी ने एक नवीना दासी के हृदयतन्त्री को झंकृत कर दिया और वह..."उस गुनगुनाहट की धुन में कभी-कभी पान में चूना रखना भूल जाया करती थी और कभी-कभी मालकिन के किताब माँगने पर आफतावा ले जाकर बड़ी लज्जित होती थी, पर तो भी बरामदे में से उसे एक बार उस चबूतरे की ओर देखना ही पड़ता था।"

और रामप्रसाद के लिए भी प्रारम्भ में यह एक कौतुक ही था–"...जब उसके स्वर में मुग्ध होकर कोई अपने कार्य से च्युत हो जाता, तब उसे बड़ा आनन्द मिलता।"

किन्तु शनैः-शनैः यही कौतुक परिणय में बदल गया और जब सरदार ने उससे कुछ माँगने को कहा, तब वह कुछ क्षण मौन रह गया...जब दूसरी बार सरदार ने माँगने को कहा, तब रामप्रसाद का चेहरा कुछ अस्वाभाविक-सा हो उठा और वह विक्षिप्त स्वर में बोल उठा–"यदि आप अपनी बात पर दृढ़ हों, तो साँसन को मुझे दे दीजिए।" उसी समय साँसन ने भी अवसर के अनुकूल बेगम साहिबा से स्वयं को दासीपन से मुक्त करने की कृपा चाही।

तत्कालीन सामाजिक मान्यताओं तथा धार्मिक जटिलताओं की ओर सरदार का पूरा ध्यान था, अतः उसने उत्तर दिया–"रामप्रसाद आज से तुम तानसेन हुए। यह साँसन भी तुम्हारी हुई, लेकिन धरम से इसके साथ ब्याह करो।"

तानसेन और साँसन इसे अंगीकार कर, परिणय-सूत्र में आबद्ध हुए। कथा की सुचारु पूर्ति तानसेन के इस हार्दिक वाक्य से होती है–

"आज से हमारा धर्म प्रेम है।"

इस तरह जहाँ इस कहानी में प्रेम की पराकाष्ठा परिलक्षित होती है वहाँ पहली कहानी में संकीर्ण समाज की लक्ष्मण रेखा उन्हें हठात विलग कर देती है।

पाँचवीं किरण में प्रकाशित 'रसिया बालम' नामक कहानी पढ़कर यह धोखा होता है कि इसमें ईरान की प्रख्यात दुखान्त प्रेम-कथा शीरीं-फरहाद को भारतीय रूप दिया गया है, जबकि वास्तविकता यह है कि प्रसादजी ने राजस्थान की एक ऐतिहासिक उपकथा लेकर यह आख्यायिका लिखी है। कहानी के अन्त में उन्होंने स्वयं यह टिप्पणी दी है–

"अम्बुदगिरि के देलवाड़ा नामक प्रदेश में अभी उपर्युक्त युगल प्रेमी की मूर्ति है। उसे लोग 'रसिया बालम' का मन्दिर कहते हैं। ज्ञात होता है कि अम्बुदगिरि के महाराज ने इनके स्मारक में उन मूर्तियों को निर्मित कराया है।"

–●–

6
'प्रसाद' जी की याद : 4

(फुटकर कविताओं का प्रारम्भिक संग्रह : ग़लतफ़हमी और पांसुला के प्रसंग)

राय कृष्णदास

1912 ई. के अगस्त में एक विचित्र सामूहिक बीमारी बनारस में फैली। इसके चालीस-पैंतालीस बरस पहले भी यह एक बार फैली थी। इसका देशी नाम लँगड़ा बुख़ार था और डॉक्टरी नाम डेंगू फीवर। लक्षण ये थे कि पहले रोगी को ज्वर आता, कुछ देर बाद एक पैर बिल्कुल बेकार हो जाता। तीसरे दिन ज्वर आप से आप उतर जाता और पैर भी ठीक हो जाता। तब सारे शरीर में, यहाँ तक कि हथेलियों और पाँव के तलवों तक में महीन-महीन दाने निकल आते। ये भी तीन-चार दिन में सूख जाते और भूसी छूट जाती। डेंगू मारक बिल्कुल न था, हाँ, कमज़ोर बहुत कर देता था।

मैं सपरिवार इससे पीड़ित हुआ और अच्छा होने पर आबहवा बदलने और निर्बलता दूर करने के लिए हम शहर के मकान से बगीचे में चले गये। मन ऐसा रमा कि वहीं रहने लगे। अब प्रसादजी से मिलना इस प्रकार होता कि वह अपने घर से नित्य सन्ध्या को नागरी-प्रचारिणी सभा के आर्यभाषा पुस्तकालय में आ जाते और मैं भी बगीचे में वहीं आ जाता। पुस्तकालयाध्यक्ष स्व. पण्डित केदारनाथ पाठक हम लोगों के अभिन्न मित्र होने के साथ-साथ हिन्दी जगत के जीवित विश्वकोश भी थे। उदीयमान साहित्यिकों के उत्साहवर्धन, मार्ग-निर्देशन में अद्वितीय थे। अत्यन्त सहृदय भी थे। सारा समय उन्हीं की संगति में बीतता और प्रतिदिन हम लोगों को नयी उपलब्धि अवश्य होती। यद्यपि पुस्तकालय बन्द हो जाता, तथापि बातचीत का सिलसिला चलता रहता। उन दिनों प्रत्येक हिन्दी सेवी का यही ध्येय था कि जैसे भी हो एक दिन में ही हिन्दी को उछालकर शिखरासीन कर दें।

हम लोग सभा के सामने वाली सड़क की पटरी पर खड़े होकर बातों में खो जाते। हमें देखते ही हमारे कोचवान गाड़ियों के मोमबत्ती वाले लैम्प बाल देते, किन्तु कौन उधर ध्यान देता। कभी-कभी आध घण्टा बीत जाता। विलग होने का मन न होता।

एक दिन पाठकजी ने सव्यंग्य कहा–"अरे बनियों की बत्ती जल रही है, कुछ इसका तो ख़याल कीजिए।" उत्तर, प्रसादजी और मैंने मिलकर, तुरन्त एक दोहे में दिया

बनियों की बत्ती जले, जले तुम्हारी...।
पाठकजी तुम हौ नहीं, हौ तुम पूरे भाँड़॥

ऐसी ही पटरी वाले वार्तालाप में मैंने एक दिन पाठकजी से पूछा–"हिन्दी में कोई रवीन्द्र भी है।" उन्होंने तत्काल प्रसादजी की ओर इंगित करते हुए कहा–"क्यों नहीं, यह खड़े तो हैं सामने।"

प्रसादजी यद्यपि उन दिनों प्रसादजी नहीं हुए थे, नवोदित साहित्यकार थे, तथापि निगाहदार पाठकजी ने उन्हें तभी से पहचान लिया था।

एक अधूरी कहानी

उन्हीं दिनों एक औपन्यासिक घटना घटी–नागरी-प्रचारिणी-सभा का 'हिन्दी शब्दसागर' तैयार हो रहा था। उसके सम्पादक-मण्डल में श्री जगमोहन वर्मा भी थे। वह भाषाविज्ञान के अच्छे विद्वान थे, वैदिक भाषा, संस्कृत और फ़ारसी तीनों के ज्ञाता थे। बड़े खुले हृदय के व्यक्ति थे। उनके यहाँ कहीं से भटकता हुआ एक अपरिचित युवक आया। उन्होंने उसे आश्रय दिया। यद्यपि उसका रंग तो बहुत काला था, तथापि नक्शा सुन्दर था। लम्बी केश-राशि कुछ-कुछ घुँघराली थी। वह प्रतिदिन आर्यभाषा पुस्तकालय में आता और अख़बार तथा पुस्तकें पढ़ा करता, कोई उसकी ओर विशेष ध्यान न देता। प्रसादजी तो वहाँ के नियमित आने वालों में थे, उन्होंने उसका नाम 'आबनूस का कुन्दा' रख छोड़ा था। हम लोग इसी नाम से उसकी चर्चा करते और उसका रहस्य जानने को उत्सुक रहते।

अब एक ऐसा दिन आया कि एक ग्रामीण महिला रूपवती युवती कन्या को लिए हुए वहाँ पहुँची और सबसे कहने लगी कि वह युवक उसका दामाद है और उसकी कन्या को छोड़कर ग़ायब हो गया था, बहुत खोजते-जोजते यहाँ तक पहुँची। यद्यपि आबनूस का कुन्दा सदैव नकारता रहा, तथापि वह महिला अपनी बात पर अड़ी रही और सबसे बार-बार यही अनुरोध करती रही कि इन दोनों का मेल करा दें। इस विलक्षण परिस्थिति ने वातावरण में एक रंगीनी ला दी, किन्तु किसी का कोई वश न चला। प्रसादजी भी इस नाटकीय घटना को दिलचस्पी से देखते और मुस्कराते रहते।

एक दिन उन्होंने उस रहस्यमय युवक से कहा कि पहले तो तुम्हें 'आबनूस का कुन्दा' ही समझा था, किन्तु अब 'अगर की गाँठ' मानने लगा। ज्ञातव्य है कि आबनूस और अगर नामक एक अत्यन्त सुगन्धित लकड़ियाँ दोनों ही घोर काले रंग की होती हैं, जबकि अगर (कालागुरु) की सुगन्ध चन्दन को भी मात करती है। प्रसादजी की सहृदयता और प्रतिभा ही ऐसी सुन्दर तुलनात्मक उपमा दे सकती थी।

वह रहस्यमय युवक जैसे, एकाएक प्रकट हुआ था, वैसे ही एक दिन अदृश्य भी हो गया। वह रहस्यमयी युवती भी न जाने कहाँ चली गयी, एक अधूरी कहानी का कुतूहल छोड़कर।

पूर्णिमा

इसके महीने-डेढ़ महीने बाद का हाल सुनाने के लिए हमें तीन बरस पहले चलना होगा–1910 ई. के लगते, भाई काशीप्रसाद जायसवाल विलायत से लौटे। वहाँ उन्होंने ऑक्सफोर्ड विश्वविद्यालय में ऊँची शिक्षा तो प्राप्त की ही थी, साथ-साथ लन्दन में बैरिस्टरी की परीक्षा भी उत्तीर्ण कर ली थी; विद्यार्थी अवस्था से ही प्राच्य विद्या से प्रेम था और उनकी बुद्धि जैसी तीव्र थी वैसे ही वह तेजस्वी भी थे। इंग्लैण्ड-प्रवास में ही उनका साथ सावरकर सरीखे क्रान्तिकारियों से हो गया था, फलत: उन्होंने भारतीय इतिहास और पुरातत्त्व सम्बन्धी 'पाश्चात्य विद्वानों की दृष्टि' पर गम्भीर चिन्तन किया। फलत: उन्होंने यह पाया कि उन विद्वानों का दृष्टिकोण संकीर्ण और विपरीत था, अत: उन्होंने हमारे पुरावृत्त का ग़लत अंकन किया है। जायसवालजी ने उसके मूल्यांकन का एक नया मार्ग खोज निकाला, जो राष्ट्रीय होते हुए भी सर्वथा निष्पक्ष था। उन्होंने कभी अपने भूतकाल को मिथ्या गौरव नहीं दिया।

भारतीय पुराविद् अपने विगत उस नये दृष्टिकोण से चकित ही नहीं हुए, प्रत्यूत उनकी आँखें खुल गयीं और जायसवालजी का एक प्रबल अनुयायी दल निर्मित हो गया। फलत: लौटने पर जब उन्होंने कलकत्ता हाई कोर्ट में प्रैक्टिस आरम्भ की, तब वहाँ की विद्वत्मण्डली में वह मात्र बैरिस्टर के रूप में ग्रहण नहीं किये गये, अपितु उन्हें एक उच्च प्राच्य विद्याविशारद का स्थान दिया गया। उस समय बंगाल के ही नहीं, समूचे भारत के सर्वप्रथम विद्यानुरागी सर आशुतोष मुखर्जी से लेकर बंगदेशीय जितने भी योग्यतम व्यक्ति थे, उन सभी ने उन्हें अपना लिया। उनके नये-नये शोध-निबन्ध 'एशियाटिक सोसायटी जर्नल', 'इंडियन एंटिक्वरी' साथ-ही-साथ 'मॉडर्न रिव्यू' आदि उच्चकोटि के मासिक पत्रों में निरन्तर निकल रहे थे।

उन्हीं दिनों फ्रांस से दो युवती सुन्दर बहनें कलकत्ता आयीं। उनके पिता वहाँ व्यवसाय करते थे। बड़ी बहन जो उस समय लगभग चौबीस वर्ष की रही होगी

चित्रकला में विशारद थी। उसने ही ठाकुर शैली में 'इचिंग' (ताम्रपट पर खचित किये रेखाचित्रों को काग़ज़ पर छापने की कला) का प्रशिक्षण आरम्भ कराया। ठाकुर शैली से बहुत कुछ सीखा, उसका नाम था कु. अन्द्री कॉर्प्लेज। इक्कीस वर्ष की छोटी सुजान कॉर्प्लेज को संस्कृत से प्रेम था और साधारण ज्ञान भी। भारतीय संगीत की ओर भी उसकी प्रवृत्ति थी, सितार सीखना आरम्भ कर दिया था। कलकत्ता के मनीषी समाज ने उन दोनों का स्वागत किया और सुजान को संस्कृत-प्रेम के कारण 'भारती' पदवी भी प्रदान की। उसने अपना भारतीय नामकरण भी कर लिया–पूर्णिमा। सचमुच पूर्णिमा की रूपराशि पूर्णिमा तुल्य ही थी।

इन दोनों बहनों को काशी में कुछ दिन रहकर अपनी कला और विद्या संवर्द्धित करने की इच्छा हुई। जायसवालजी ने मेरे नाम परिचय-पत्र देकर यहाँ भेज दिया। यह 1913 ई. के आरम्भिक महीनों की बात है। उस समय मैं 21वें वर्ष में था। वे यहाँ 'होटल-डि पैरिस' में ठहरीं और नित्य मेरे यहाँ आना-जाना, मिलना-जुलना होने लगा। वह उम्र ऐसी थी कि सुजान और मैं एक-दूसरे के प्रति बहुत आकृष्ट हुए।

प्रसादजी से मेरा कोई पर्दा न था, अपनी भावात्मकता का इजहार मैं उनसे किया करता, फिर वह दिन आया जब वे दोनों बहनें कलकत्ता लौट गयीं। इसके उपरान्त प्रसादजी ने 'विदाई' शीर्षक से बारह दोहों में एक कविता लिखी, जो 'इन्दु' कला चार खण्ड दो में पृष्ठ संख्या 56 पर प्रकाशित हुई। उसके पाँच दोहे ये हैं–

आवत बरसत नेहरस, अहो प्रेमधन मीत।
करि लकरि दुरि जाहुगे, धरि चपला की रीत॥
मन-मानिक चित चाहि कै पहले लीन्या छीन।
जात समय नीलाम करि, किय कौड़ी के तीन॥
प्रिय जबही तुम जाहुगे, कछुक यहाँ ते दूरि।
आँखिन में भरि जायेगी, तब चरनन की धूरि॥
तुम अपनी ही मूर्ति को, मलिन करहुगे फेरि।
इन पुतलिन में आपने, चरनन की रज गेरि॥
जाहु, हमारे आहाये, रक्षक तुम्हरे पास।
जो लैं अइहै खींचि पुनि, तुमकौ हमरे पास॥

इनमें 'मनमानिक नीलाम करि' की ध्वनि यह है कि उन दिनों यूरोपीय-प्रवासी जब भारत छोड़ते; तब अपनी वस्तु कौड़ी के मोल पर नीलाम करके रुपया खड़ा

जयशंकर प्रसाद 25 की वय में

कर लेते। यहाँ प्रसादजी ने मेरे हृदय की वही दशा प्रस्फुटित की है। अन्तिम दोहा भी बहुत ही भावपूर्ण है। यह भी मेरी मनोदशा का सुन्दर चित्रण है।

वे दोहे मुझे कुछ ऐसे रुचे कि मैंने भी उनके पूरक रूप छह दोहे लिखे, जिनमें से दो यहाँ दे रहा हूँ–

अरे नीर जब बहि चले तुम के जल नैन।
सबरो क्यों बहि जातु नहि; रहौ न मोहि दुख दैन॥
जाहि बचन दै के कियो हतो अहो तु मीत।
उनपै ऐसी निठुरता? हाय कौन यह रीत॥

...सुजान के चले जाने पर वह प्राय: मुझ पर फबती कसा करते–"हाय! तुम उस पार, मैं इस पार, बीच में अपार पारावार।" उनका यह मनोविनोद कुछ समय तक चलता रहा।

तभी मैंने 'उपवन' नामक अपनी कविताओं का संग्रह मुद्रित कराया, जो पेपर कवर में पुस्तकाकार तैयार होकर भी प्रकाशित नहीं हुआ। उसका समर्पण भारती-पूर्णिमा को ही है। इस प्रकार–

भाव न यामें तनिक,–नाहिं रचना-सुघराई,
रहै कहाँ ते? जेते भाव हमारे तेते
तीनहु लोकन सौ एकत्रित ह्वै के सगरे
पूरि रह वाही में, जो मम प्रान हेत इक,

रहत मनोमन्दिर महं मेरे जो निसि बासर।
निरसतादि कहं यासु भली विधि जानन हू पै
मानत नहिं मम हीय याहि अरपन कीन्हें बिन
कोउ कहँ अंगीकार याहि जो निहचै करिहै॥

–कृष्णदास

प्रसादजी इसे ताड़ गये और मुझे समर्पण वाले छन्द के आद्यक्षर दिखाते हुए अपनी रहस्यमय वाणी में कहने लगे, "अच्छा...।" इतना ही नहीं, वह अक्सर मुस्कराते हुए, लम्बी साँस लेकर मुझे सुनाते–"हाय! तुम उस पार, हम इस पार।" उस बिछोह में 'उपालम्भ' शीर्षक एक कविता भी लिखी थी जो 'इन्दु' में, पुनः उपवन में निकली। उसकी कुछ पंक्तियाँ भी दे रहा हूँ–

अहो पूर्णिमा के कोमल कर कुमुद जगाते हैं तुमको,
पर तुम ध्यान क्यों नहीं देते क्यों आँखों को मूँदे हो?

क्या भू और गगन का अन्तर जनचित्त में यह सोचा–

कि दूर संस्थित को देकर
मम कौन बनाये अपना मीत।

इसके कुछ दिन बाद प्रसादजी की फुटकर कविताओं का प्रथम संग्रह 'कानन-कुसुम' प्रकाशित हुआ, जिसके समर्पण का आरम्भिक अंश इस प्रकार है–

'प्रियतम,
इस शुष्क हृदय-कानन को किसने
कुसुमित किया? तुम्हीं ने। क्यों इसे! तुम्हीं बताओ। हाँ, कुछ ध्यान में आता है। यही, कि कभी जो कानन से पवन का सम्बन्ध हो जायेगा तो किसी श्रान्त मस्तिष्क को कुछ आनन्द दे देगा। दे, या न दे, क्योंकि जो उपवन से चुन-चुन कर हार बनाकर देंगे?
पहनते हैं इन्हें कानन-कुसुम क्या आनन्द देंगे।

कहने की आवश्यकता नहीं कि इसमें उपवन शब्द मुझसे छेड़छाड़ के लिए रखा गया था। जब इसका रस वह ले चुके, तब 'उपवन' शब्द के ऊपर एक छपी हुई चिप्पी लगवा दी, जिसमें 'उद्यान' शब्द को 'उपवन' का स्थान दे दिया गया।

आध्यात्मिक गद्यगीत

वे दिन कई बरस पहले बीत चुके थे। 1916 ई. में जब मैंने 'साधना' लिखी तब उनके–हाय तुम उस पार, हम इस पार वाले ऐहिक विनोद को आध्यात्मिक रूप

देकर यह गद्य गीत लिखा–

"तुम उस पार हो मैं इस पार। बीच में अपार पारावार है। तो भी मैं तुमसे मिलने के लिए अपनी टूटी-फूटी डोंगी छोड़ देता हूँ। मुझे भय नहीं।

भय की परिधि संकीर्ण है, प्रेम की विस्तृत। वह इसमें समा जाती है। जिस प्रकार सूक्ष्मवीक्ष्ण यन्त्र में देखने से दृश्यवस्तु और ही रूप में दीख पड़ती है, उसी प्रकार प्रेम की दिव्य दृष्टि से ये सब पदार्थ स्वर्गीय रूप में दिखाई देते हैं। भय का अन्त लौकिक अवलोकन के साथ हो जाता है।

मेरी डोंगी आगे बढ़ती जाती है। वे ही लहर जो बड़े-बड़े पोतों को डुबा देती है, मेरी डोंगी को थपकियाँ दे-दे कर बढ़ा रही हैं और प्रतिक्षण तुम्हारी दूरी मुझसे दूर होती जाती है।"

ग़लतफ़हमी

1909 ई. से प्रसादजी के अवसान तक मैंने उन्हें निकट-से-निकट तक निरखा-परखा है, उनके अन्तस में पैठा हूँ। उनकी समूची गतिविधि से अवगत रहा हूँ। उनके हृदय का कोना-कोना मेरे लिए उन्मुक्त था। इसी बूते पर उनके जीवन वाले उन लगभग 1910 से 14 ई. का, जो उनके विलासी जीवन का अथ से इतिश्री है, यथार्थ चित्र उरेहना अपना कर्तव्य समझता हूँ।

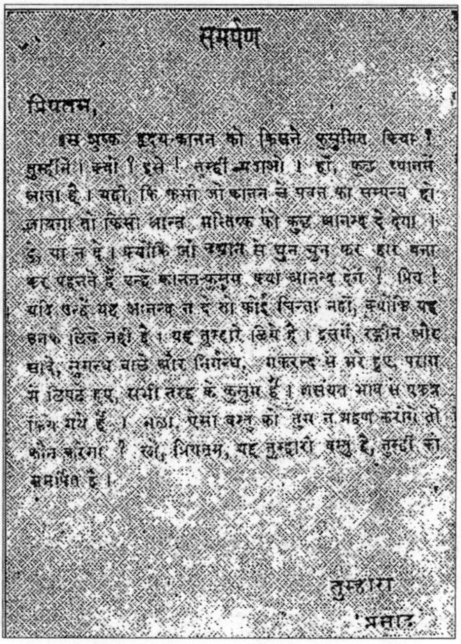

समर्पण

प्रियतम,

इस शुष्क हृदय-कानन को किसने कुसुमित किया? तुम्हीं ने। क्यों? इसे! तुम्हीं समझो। हाँ, कुछ ध्यान में आता है। यही, कि कभी जो कानन से पवन का सम्पर्क हो जायगा तो किसी श्रान्त मस्तिष्क को कुछ आनन्द दे देगा। दे, या न दे। क्योंकि जो उद्यान से चुन चुन कर हार बना कर पहनते हैं उन्हें कानन-कुसुम क्या आनन्द देंगे? प्रिय! यदि उन्हें यह आनन्द न दे तो कोई चिन्ता नहीं, क्योंकि यह उनके लिये नहीं है। यह तुम्हारे लिये है। इसमें, रङ्गीन और सादे, सुगन्ध वाले और निर्गन्ध, मकरन्द से भरे हुए पराग में लिपटे हुए, सभी तरह के कुसुम हैं। असंयत भाव से एकत्र किये गये हैं। भला, ऐसी वस्तु को तुम न ग्रहण करोगे तो कौन करेगा? लो, प्रियतम, यह तुम्हारी वस्तु है, तुम्हीं को समर्पित है।

तुम्हारा
'प्रसाद'

प्रसादजी की फुटकर कविताओं के प्रथम संग्रह 'कानन-कुसुम' का समर्पण पृष्ठ

बनारस की एक बिरादरी का पेशा है, संगीत (गीतं वाद्यं तथा नृत्यं त्रीभिः संगीतमुच्यते)। उनके परिवारों में कुछ ऐसी युवतियाँ भी होती थीं, जो संगीतप्रवीण होकर केवल भले घरों के स्त्रीसमाज में अपनी कला प्रस्तुत करती थीं। जब किसी बड़े घर में कोई शुभकार्य या उत्सव होता, तब उस मांगलिक वातावरण को अन्तःपुर में मुखरित करने के लिए ये बुलायी जातीं। कभी-कभी

तो प्रमुदित महिला मण्डली सारी रात जागी रहती, उसे रतजगा कहा जाता। मांगलिक अवसरों के अतिरिक्त वर्षा, वसन्त में भी ऐसे समारोह हुआ करते।

इसी प्रकार के किसी आयोजन में, प्रसादजी के घर में एक रूपसी युवती का प्रवेश हुआ। उसकी कला एवं छटा ऐसी लुभावनी थी कि वह अक्सर बुलायी जाने लगी; नाम था श्यामा। ऐसे अवसर भी आये कि प्रसादजी की निगाह उस पर पड़ी और उसकी रसभरी आयत आँखों ने उन्हें आकृष्ट कर लिया। 'निगाहें चार होती हैं, मुहब्बत आहि जाती है', चरितार्थ हुआ। भगवान ने उसे सूरत के साथ-साथ सीरत भी दी थी। वह निःसन्देह प्रेमपरायणा थी। अर्थपरायणता मात्र गौण थी।

प्रसादजी के भवन के सामने ही एक विस्तीर्ण कच्चा चबूतरा था। उसके बीच में थी, एक छोटी-सी सुबुक बंगलिया। रंग-बिरंगे सुन्दर-सुन्दर फूल-पत्तियों वाले गमलों से वहाँ बहुत रमणीयता रहती। उसी में उसे वास मिला।

उन दिनों वाली अधिकांश कुलांगनाओं की मनोवृत्ति यह थी कि यदि उन्हें पति का पूर्ण प्रेम प्राप्त होता, तो उनमें पति की रक्षिता के प्रति सौतिया डाह न होता। उनके पति-प्रेम में आराध्य भाव भी रहता। ऐसे सम्बन्ध के प्रति उनका दृष्टिकोण यह होता कि यदि हमारे प्रति हमारे आराध्य का अनुराग अक्षुण्ण है, तो उनकी मौज में हमें भी सुख है। यही अनुकूल परिस्थिति प्रसादजी के अन्तःपुर में थी। उनकी प्रेमिका के लिए उनकी जनानी ड्योढ़ी का द्वार सदैव उन्मुक्त रहा।

प्रसादजी के अन्तरंग मित्र केदारनाथ पाठक, जिनका कुछ परिचय ऊपर दे आया हूँ, की भी अक्सर उस बंगलिया में बैठक होती। वह प्रसाद-प्रेयसी को 'आम की फाँक' कहा करते, उसकी रसीली 'बड़री अँखियाँ' के कारण। प्रसादजी से सम्बन्ध के पहले वह मेरे यहाँ भी किसी मांगलिक अवसर पर, गाने-बजाने को बुलायी गयी थी। तब मुझे भी उसकी एक चित्तचोर झलक मिली थी।

प्रसादजी जब हवा खाने गाड़ी पर निकलते, तब कभी-कभी मर्दानी पोशाक में उसे भी संग लिए रहते। एक दिन मेरे यहाँ फाटक तक लाकर न जाने क्यों सकुचा गये, उल्टे पाँव लौट गये। कई दिन बाद खुले।

प्रसादजी का जीवन एक खुली किताब था।

इस जीवन में वह ढाई-तीन बरस रमे रहे। उभय पक्ष से कभी कोई बेवफाई नहीं हुई–प्रसादजी स्वयमेव निवृत्त-तर्ष हो गये, एक दिन। जब उपरत हुए, तब सदा के लिए उपरत हुए, कभी पीछे मुड़कर न देखा। न ही मन में कोई वासना या पछतावा रहा–उनके व्यक्तित्व की यही विशेषता थी। 'जीवन-समुन्द्र थिर' हो गया तो सदा के लिए हो गया। वह अपने सारे आभूषण उन्हें सौंपने लगी। उन्होंने बिना किसी रुखाई के दृढ़तापूर्वक ना कर दी। झंझटों से वह दूर रहा करते।

इसके बाद एक दिन मैंने उनसे पूछा कि कुछ उसका पता-ठिकाना है, उन्होंने बिल्कुल तटस्थ भाव से कहा–"सुना कि मर गयी।" किन्तु कई बरस बीत जाने पर वह अकस्मात् प्रकट हुई। "अरे तुम...?" प्रसादजी ने उसे देखकर निस्संग भाव से साश्चर्य पूछा। बरसों से जिसको वह मृत समझते थे, उसे अचानक जीवित देखकर उनका चकित होना स्वाभाविक था। फिर वह अन्दर चली गयी। प्रसादजी की कहानी 'चूड़ीवाली' की कल्पना उसी की परछाईं है।

प्रसादजी के इस जीवन के सम्बन्ध में जिन लोगों ने लिखा है, वह वस्तुनिष्ठ न होकर आत्मनिष्ठ है–

जाकी रही भावना जैसी।
हरि मूरति देखी तिन्ह तैसी॥

यहाँ तक कि एक लेखक ने तो उन्हें भी पंकलिप्त कर डाला है। इसी से मिलती-जुलती और ग़लतफ़हमियाँ भी प्रचलित की गयी हैं। यथा–प्रसादजी गाना सुनने के लिए कोठे पर जाया करते थे। इन सारी नितान्त निर्मूल-कल्पनाओं ने मुझे हक्का-बक्का कर दिया है। मज़ा यह है कि प्रसादजी के जीवन वाले उस परिच्छेद के समय वे लोग न तो उनके सम्पर्क में आये थे, न ही उस वय तक पहुँचे थे जिसमें आदमी दुनिया को देख-सुन-समझ पाता है।

इतना अवश्य है प्रसादजी की दुकान से दाहिनी ओर सटा एक छोटा-सा मकान था, जिसकी ऊपरी मंज़िल में एक कोठा था। जिन जवाहिरबाई का यह कोठा था, वह अपने समय की एक ही गायिका थी। जैसा कण्ठ पाया था, वैसी ही तालीम भी। रंगीन गान तो बहुत रसीला गाती ही थीं, पक्की चीज़ गाने में भी कमाल हासिल था।

इधर कोठेवालियों पर बहुत कुछ लिखा गया है, किन्तु खेद के साथ कहना पड़ता है कि उसमें रूप को वरीयता दी गयी है। ऐसी स्थिति में गुण को नज़रअन्दाज़ कर देना स्वाभाविक है। जवाहिरबाई में रूप का सर्वथा अभाव था। तब भला वह (या उनसे श्रेष्ठतर गायिकाएँ, जिन्हें भगवान ने सौन्दर्य नहीं दिया था) क्योंकर उल्लेखनीय होतीं?

जवाहिरबाई जवानी बीतने के पहले ही गत हो चुकी थीं। जिस समय की बात कह रहा हूँ, उनकी नौची उस कोठे पर बैठा करती। उसने कोठेवालियों का स्वभाव नहीं पाया था। किन्तु कहा करती? उस पेशे में लगा दी गयी थी। सायंकाल जब प्रसादजी की साहित्यिक मण्डली उस मकान के सामने वाले तख्ते पर जुटती, तब वह बड़े चाव से सारी साहित्यिक चर्चा और हास-परिहास सुना करती; अपने को उस सहृदय समाज का सदस्य लेखती।

कभी-कभी उस समवाय की अभ्यर्थना के लिए, एक पुड़िया में इलायची बाँधकर, वासनाविहीन भावपूर्वक, वहीं से प्रसादजी के उछंग में डाल दिया करती। वह विगत-विकार आभारपूर्ण दृष्टि से, उधर एक बार देख भर लेते। तब पुड़िया खोलकर, इलायची अपनी मण्डली को बाँटते और स्वयं भी खाते। कोई किसी तरह की फ़िकरेबाज़ी या आवाज़कशी न करता। यह क्रम तब तक चला, जब तक वह उस कोठे पर रही। पीछे से उस जीवन से ऊबकर उसने घर कर लिया; वह घरनी होने के लिए ही जन्मी थी।

पांसुला

1912 ई. के अन्तिम महीनों में मैंने भी अपने को एक फन्दे में फँसा दिया। एक ऐसा सम्बन्ध स्थापित किया, जिसमें प्रेम का नाम भी न था केवल वासना ही वासना थी, जिसके कारण मैं बिल्कुल असन्तुलित हो गया। मुझ पर जो भूत सवार था, उसे मैं प्रसादजी से कैसे छिपाता? उसी सिलसिले में एक दिन मुझे एक भाव सूझा, मैंने वह प्रसादजी को सुनाया और उनसे कहा कि इसे छन्दोबद्ध कर दो। उन्होंने तत्काल उसे एक निरनुप्रास कविता का रूप दे दिया। पढ़कर जब मैंने प्रसन्नता व्यक्त की, तब उन्होंने केवल एक शब्द पर अँगुली रखकर कहा–"बस! इसमें मेरा इतना ही है।" सच पूछिए तो कविता का प्राण वही शब्द है। क्योंकि जिस पतित को मैंने अपनाया था, उसकी उस शब्द द्वारा पूर्ण अभिव्यक्ति हो जाती है। वह शब्द है–'पांसुला'। इसका अर्थ है–कूड़े-करकट में गिरी हुई। पूरी कविता यों है–

> **बूँद ओस की कब तक ठहरोगी कहो?**
> **क्यों इतराती हो इतना? कुछ तो सुनें।**
> **छलक रही हो मानो कोई लेश भी**
> **नहीं रह गया, पत्तों से सम्बन्ध का,**
> **अरे छलकना ही ढुलकाएगा तुम्हें।**
> **मार्दव वा आकार सुरभि वा कान्ति पर–**
> **बतला दो, किस पर, तुमको यह भ्रान्ति है**
> **यह आकार तुम्हारा, है किस का दिया?**
> **उसी पवन का जो कर देवेगा हवा**
> **पल भर में यह रूप। और, यह कान्ति भी**
> **है तब तक, सौभाग्यसूर्य का उदय है**
> **जब तक। फिर तो वही अन्धेरी यामिनी।**
> **और, सुरभि जो फैल रही सब ओर है,**

वह फूलों को धूल लगी है अंग में।
आह! पांसुला होने का भी गर्व है।
यह तब मार्दव भी हा! है किस काम का।
जबकि स्नेह अन्तर में है कुछ भी नहीं।
बूँद ओस की कब तक ठहरोगी कहो?

किसी तरह जुलाई-अगस्त (1914 ई.) में उस नाग-पाश से मेरा छुटकारा हुआ, यद्यपि उसकी खुमारी उतरी कुछ दिनों बाद।

—•—

7
'प्रसाद' जी की याद : 5
(उनके प्रारम्भिक गद्यगीत और व्यवहारकुशलता)

राय कृष्णदास

मेरे शरीर में बचपन से ही मलेरिया ने घर कर लिया था, जिसके कारण मैंने बड़े-बड़े कष्ट उठाये। 1915 ई. के मार्च में ज्वर मंथर रूप में उभरा। दिन में दोपहर बीतने के कुछ बाद हाथ-पाँव ठण्डे हो जाते और तापमान थोड़ा बढ़ जाता। मेरे डॉक्टर ने बड़ी लगन से चिकित्सा करके वह उपद्रव शान्त किया। साथ ही सलाह दी कि तुरन्त किसी पहाड़ पर चले जाओ और अक्टूबर तक वहीं रहो, अन्यथा जुलाई लगते ही मलेरिया बहुत तंग करेगा। तदनुसार मैंने मसूरी जाना निश्चित किया। वहाँ पहले तीन बार थोड़े-थोड़े दिन के लिए जा चुका था। मुझे वह पहाड़ बहुत अच्छा लगा क्योंकि उत्तर प्रदेश के ठण्डे पर्वतों में केवल मसूरी ही ऐसा है, आप वहाँ से प्रान्त के मैदानी भाग भी देख सकते हैं–देहरादून, हरिद्वार, रुड़की। यहाँ तक कि मुरादाबाद भी वहाँ से भली-भाँति दिखाई देता है। निदान, वहाँ पर कोठी किराये पर ठीक करके अप्रैल में सपरिवार चला गया और अक्टूबर बीतते-बीतते काशी लौटा।

साहित्यिक मनोरंजन का समां

मसूरी कुछ ऐसी अच्छी लगी और स्वास्थ्य ऐसा सुधरा, जिसका ठिकाना नहीं। आठ-दस मील तो नित्य टहलता था, कई-कई बार चौदह मील का चक्कर भी लग जाता। सो मार्च, 1916 ई. में वहाँ एक कोठी ख़रीद ली और गर्मी आरम्भ होते ही, फौरन सपरिवार वहाँ चला गया। कोठी काफ़ी बड़ी थी, इस कारण मित्रों को भी वहाँ बुलाकर महीनों टिकाये रखा। बड़ी इच्छा थी कि प्रसादजी भी वहाँ आयें, किन्तु उन दिनों उनकी प्रथम पत्नी का क्षय रोग इतना बढ़ गया था कि उनके लिए एक क्षण भी घर छोड़ना असम्भव था। जुलाई व अगस्त में भाई मैथिलीशरण लगभग एक महीने के

लिए मसूरी आये। साहित्यिक मनोरंजन का ख़ूब समां रहा। उन्हें अपनी कई रचनाओं के प्रकाशनार्थ काग़ज़ ख़रीदने कलकत्ता जाना था। वह मसूरी से पहले कानपुर गये और वहाँ से कई हिन्दी पुस्तकें मेरे लिए भेजीं। उनमें दो तो ऐसी थीं जिन्हें सरकार ज़ब्त कर चुकी थी। उन्हें रखने की हिम्मत न पड़ी। अतएव जला दिया। तीसरी पुस्तक थी रवि बाबू की अंग्रेज़ी 'गीतांजलि' का हिन्दी-अनुवाद। अनुवाद की भाषा बड़ी प्रांजल थी और कविगुरु के भाव पूरे सौन्दर्य के साथ अभिव्यक्त हुए थे। उसे पढ़कर मैं ऐसा तन्मय हो गया कि उसी प्रकार के अनेक नये-नये भाव मन में उठने लगे और मैं उन्हें गद्य में लिखता गया। भाषा की शैली गीत-मय होने के कारण मैंने उसे **गद्य-गीत** का नाम दिया।

तभी कलकत्ता के लिए मार्गस्थ भाई मैथिलीशरण ने बनारस से यह दु:संवाद दिया कि प्रसादजी की पत्नी नहीं रहीं। उन दिनों बनारस में गंगाजी की बहुत बड़ी बाढ़ आयी थी। यहाँ दशाश्वमेघ घाट के पास गौदौलिया नामक प्रसिद्ध चौमुहानी है, जिसकी चारों दिशाओं में बड़ी-बड़ी इमारतें और दुकानें हैं। बाढ़ का पानी क़रीब-क़रीब चौमुहानी तक आ गया था। मैथिलीशरण ने वहीं प्रसादजी को पिण्डदान करते पाया।

जिस रात प्रसादजी की पत्नी का देहान्त हुआ, वह अपने मकान के सबसे बाहरी कमरे में अकेले दुख में निमग्न बैठे थे। किसी भी क्षण दु:संवाद मिलने की आशंका उनके चौगिर्द मँडरा रही थी। उसी समय कहीं से एक मेढ़ा उस कमरे में आ घुसा। उसके दोनों सींग सिन्दूर से रंगे थे और ललाट पर भी सिन्दूर लगा था। उन्हीं के शब्दों में–"उसे देखकर मेरे रोंगटे खड़े हो गये, वह क्षण भर में लौट गया और तभी घर में से सूचना मिली कि क़िस्सा तमाम हो गया।"

1916 ई. के दिसम्बर मास में कांग्रेस का अधिवेशन लखनऊ में होने वाला था। इस अधिवेशन का एक विशेष महत्त्व था। लगभग दस बरस तक गरम दल कांग्रेस से अलग रहा। इस बीच लोकमान्य तिलक बन्दी बनाकर मांडला (बर्मा) भेजे गये और पूरी सज़ा काटकर भारत लौटे। लखनऊ कांग्रेस में वह अपने दलबल सहित सम्मिलित हुए। लोकमान्य का पहला दर्शन मुझे जनवरी, 1906 ई. में मिला था। सोलह बरस बाद उन्हें लखनऊ में ज्यों-का-त्यों पाया, इतनी सर्दी-गर्मी झेलने पर भी। वहाँ उन्होंने एक बड़े सुन्दर श्लोक का प्रयोग किया, जो आज तक कानों में गूँजता है। अपना ओजस्वी भाषण उन्होंने पूरा किया 'लकनाऊ' शब्द के साथ। कहने की आवश्यकता नहीं कि रोमन लिपि में लखनऊ शब्द की वर्तनी 'लक नाउ' जिसका यदि उक्त पदच्छेद कर दिया जाये तो उसका अर्थ हो जाता है 'अब सुभाग्य'। मैंने सरोजिनी नायडू का व्याख्यान भी पहले-पहल वहीं सुना। सचमुच उनकी उपाधि 'भारत की बुलबुल' (नाइटिंगेल ऑफ इंडिया) उनकी गूँजती आवाज़ के झंकार में चरितार्थ होती थी।

लखनऊ जाने के पहले प्रसादजी पर बहुत ज़ोर डाला कि वह भी चलें। पहले तो निरन्तर नहीं करते रहे, अन्त में एक दिन कहा कि, तुम जाओ, मैं भी आऊँगा। लखनऊ से लौटकर जब उन्हें न आने का उलाहना दिया, तब ऐसा रूपक रचा उन्होंने, कि मुझे यही प्रतीति हो जाया करती कि वह भी लखनऊ पहुँचे थे और उनके बार-बार पुकारने पर भी मैं उनकी ओर उन्मुख नहीं हुआ। इस कारण मैं बहुत लज्जित और दुखी भी हो जाता।...कुछ दिनों बाद उन्होंने इस भ्रम का निवारण कर दिया।

लखनऊ से लौटने पर मैंने उन्हें वे गद्यगीत दिखाये, जिन्हें मसूरी में लिखना आरम्भ किया था और तब से लगातार लिखता जाता था। उनकी संख्या लगभग अस्सी हो गयी थी। प्रसादजी ने उन्हें बहुत पसन्द किया, केवल जबानी ही नहीं। एक दिन आये, सुदामा की तरह कुछ छिपाये हुए। उसे बहुत छीना-झपटी और हाँ–नहीं के बाद बड़े हाव-भाव से दिखाया। उन दिनों उनकी ऐसी आदत थी कि अपनी रचनाएँ दिखाने में बड़ा तंग करते (और अब तक भी–'गयी न सिसुता की झलक')। वह एक साफ़-सुथरी छोटी-सी कॉपी थी, जिसमें बीस के लगभग उनके गद्य-गीत थे। मैंने कइयों को झाँका; सुन्दर थे। एक में का सन्ध्या-वर्णन अभी तक नहीं भूला, किन्तु मैं उन दिनों बाबला हो रहा था; अपनी शैली पर इतना ममत्व और आग्रह था कि ज़रा भी उदार नहीं होना चाहता था। मैंने छूटते ही कहा–"क्यों गुरु, मुझी पर हाथ फेरना।" वह मेरी संकीर्णता पहचान गये। कई दिन बाद मुनासिब बात कहकर अपनी कॉपी उठा ले गये और उन भावों में से कतिपय को छन्दोबद्ध कर डाला। उनके झरना के प्रथम संस्करण का अधिकांश उन्हीं कविताओं का संकलन है।

प्रसाद का गद्यगीत 'पत्थर की पुकार'

सौभाग्यवश उनके गद्यगीतों में से एक उपलब्ध है, जिसे उन्होंने अपनी कहानी 'पत्थर की पुकार' में गुम्फित कर दिया था–

'मैं अपने सुखद शैल में संलग्न था! शिल्पी! तूने मुझे यहाँ क्यों ला पटका, यहाँ तो मानव की हिंसा का गर्जन मेरे कठोर वक्षःस्थल को भेदन कर रहा है। मैं तेरे प्रलोभन में पड़कर चला आया था, कुछ तेरे बाहुबल से नहीं, क्योंकि मेरी प्रबल कामना थी कि मैं एक सुन्दर मूर्ति में परिणत हो जाऊँ। उसके लिए अपने वक्षःस्थल क्षत-विक्षत कराने को प्रस्तुत था। तेरी टांकी से हृदय चिराने में प्रसन्न था कि कभी मेरी इस सहनशीलता का पुरस्कार, सराहना के रूप में मिलेगा और मेरी मौन मूर्ति अनन्त काल तक उस सराहना को चुपचाप गर्व से स्वीकार करती रहेगी, किन्तु निष्ठुर! तूने अपने द्वार पर मुझे फूटे हुए ठीकरे की तरह ला पटका। अब मैं यहीं पर पड़ा-पड़ा कब तक अपने भविष्यत् की गणना करूँगा।'

वह साल बीतते-बीतते प्रसादजी बिल्कुल प्रकृतिस्थ हो गये थे। 1917 ई. के आरम्भिक दिनों में उनका दूसरा विवाह तय हुआ। फ़रवरी के उत्तरार्द्ध में विवाह की लग्न निश्चित हुई। कोई विशेष समारोह नहीं हुआ–फिर भी सभी इष्टमित्र एकत्र हो गये थे। वर-रूप में प्रसादजी ने सिर पर जरीदार बनारसी सेल्हे का साफा बाँधा था, और गले में एक सुन्दर मोतियों की माला थी। शेष वस्त्र मामूली शेरवानी-पायजामा था। विवाह आनन्दमय वातावरण में सम्पन्न हुआ।

उन दिनों मैथिलीशरण और प्रसादजी बहुत निकट आ गये थे। उन लोगों ने निश्चय किया कि सम्मिलित होकर रामचरित पर एक पद्य-मय नाटक लिखें, किन्तु कथानक के विषय में कुछ मौलिक मतभेद होने के कारण वह काम न हो सका।

1918 ई. की कोई विशेष घटना याद नहीं आती, सिवा इसके कि शिवरात्रि को उनके पैतृक विशाल शिवालय में, जो घर के सामने ही है, विशेष भजन और जलसा होता था (अब तक होता है)। प्रसादजी 24 घण्टों का निराहार व्रत करते। रेशमी पीताम्बर पहने, त्रिपुण्ड लगाये और कण्ठ में 11 बड़े-बड़े गौरीशंकर रुद्राक्षों की माला पहने प्रसादजी की वह छटा दर्शनीय होती (जो दो रुद्राक्ष आपस में मिले रहते हैं उन्हें गौरी-शंकर रुद्राक्ष कहते हैं, ये बड़ी कठिनता से प्राप्त होते हैं)। शिवजी का निरन्तर रुद्राभिषेक होता रहता, साथ ही मन्दिर के जगमोहन में वेश्या का नाच-गाना भी। इष्टमित्रों की और मुहल्ले के सम्भ्रान्त लोगों की अच्छी भीड़ जुटती। कुछ तो आसपास के जनपदों से भी आते। उनमें मोहन सराय, ज़िला बनारस के सुकवि मुकुन्दीलाल और मिर्ज़ापुर ज़िले के कवि शिवदासजी का नाम उल्लेखनीय है। मुकुन्दीलालजी वास्तविक सुकवि और अलंकारशास्त्र के ज्ञाता थे।

सभी आगतों की पहली ख़ातिर भाँग से होती। ऐसी स्वादिष्ट भाँग बनती, जिसका नाम नहीं। उसमें केशर, कस्तूरी, इलायची, गुलाबजल और बादाम के साथ-साथ मलाई के छोटे-छोटे टुकड़े भी होते। लोग नशे का डर भूल-भाल कर कुल्हड़ पर कुल्हड़ जमाते थे। जिस शिवरात्रि की चर्चा कर रहा हूँ उसमें नर्तकी ने एक गीत गाया जिसकी टेक थी–'बेकार आँखें हो गयीं।' संयोगवश आगतों में उसी मोहल्ले के एक समृद्ध ज़मींदार थे जो काने थे। ग़ज़ल सुनकर सब लोग उनकी ओर देख के ठठाकर हँसने लगे, किन्तु वह भी ऐसे रसिया थे कि झूमते हुए स्वयं भी क़हक़हा लगाया। यहाँ तक कि अन्य हँसने वाले फीके पड़ गये।

उन दिनों मैं एक बड़े मुक़दमे में व्यस्त था, जिसके कारण अधिकांश समय इलाहाबाद ही में बीता। अतएव बनारस से बहुत कम सम्पर्क रहा। साल बीतते-बीतते एक लम्बे प्रवास का आरम्भ हुआ–कानपुर, चिरगाँव, झाँसी, वहाँ से इलाहाबाद, इलाहाबाद से अपने ममेरे भाई की बारात में मथुरा–वृन्दावन तब आगरा, फतेहपुर

सीकरी, दिल्ली, सहारनपुर, मुरादाबाद की सैर करता तीन महीने बाद पुनः इलाहाबाद आया। वहाँ कुछ दिन रहकर गर्मी बिताने सपरिवार मसूरी चला गया। ख़ूब चहल-पहल छह-सात महीने बिताकर नवम्बर के पहले सप्ताह में वापस लौटा। इस बीच (1918-19 ई.) प्रसादजी की दूसरी पत्नी का प्रसूति रोग में देहान्त हो गया था और तीसरा विवाह भी हो चुका। जब मैं लौटा तब उन्हें बिल्कुल प्रसन्नचित्त पाया।

सक्रिय सहयोग

मसूरी के सुखद-शीतल वातावरण में एक योजना तैयार की जो चिर-अभिलषित थी। यह भारतीय कला और पुरातत्त्व का एक विशाल संग्रहालय बनाने की रूपरेखा थी, जिसमें मैं तन-मन-धन से लग जाना चाहता था। वहाँ मेरे दो घनिष्ठ मित्र अतिथि थे। उनमें से एक ने तो मेरे विचारों का स्वागत किया और मुझे प्रोत्साहित भी किया, किन्तु दूसरे को न तो यह बात अच्छी लगी न योजना की पूर्ति के लिए धन लगाने की, न ही उन्हें यह विश्वास था कि मैं निरन्तर उस कार्य में रत रहूँगा। उनका कहना था कि देख लेना एक दिन तुम उस काम को बीच में छोड़कर अन्य मनोरंजन में प्रवृत्त हो जाओगे।

बनारस लौटने पर जब प्रसादजी से चर्चा हुई, तब उन्होंने योजना का स्वागत ही नहीं किया, कमर कसकर मेरे साथ काम करने को तैयार हो गये। संयोगवश उन्हीं दिनों मेरे आदरणीय बन्धु स्व. श्री शिवेन्द्रनाथ बसु ने, जो काशी के एक विशिष्ट रईस होने के साथ-साथ अच्छे संगीतज्ञ और बीनकार भी थे, काशी में अखिल भारतीय संगीत सम्मेलन का बृहद् आयोजन किया था। नगर के रईस वर्ग का उन्हें सहयोग प्राप्त था। दिसम्बर का पूरा अन्तिम सप्ताह इस व्यस्त और अत्यन्त श्रुति-सुखद वातावरण में कब बीत गया, पता भी न चला।

भारत कला भवन की स्थापना

श्री बसु का घरेलू नाम सन्तू बाबू था। वह मेरे लिए बड़े भाई सरीखे थे, अतएव मैं उन्हें 'दादा' या 'सन्तू दादा' कहता। स्वभावतः उस सप्ताह भर मुझे भी दम मारने की छुट्टी न मिली। उस सफलता से दादा इतने प्रोत्साहित हुए कि उन्होंने एक संगीत महाविद्यालय की स्थापना का संकल्प किया। जब उन्होंने अपने विचार मुझे सुनाये तब मैंने भी अपनी योजना उनके सामने रखी। परिणामतः यह निश्चय हुआ कि दोनों समारम्भ एक साथ काम करें और इस प्रकार पहली जनवरी, 1920 ई. को भारत कला परिषद की स्थापना हुई, जो आज काशी हिन्दू विश्वविद्यालय के संग्रहालय भारत कला भवन नाम से विश्वविख्यात है और ईश्वर कृपा से दिन-दिन उन्नत हो रहा है।

प्रसादजी पहले दिन से परिषद के साथ थे। उन्हें ऐसी लगन हो गयी कि दुकान जाने के पहले नित्य सन्ध्या को परिषद में, जो गदौलिया पर मारवाड़ी अस्पताल के सामने एक विशाल कोठी में स्थित था, आते और अधिक नहीं तो एक घण्टा अवश्य रहते एवं अनेक उपादेय परामर्श देते।

परिषद के लिए एक विशाल भवन बनाने का स्वप्न उसी समय देखने लगे। बनारस का एक केन्द्र-स्थल है लहुराबीर चौमुहानी। तब के क्वींस कॉलेज और वर्तमान संस्कृत विश्वविद्यालय के निकट तो है ही और भी कई प्रमुख संस्थाएँ और विशाल राजसी भवन वहाँ हैं। उन दिनों इन सब इमारतों के बीच लगभग दस एकड़ उजड़ी ज़मीन का एक चक था, जिसे प्रसादजी बनारस का हृदय कहते थे। उनकी इच्छा थी कि यह चक ख़रीद कर, परिषद की इमारत बनायी जाये। कोई 70,000 रुपये में चह चक मिल जाता। उन दिनों भारत धर्म महामण्डल का दौरदौरा था। उसके प्रधान कार्यालय की राजसी कोठी उस चक के सामने ही पड़ती थी। महामण्डल के सर्वेसर्वा स्वामी ज्ञानानन्द के हाथ में काफ़ी पूँजी थी और कई राजा-महाराजाओं पर उनका बहुत प्रभाव था। प्रसादजी यद्यपि महामण्डल से दूर रहते थे और उसकी गतिविधि पसन्द नहीं करते थे, तथापि परिषद के निमित्त उन्होंने मुझे साथ लेकर स्वामीजी से मिलना निश्चित किया। स्वामीजी उस महल सरीखी हवेली के धुर ऊपर वाले कमरे में बैठते थे। वहाँ तक पहुँचने के लिए सीढ़ियों का एक बल खाता हुआ सिलसिला था, जिस पर कुछ दूर तक जाते ही किसी उत्तम प्रकार की अगरबत्ती की ऐसी मादक सुगन्ध मिलने लगती थी कि मस्तिष्क में एक विलक्षण तरंग उठनी आरम्भ हो जाती। प्रसादजी ने मुझसे धीरे से कहा–"देखो दर्शनाथियों को वशीभूत करने का उपक्रम यहीं से आरम्भ हो जाता है।" हम लोग स्वामीजी तक पहुँचे। उनकी मनोहर और लम्बी-चौड़ी बातों के साथ-साथ आँखों में एक ऐसा विलासपूर्ण कटाक्ष था, जिसकी ओर प्रसादजी ने धीरे से मेरा ध्यान आकृष्ट किया। लौटने पर उन्होंने कहा कि यही कटाक्ष न जाने कितनों को पथ-भ्रष्ट करता है। निदान, स्वामीजी ने हमारी बातें ध्यानपूर्वक सुनीं और भरोसा दिलाया कि ज़मीन के लिए धन का प्रबन्ध आगे चलकर होंगे। तत्काल उन्होंने 30 रुपये प्रतिमास की आर्थिक सहायता परिषद को देना स्वयमेव घोषित किया। उस समय इतना ही बहुत कुछ था।

परिषद का कार्य आरम्भ करते ही मैंने अपना सामन्तशाही ठाट-बाट छोड़ कर एक कर्मी का जीवन ग्रहण कर लिया। तब तक जब मैं पैदल चलता था, तब आगे एक छड़ीबरदार, 'हटो-बचो' कहता रहता। अब वह सब इल्लत छोड़ दी। न जाने क्यों प्रसादजी इससे बहुत व्यथित हुए। उन्होंने भाई मैथिलीशरण से कहा भी कि मुझे यह बात पसन्द नहीं है, यद्यपि स्वयं उन्होंने बिल्कुल सादगी अख़्तियार कर ली थी।

संग्रह-अभिवृद्धि में भी उनका पूर्ण सहयोग रहा। कहीं से लाकर दो बड़ी सुन्दर मूर्तियाँ उन्होंने परिषद को दीं–एक तो कुषाणकालीन कृष्ण की माखन-चोरी की, दूसरी गुप्तकालीन एक नर-नारी युग्म की; जिसे वह गुप्त समाट् चन्द्रगुप्त प्रथम और उनकी सम्राज्ञी कुमार देवी की प्रतिमा मानते थे।

'अब कुछ क्षण के लिए अप्रैल, 1919 में लौटता हूँ। तीन-चार महीने के लम्बे प्रवास के बाद मसूरी जाने के पहले जब महीने-डेढ़ महीने काशी में रहा, उस समय जलियाँवाला बाग-काण्ड के बाद बापू का असहयोग आन्दोलन आरम्भ हो गया, जिसका एक प्रमुख भाग था देशव्यापी हड़ताल। मुझे प्रसादजी के उस समय वाले ये शब्द कभी नहीं भूलते–हड़ताल ऐसी विलक्षण हुई कि मानो सारा नगर अपने आपको निगल गया हो।'

ऊपर 1919 ई. वाली हड़ताल का ज़रा-सा उल्लेख हुआ। बापू का आन्दोलन आरम्भ होते ही स्व. श्रीप्रकाशजी उसमें कूद पड़े। वह मेरे निकट के नातेदार थे और किशोरावस्था से ही अभिन्न हृदयबन्धु भी। 1908 ई. में वह कैम्ब्रिज चले गये और वहाँ से इतिहास में बी.ए. करके लन्दन में बैरिस्टरी करते हुए 1914 ई. में लौट आये। कुछ दिन प्रैक्टिस की, किन्तु उसमें मन न लगा। तब हिन्दू विश्वविद्यालय में इतिहास के प्राध्यापक नियुक्त हो गये, किन्तु आन्दोलन छिड़ते ही वह पद छोड़ दिया।

उनके कैम्ब्रिज वाले मित्रों में से एक थे स्व. छोटा लाला खुशालचन्द्र देसाई। उन्होंने आई.सी.एस. किया और उनकी पहली नियुक्ति बनारस में हुई। फलत: दोनों मित्र प्राय: नित्य मिलते और अपने विद्यार्थी जीवन के आनन्द की पुनरावृत्ति किया करते। श्रीप्रकाश जब राजनीति में आ गये तब देसाई ने उनसे कहा कि अब हम लोगों का मार्ग पृथक् हो रहा है। हो सकता है कि किसी दिन मुझे तुम्हें गिरफ़्तार करना पड़े। आओ, उसके पहले हम लोग मिलकर काशी में एक बढ़िया प्रदर्शनी करें, कला-कौशल और उद्योग की। जन्ट साहब का आयोजन था, स्वभावत: काशी के सभी रईस उनके अनुभागी हुए और सितम्बर, 1920 में टाउनहॉल में एक बृहद् प्रदर्शनी हुई। कहने की आवश्यकता नहीं कि उसके वास्तविक सूत्रधार श्रीप्रकाश और देसाई थे।

इस प्रदर्शनी में एक कवि सम्मेलन भी रखा गया। जहाँ तक मुझे याद है यह हिन्दी के आरम्भिक कवि-सम्मेलनों में था, इसके पूर्व यदि ऐसे सम्मेलन हुए होंगे तो दो-तीन से अधिक नहीं। इसके लिए एक समस्या रखी गयी–'भाखे बनै न बनै बिनु भाखे।' सम्मेलन का सभापतित्व श्री किशोरीलाल गोस्वामी कर रहे थे।

उन्हीं दिनों सेंट्रल हिन्दू स्कूल में विद्यार्थी उग्रजी को, वहाँ के नितान्त शुष्क हेडमास्टर पं. गुरुसेवक उपाध्याय ने जिनका जन्म डिप्टी कलेक्टरी में बीता था,

बाध्य किया कि वह अपनी लम्बी अलकें कटवा दें, अन्यथा रस्टीकेट कर दिये जायेंगे। उग्रजी ने लटें तो कटवा दीं, किन्तु तिलमिला उठे। एक कवि सम्मेलन में उन्होंने बड़े ठाठ से एक कवित्त पढ़ा जिसका अन्तिम चरण था–

'हा गुरुसेवक की करनी
वह भाखे बनै न बनै बिनु भाखे।'

सम्मेलन में ख़ूब रंग रहा। तभी उठे गांगेय नरोत्तम शास्त्री। उनके गांगेय आस्पद की एक कहानी है। बनारस में माघ महीने में वेदव्यास का मेला होता है। वेदव्यासेश्वर महादेव का मन्दिर गंगा पर रामनगर में है, जहाँ महाराज बनारस का क़िला है। लोग गाते-बजाते, खाते-पीते नाव पर उस पार जाते और वेदव्यासजी का दर्शन करके भाँग-बूटी छानते लौटते। कुछ दर्शकों की अपनी पूरी नाव होती, कुछ की छोटी-छोटी डोंगियाँ और कुछ लोग झुण्ड-के-झुण्ड एक ही नाव पर रहते। ऐसी झुण्ड वाली नाव रामनगर से लौटते हुए दशाश्वमेध घाट के पास डूब गयी, जिस पर सवार 30-40 जनों में केवल एक पंचवर्षीय बालक जीवित निकाला गया। यही थे नरोत्तम शास्त्री, जिन्होंने उक्त घटना के कारण अपने नाम के पहले गांगेय आस्पद लगा लिया था। उनसे मैं प्रसादजी के यहाँ परिचित हुआ। कुछ कविता भी करते थे। प्रशंसा बड़े-से-बड़े कवि के योग्य चाहते थे? कलकत्ता में ननिहाल की अच्छी सम्पत्ति के उत्तराधिकारी हुए थे और जब काशी आते, यहाँ की समस्त साहित्यिक मण्डली को तरह-तरह के उपहार बाँटते।

निदान उन्होंने सम्मेलन में जो कविता आरम्भ की, वह सर्वथा राजनीतिक थी। यद्यपि गोस्वामीजी ने आरम्भ में ही कह दिया था कि यहाँ राजनीतिक कविता न पढ़ने दी जाये। किन्तु गांगेयजी कब मानने वाले थे। उन्होंने जलियाँवाला बाग काण्ड पर एक कविता आरम्भ की, जिसके केवल चार शब्द मुझे याद हैं।

'डायर के फायर सुन...।' एक ओर गोस्वामीजी उन्हें रोक रहे थे, दूसरी ओर श्रोतागण पढ़ते जाइए, पढ़ते जाइए का हल्ला मचा रहे थे। प्रसादजी बार-बार खड़े होकर उस बनारसी स्वर में जिसका यहाँ की रामलीलाओं में प्रयोग होता है–हाथ उठाकर 'चुप रहो!' की आवाज़ लगाते रहे, किन्तु कौन सुनता है। जब गोस्वामीजी ने देखा कि परिस्थिति बस के बाहर है, तब उन्होंने कवि सम्मेलन भंग कर दिया।

ऊपर शिवरात्रि के प्रसंग में सुकवि मुकुन्दीलाल का नाम ले आया हूँ। वह बनारस के एक निकटवर्ती गाँव, मोहन सराय के निवासी थे। वेश-भूषा बिल्कुल देहाती-सल्लम (मोटी खादी) की तनीदार छोटी-सी अँगरखी, मोटी धोती और सिर पर दुपलिया टोपी, यही उनकी पोशाक थी। कोई नहीं कह सकता था कि यह ठेठ

देहाती हिन्दी साहित्यशास्त्र का पूरा ज्ञाता, कविता का रसज्ञ और स्वयं उत्कृष्ट कवि होगा। उनके कई ग्रन्थ भी प्रकाशित हुए थे। दो के नाम याद हैं–'देवी पैज' और 'मुकुन्द विलास।' प्रसादजी उन्हें बहुत मानते थे और उन लोगों में काव्य चर्चा के अतिरिक्त ख़ूब हँसी-मज़ाक़ भी होता था।

इस कवि सम्मेलन के लिए प्रसादजी ने उनसे भी समस्यापूर्ति करने को कहा था और वे कई पूर्तियाँ लिखकर लाये भी थे, किन्तु वह हंगामा देखकर चुपचाप खिसक गये थे।

इसके दो-चार दिन बाद जब वह प्रकटे, तब उन्हें प्रसादजी ने यह भड़ौवा सुनाया जो पहले ही तैयार कर रखा था–

दिन तीस मैं द्वैक कवित्त रचे
अरु ताहि सुनावन को अभिलाखे।
कवि वृन्द की ओज-भरी कविता
सुनि गोजन के लगे छूटै पटाखे॥
गुम है दुम दाबि कै,
बैगि भज्यो सिगरी कविताई धरी रही ताखे।
कवि लाल मुकुन्द की देखि दशा
वह भाखे बनै न बनै बिनु भाखै॥

फिर तो यह भड़ौआ हम लोगों की ज़बान पर था और जब भी मुकुन्दीलालजी सामने आते यह दुहराया जाता। वह रह : भाई कहकर मुस्कुरा देते।

1920 ई. के अन्त में मैंने उस्ताद रामप्रसाद से उमर ख़य्याम चित्रावली बनवानी शुरू की। फ़ारसी-साहित्य में ख़य्याम का कोई ख़ास स्थान नहीं, किन्तु फिट्ज जेराल्ड नामक सुकवि ने ख़य्याम की 75 रुबाइयों का अंग्रेज़ी में छन्दोबद्ध अनुवाद कर दिया। उन्होंने अनुवाद के लिए जो छन्द चुना, उसकी ढरक तो रुबाई से मिलती-जुलती है ही, फ़ारसी मुहावरों को भी उन्होंने अंग्रेज़ी में बड़ी सुन्दरता से ढाला। इस प्रकार उन्होंने अंग्रेज़ी साहित्य में ख़य्याम को अमर कवि बना दिया। उसके कितने ही सुसज्जित एवं चित्रित संस्करण पुरानी और नयी दुनिया के अंग्रेज़ी भाषी देशों में निकले हैं। अंग्रेज़ी के अनगिनत प्रेमियों, जिनमें स्व. जवाहरलाल नेहरू भी गण्य हैं, को यह 'रुबाइयात उमर ख़य्याम' कण्ठाग्र हो जाता है।

प्रसादजी उस्ताद के चित्रों का रस तो लेते ही, रुबायात का मनन भी करते। उसकी छोटी-सी पुस्तिका मेरे बग़ल में रखी रहती, क्योंकि उस्ताद को बार-बार भाव समझाना पड़ता।

प्रसादजी की चिन्तनधारा से साम्य

फिट्ज जेराल्ड की 50वीं रुबाई प्रसादजी को बहुत रुची। यह स्वाभाविक था क्योंकि उस रुबाई का प्रसादजी की चिन्तन धारा से बहुत कुछ साम्य है। भाई मैथिलीशरण ने वह रुबाई सफलतापूर्वक हिन्दी में यों अनूदित की है–

दायें-बायें जिधर खिलाड़ी,
है उछाल देता जब कुछ–
कन्दुक उधर चला जाता है,
हाँ-ना करता है कब कुछ?
इस प्रान्तर में तुझे उछाला जिसने,
उसका है क्या राज?
वही जानता, वही जानता,
वही जानता है सब कुछ॥

1921 ई. के ही अन्तिम महीनों में मैंने कला परिषद में मूर्ति-संग्रह का अभियान शुरू किया। पहले तो नगर के घाट-घाट से जो मूर्तियाँ मिल सकीं, उन्हें जुटाया। काशी को, परिमण्डित करता हुआ एक मार्ग है, जो पचीस कोस के वृत्त में है। अतएव इसका नाम है पंचक्रोशी। थोड़ी-थोड़ी दूर पर पुराने मन्दिर बने हैं, जिनमें स्थापित मूर्ति के सिवा आसपास पड़ी हुई मूर्तियाँ भी पण्डे-पुजारी एकत्र करते हैं। मेरे लिए यह बड़ा सुलभ ख़ज़ाना था। मैंने यह उपाय किया कि पहले तो ख़ास-ख़ास मन्दिरों की पड़ताल की, फिर जहाँ कोई काम की मूर्ति दिखाई पड़ी, वहाँ विश्वविदित अलिफ लैला की अत्यन्त मनोरंजक कहानी 'अजीब-ग़रीब चिराग़' में वर्णित युक्ति अर्थात् पुराने चिराग के बदले नया चिराग़, को काम में लाया। उसी देवता की जयपुर में बनी हुई संगमरमर की मूर्ति, जिस पर रंगीन और सुनहला काम भी रहता है, ले जाकर पुजारी को दिखाई और कहा–इस टूटी-फूटी मूर्ति के बदले यह संगमरमर की मूर्ति यहाँ बैठा दीजिए और आपकी समुचित आर्थिक सेवा भी कर दूँगा। यह उपाय काम कर गया और कई अच्छी-अच्छी पुरानी मूर्तियाँ परिषद के संग्रह में आ गयीं।

उनकी मदद न मिलती तो मेरी पत उतर जाती

उन्हीं दिनों एक घटना का अंकन इस प्रकार किया था–

बनारस से कोई पन्द्रह मील दूर एक सुनसान कच्ची सड़क पर एक बड़ा सुन्दर और ख़ूब सजल पक्का तालाब है। यह हर्रे तालाब बनारस राजवंश का बनवाया है।

तीन ओर पक्के घाट हैं, चौथी ओर गौर घाट। हर पक्के घाट के अगल-बगल प्रशस्त दालान बने हैं, एक ओर एक राजसी बारहदरी है। आसपास सघन अमराइयों की हरियाली। थोड़े में, सैर-सपाटे के लिए यह एक बड़ा रमणीय स्थल है। और, इसी कारण बनारस के तबीयतदार लोग अक्सर यहाँ दाल-बाटी के लिए आया करते हैं।

युवा प्रसादजी

किन्तु आज जो विक्टोरिया फिटन वहाँ एक ओर खड़ी है, वह एक दूसरे ही उद्देश्य से, तीसरे पहर वहाँ गयी है। उस पर दो युवक सवार थे; एक उतरकर इधर-उधर टहलने लगा–आसपास का निगाही परताल करने लगा; दूसरा गाड़ी पर ही बैठा रहा।

ईर्द-गिर्द पेड़ों के नीचे टूटी-फूटी पुरानी मूर्तियाँ पड़ी हैं। उन्हीं को वह देख रहा है, बड़ी बारीक नज़र से देख रहा है। देखते-देखते वह एक पेड़ के नीचे पहुँचता है। वहाँ की मूर्तियाँ उलट-पुलट कर देखने लगता है। जाड़े के दिन हैं। वह शाल ओढ़े है। उसने उन टूटी-मूर्तियों में से एक को धीरे से उठाया और अपने शाल में छिपा लिया। उसकी पीठ फिटन की ओर है, जिस पर उसका साथी बैठा है।

मूर्ति-तस्कर को यह पता नहीं है कि उसके पीठ पीछे क्या हो रहा है। उन मूर्तियों का अगोरदार एक स्थानिक पुजारी यह लुकी-छिपी हथलपकी देख रहा है और धीरे-धीरे उस ओर बढ़ रहा है। गाड़ी पर बैठे युवक, जयशंकर प्रसाद, उन पुजारी महाराज की गति को भाँप रहे हैं। उन्होंने पुजारीजी का ध्यान अपनी ओर आकृष्ट किया और पास बुलाकर पहले तो उनके हाथ में एक चाँदी का सिक्का रखा, फिर उन्हें मीठी-मीठी बातों में उलझाये रहे।

जब उन्होंने ब्राह्मण देवता को बातों में उलझा रखा था, तब उसी बीच मैं अपने शाल में वह मूर्ति छिपाये आ पहुँचा और गाड़ी पर बैठ गया। उन्होंने पण्डितजी को प्रणाम किया, साथ ही कोचवान को गाड़ी बढ़ाने का इशारा भी। कोचवान ने तनिक लगाम हिलायी और घोड़े ने सरपट चाल पकड़ी।

यदि प्रसादजी ने उस दिन यह बन्धान न बाँधा होता, तो भारत कला भवन के मूर्ति विभाग में वृद्धि पीछे होती, मेरी पत पहले उतर जाती। जव फिटन डैंजरजोन पार कर गयी, तब उन्होंने मेरी चुटकी लेते हुए, अपनी ओज भरी शैली में सुनाया कि बला कैसे टली।

वह दुर्घटना : प्रसादजी की सूझ

1921 ई. की केवल दो घटनाएँ याद हैं–'मेरे बगीचे से सन्ध्या समय प्रसादजी और मैं फिटन पर उनके घर जा रहे थे। घर के बिल्कुल निकट चेतगंज की सड़क पर कई लड़के ऊधम मचा रहे थे। कोचवान गाड़ी रोके रोके, कि एक लड़का पहिये के नीचे आ गया और उसका सिर बुरी तरह फट गया। देखते-देखते भीड़ जमा हो गयी और सभी लोग कहने लगे कि गाड़ी को थाने ले चलो। उस हुल्लड़ में आहत लड़के का बाप भी था। प्रसादजी उसी की ओर केन्द्रित हुए। चट जेब से 20 रुपये निकाल कर उसके हाथ पर रखे और समझाया कि यह तो सोचो कि यदि रपट लिखाने के लिए गाड़ी को थाने ले चलोगे तो, उतनी देर में बच्चे का क्या हाल होगा। आओ बच्चे को लेकर गाड़ी पर बैठ जाओ। हम लोग तुरन्त अस्पताल चलकर इसकी चिकित्सा का प्रबन्ध करें। उसके बाद थाने ले चलोगे तो हम लोग सहर्ष चले चलेंगे। उनकी बात उसकी समझ में आ गयी और भीड़ के हो-हल्ले पर बिल्कुल ध्यान न देकर बच्चे को लिए हुए गाड़ी पर बैठ गया। उन्होंने गाड़ी अस्पताल की ओर घुमवा दी और भीड़ स्वभावत: तितर-बितर हो गयी। अस्पताल के प्रधान डॉक्टर, मेरे घरेलू डॉक्टर भी थे। उन्होंने चटपट लड़के को वार्ड में दाखिल ही नहीं कर लिया, उसकी मरहम-पट्टी भी अपनी देखरख में ठीक-ठीक करायी। ईश्वर की कृपा से कुछ ही दिनों में वह चंगा हो गया। उस दिन यदि प्रसादजी की उन्मेषशालिनी बुद्धि काम न करती तो बड़ी दिक़्क़त उठानी पड़ती।

1921 ई. की शरद ऋतु में संयोगवश मुझे मसूरी जाना पड़ा। हुआ यह कि ऊपर जिन देसाई की चर्चा हुई है उनसे मेरी भी बहुत घनिष्ठता थी। उन्हें भयंकर टाइफाइड हो गया था, अच्छे होने पर डॉक्टरों ने सलाह दी कि पूर्ण स्वस्थ होने के लिए उन्हें कुछ दिन पहाड़ जाना चाहिए। अपनी कोठी थी ही, मैंने उन्हें वहाँ भेज दिया। पीछे से एक अच्छी-ख़ासी मित्र-मण्डली जिसमें उक्त सन्तू दादा और आचार्य केशवप्रसाद मिश्र भी थे, लेकर मैं भी पहुँचा। प्रसादजी पर बहुत ज़ोर डाला, किन्तु वह सनातन प्रवास भीरू थे। मेरे अनुरोध का कोई असर न हुआ। वहाँ उनके

लिए चित्त बड़ा कचोटता रहा। सारे आनन्द में एक फीकापन व्याप्त रहा। उन्हें एक बहुत आग्रहपूर्वक पत्र लिखा, जो नीचे देता हूँ–उनका उत्तर भी बहुत पुर-बहार था, उसे भी देता हूँ–

मसूरी : 27-9-21

प्रिय–

आइए। अवश्य आइए। अनुग्रहपूर्वक आइए। कृपयापूर्वक आइए। दयापूर्वक आइए। प्रेमपूर्वक आइए। स्नेहपूर्वक आइए। प्रसन्नतापूर्वक आइए। मानपूर्वक आइए। अभिमानपूर्वक आइए। भावपूर्वक आइए। भंगीपूर्वक आइए। अदा से आइए। नखरे से आइए। नाज से आइए। अन्दाज़ से आइए। साज से आइए। आइए...आइए...

दादाजी के आग्रह से आइए। केशवजी के आग्रह से आइए। देसाईजी के आग्रह से आइए। सेठजी के आग्रह से आइए। सन्तू बाबू के आग्रह से आइए और...इस जन के आग्रह से आइए।

–वही कृ.

काशी

2-10-21

प्रियवरेषु,

एक साथ ही बहुत लोगों के निमन्त्रण और आवाहन? मैं तो घबरा गया हूँ–फिर आना भी कई प्रकार से, यह और भी समस्या? विचार उत्पन्न हो गया है, सम्भवत: न आ सकूँगा। अच्छा, कोई चिन्ता नहीं।

राय कृष्णदास साहिब — भवदीय

ऐंप्रिकाट्स, मसूरी — जयशंकर प्रसाद

–●–

8

'प्रसाद' जी की याद : 6

(कविगुरु रवीन्द्रनाथ से सम्पर्क और उनका प्रभाव)

राय कृष्णदास

हिन्दू धर्म में भविष्यवक्ताओं की एक निराली दुनिया है–जब मैं दस बरस का था, तब एक भविष्यवाणी सारे देश में व्याप उठी थी कि गंगाजी उस साल लुप्त हो जायेंगी। आज भी सामयिक पत्रों में ऐसी विभीषिकाओं का जब-तब आ जाना समाप्त नहीं हुआ है।

1922 ई. की गर्मियों में एक अफ़वाह गर्म थी कि एक ऐसी आँधी आयेगी जो दुनिया को उड़ा ले जायेगी। उसके लिए प्रमाण था, तत्कालीन ग्रह-स्थिति। उन दिनों मैं हस्तलिखित पोथियाँ संचित कर रहा था। एक विशाल पोथी-भण्डार का पता चला, जिसे हरप्रसादजी नामक एक ब्राह्मण देवता ने संगृहीत किया था। हरप्रसादजी 'प्रसादजी' के और मेरे भी सुपरिचित थे। अपनी उम्र में शौक़िया गायक थे और अद्वितीय गायक थे, रंगीन चीज़ों के।

उन्होंने यह कला बब्बीजी महाराज से प्राप्त की थी, जिनकी यह ख्याति है कि बनारस के दशाश्वमेध घाट पर गाते, जो मीलों दूर, गंगा के उस पार रामनगर के क़िले में तत्कालीन काशीनरेश महाराज ईश्वरीनारायण सिंह अपने महल में बैठे-बैठे उसका आनन्द लेते–ऐसी थी उनकी पल्लेदार आवाज़।

हरप्रसादजी पीछे से बहुत शिथिल हो गये थे। कण्ठ में स्वर नहीं रह गया था, लकवे के कारण शय्यागत हो गये थे। प्रसादजी, आचार्य केशव प्रसाद मिश्र और मेरी सलाह हुई कि प्रलय के दिन वह संग्रह देखा जाये। इससे घर के प्राणियों को जो दुश्चिन्ता होगी, उसका वृत्तान्त सुनने का आनन्द भी सन्ध्या को आयेगा।

ठीक दोपहरी में त्रिमूर्ति हरप्रसादजी के घर पहुँची। उन्हें दोहरी प्रसन्नता हुई–एक तो प्रसादजी से और मुझसे वर्षों बाद मिलकर, साथ ही इस आशा से कि उनके

ढेर के ढेर पुस्तकों के रुपये खड़े हो जायेंगे और उनके अन्तिम दिन बिना आर्थिक कठिनाई के बीतेंगे।

उनके घरवालों ने पुस्तकों के ढेर-के-ढेर बस्ते लाकर हम लोगों के सामने रख दिये। आचार्य केशवजी और उनके साथ प्रसादजी तथा मैं उन्हें खोल-खोल कर पोथियाँ देखते। तन्त्र, मन्त्र, अनुष्ठान, स्तोत्र, झाड़-फूँक और जादू-टोने के सिवा कोई भी काम की चीज़ देखने में न आयी। अन्तिम एकाध बैठन में छोटे-मोटे दार्शनिक ग्रन्थ मिले, जिन्हें केशवजी ने कुछ महत्त्वपूर्ण बताया। हरप्रसादजी को निराश करना अनुचित था अतएव हम लोग विचार करके उत्तर देने की बात कहकर विदा हुए।

बाहर आकर प्रसादजी ने गम्भीर वाणी में कहा कि ये पुस्तकें हमारे अध:पतन के उस काल की प्रतीक हैं, जब राष्ट्र की यह मनोवृत्ति थी कि कुछ करना न पड़े और सब कुछ हो जाये। उनके इस वाक्य में समाज की कर्मठता की आवश्यकता की पूरी अभिव्यक्ति है और इसका उनके तथाकथित नियतिवाद से सर्वथा असामंजस्य है।

प्रसादजी की बहुत इच्छा थी कि पारम्परिक व्यवसाय के अतिरिक्त कोई नया व्यवसाय भी करें। संयोगवश 1922 में उन्हें एक ऐसे व्यक्ति मिल गये, जिन्हें उन्होंने नये व्यवसाय के लिए उपयुक्त समझा, किन्तु उनका ऐसा समझना आंशिक रूप से ही ठीक था–ये थे गुजरात के मगन भाई देसाई। जिन सी.के. देसाई का उल्लेख कई बार हो चुका है, उनके ये सगे भतीजे थे और उनकी बीमारी में शुश्रूषा करने के लिए बनारस आये थे।

हिन्दू विश्वविद्यालय के अध्यापकों वाली बस्ती में उन दिनों बाज़ार करने की वह सुविधा न थी, जो आज है। आज तो विश्वविद्यालय के सिंहद्वार के सामने वाले भरे-पूरे बाज़ार में लोग शहर से ख़रीदारी के लिए आते हैं। उस समय गल्ला, किराना, वस्त्र तथा गृहस्थी की अन्य आवश्यक वस्तुओं के लिए अध्यापकों और उनके परिवार को शहर दौड़ना पड़ता था। यह कठिनाई दूर करने के लिए विश्वविद्यालय से अनुमति प्राप्त करके प्रसादजी ने मगन भाई से विश्वविद्यालय में दुकान खुलवाई, जिसके लिए विश्वविद्यालय ने उपयुक्त क्वार्टर दिया। वहाँ गल्ला, किराना, वस्त्र तथा लिखने-पढ़ने की सामग्री रखी गयी। अपरम्पार बिक्री होने लगी। आई.सी.एस. के भतीजे होने के कारण स्टाफ के सभी लोगों से मगन भाई का ख़ूब हेलमेल हो गया। दुकान के सामान के अतिरिक्त और आवश्यक वस्तुएँ भी वे उन्हीं से मँगाने लगे। एक दर्ज़ीखाना भी खोला गया, साथ ही शहर में विलायती सुगन्ध द्रव्यों की एक दुकान भी। यूनिवर्सिटी वाली दुकान में प्रसादजी और मैं दूसरे-तीसरे दिन अपराह्न में जाया करते। वहाँ प्राय: कोई-न-कोई प्राध्यापक या उनकी पत्नी को मौजूद पाते। मगन भाई बहुत ध्यान से उनकी आवश्यकताओं को सुनते और चुटकी बजाते उसका

प्रबन्ध कर देते। एक दिन प्रसादजी ने दुकान के दर्ज़ी को एक बड़ा अच्छा जरीदार चोगा दिया कि उसे काटकर उनके लिए जवाहर-जैकेट बना दे, किन्तु वह पुरानी कारीगरी का ऐसा अच्छा नमूना था कि उसे मैंने कला परिषद के लिए माँग लिया, आज भी कला भवन के वसन विभाग की वह एक दर्शनीय वस्तु है। कभी-कभी हम लोग अतर वाली दुकान पर भी जाया करते। जब दोनों दुकानें पूरी गतिवान हो गयी थीं तभी मगन भाई के पिता के देहान्त का दुस्संवाद गुजरात से आया। यद्यपि उनके पिता उनकी ओर से तटस्थ हो गये थे, तथापि मगन भाई के काम को एकाएक छोड़ देने वाले स्वभाव को अच्छा अवसर मिला और वह यहाँ कुछ ठीक-ठीक प्रबन्ध किये बिना बगटूट निकले।

प्रसादजी के एक निकट सम्बन्धी थे उमाप्रसाद, वह मगन भाई के सहायक नियुक्त किये गये, किन्तु न उनमें उतनी योग्यता थी न गति–काम एकदम पट हो गया और प्रसादजी की एक अच्छी रकम जो विक्रय वस्तुओं में लगी थी, वह बिल्कुल फँस गयी। अन्त में घाटा देकर उन्होंने काम बन्द कर दिया। बहुत कुशलता से उन्होंने इस घाटे से अपना पारम्परिक व्यवसाय बचा लिया, नहीं तो पुराने व्यवसाय की जो रकम इस नये व्यवसाय में फँस गयी थी, वह सुर्ती-तम्बाकू की दुकान को भी ले डूबती।

उनकी व्यवहारकुशलता

इसी प्रकरण में उनकी व्यवहारकुशलता की एक और बात याद आ गयी–

प्रसादजी के मकान के सामने जो ऊँचा विशाल मैदान था, उसकी सीमा पर एक मकान बिक रहा था। बेचनेवाला उन्हीं के मोहल्ले का एक आदमी था। वह पहले उनके पास आया और कहा कि "मकान आप ख़रीद लीजिए।" प्रसादजी सुनाया करते कि उस दिन उनकी निजी रोकड़ दो रुपये से भी कुछ कम थी। (दुकान की रोकड़ अलग रहती थी, प्रसादजी उसे छूते न थे)। उन्होंने विक्रेता से कहा–"भाई, मुझे तो इस समय नहीं लेना है।"

तब वह खुला। उसने कहा कि दूसरा ग्राहक ठीक कर चुका हूँ, अब आवश्यकता है बैनामे पर आपकी गवाही हो जाने की। उन दिनों 'हकशफा' नामक एक क़ानून चलता था, जिसके अनुसार दो सटे हुए मकानों में यदि एक बिके और दूसरे गृहपति को न मालूम हो तो उसे अधिकार था कि दावा करके वह बैनामा रद्द करा दे और उतना रुपया स्वयं देकर वह मकान प्राप्त कर ले। किन्तु बैनामे पर गवाही कर देने के बाद वह उस अधिकार से वंचित हो जाता था। प्रसादजी को उस अधिकार से वंचित करने के लिए ही विक्रेता उनके पास आया था।

प्रसादजी बहुत व्यवहारदक्ष थे ही। उन्होंने कहा कि पहले ग्राहक को मेरे पास ले आओ, मैं बातें कर लूँ तब बैनामे पर गवाही करूँगा। ग्राहक के आने पर उन्होंने उसे चेतावनी दे दी कि "यदि तुम मकान ख़रीदकर मेरी ज़मीन की ओर खिड़की, दरवाज़ा न खोलने का इकरारनामा लिख दो, तो मैं हस्ताक्षर कर दूँ अन्यथा नहीं। ख़रीददार गर्जमन्द था, उसने सहर्ष इकरारनामा लिख दिया और प्रसादजी ने भी बैनामे पर साक्षी कर दी। उनकी व्यवहारबुद्धि का यह एक प्रतिनिधि-उदाहरण है।

1922 ई. में ही प्रसादजी और मैंने यह निश्चय किया कि काशी के सब मेले देखे जायें। कई मेले हम लोगों ने देखे भी। श्रावण की कजरी तीज को बनारस के एक छोर से दूसरे छोर वाले सभी मोहल्लों में रतजगा होता है और पुरुष अपनी-अपनी मण्डली बनाकर ख़ूब कजरी गाते हैं। उनमें कितने ही आशु कवि भी होते हैं। स्त्रियों की मण्डली अलग गाना-बजाना करती हैं। इस मेले का आनन्द हम लोगों ने जगह-जगह जाकर पाँच-छह घण्टे में लिया और कई मेले भी देखे।

अगहन लगते ही जो पहला मंगलवार पड़ता है, उस दिन यहाँ 'प्याले' का मेला होता है। यह समारोह एक पैग़म्बर ख़्वाजा रिवजू के सम्मान में होता है। स्थानीय मान्यता के अनुसार ख़्वाजा रिवजू अमर हैं और सदैव मछली पर सवार होकर भगवद् भजन करते हुए नदी एवं समुद्र में घूमा करते हैं तथा जो नाव या जहाज़ संकटग्रस्त होता है उसकी रक्षा करते हैं। बनारस वाला प्याले का मेला वरुण नदी के तटवर्ती चौकाघाट पर होता है। वहाँ लोग ख़्वाजा रिवजू के नाम पर भिश्तियों से पृथ्वी पर पानी गिरवाते हैं और स्वयं नशापानी भी करते हैं। इसलिए इसे प्याले का मेला कहते हैं। मुख्यत: ताड़ी के प्याले पीये जाते हैं, साथ ही इस मेले में बाँस वाले तरह-तरह के सामान जैसे दौरा-दौरी, डोलची आदि की ख़ूब बिक्री होती है। सामान्य वर्ग के मुस्लिम और हिन्दू दोनों ही इस मेले में सम्मिलित होते हैं। मेला तीन दिन चलता है और उसका स्थान वरना से चलकर काशी के उपान्त वाले उपनगर शिवपुर में पहुँचता है। जब इसके देखने की बारी आयी, तब प्रसादजी ने कहा कि मैं न चलूँगा क्योंकि मेरे कुल में इसमें सम्मिलित होना वर्जित है। उनकी जाति वाले भाग लेते हैं, किन्तु आभिजात्य वर्ग और शैव होने के कारण उनके कुल ने इसका परित्याग कर दिया। मैंने कहा–"चलो हम लोग दूर-दूर से देखेंगे। मेले के पास नहीं जायेंगे। यह बात वह मान गये। हमारी कार मेले से कतराती हुई शिवपुर के आगे निकली, वहाँ एक निराली सड़क दीख पड़ी। मैंने कहा, चलो इसका छोर देखा जाये। छोर के पास पहुँचते-पहुँचते बहुत ही रमणीक दृश्य दिखाई दिया। एक ओर बहुत नीचे बरना बह रही थी, उसके हरे-भरे किनारे क्रमश: पहाड़ियों की तरह ऊँचे उठे हुए सड़क के बराबर पहुँचे थे। उस गाँव का नाम है, बसईपुर। उसके तत्कालीन ज़मींदार का जो

शहर में रहते थे वहाँ एक घरौंदे सरीखी सुदर्शन बंगलिया थी और उसके पास ही एक स्वच्छ तालाब, पास में हरी-भरी अमराई। वह स्थान हम लोगों को ऐसा पसन्द आया कि मोटर से उतरकर कुछ देर वहाँ टहलते रहे और निश्चय हुआ कि एक दिन यहाँ सैल (पिकनिक) हो।

'आँसू' प्रेम के देवता की अर्चना

जुलाई, 1922 ई. में उन्होंने आचार्य केशवप्रसाद मिश्र और मुझसे कहा–"इधर दस-बारह दिन पहले एक नयी चीज़ पूरी की है, जिसे तुम लोगों को अथ से इति तक सुनना है।"

उन दिनों केशवजी अपने घर के बिल्कुल पास इटावा निवासी अपने एक सम्पन्न मित्र की बड़ी-सी हवेली के एक अंश में रहते थे। हवेली के सन्निकट एक सुन्दर बैठक थी, जिसमें वह अध्ययन और अध्यापन किया करते। बैठक के सामने एक छोटी-सी बगीची थी जिसमें बेला, चमेली आदि सुगन्ध वाले देशी फूलों के क्षुप लगे थे और था अशोक बीरो का एक ऊँचा, पूरा पेड़। अशोक बीरो संस्कृत साहित्य के अशोक और रक्ताशोक से भिन्न है। इसका तना बिल्कुल सीधा ऊपर जाता है और कुछ ऊँचाई पर सीधी-सीधी डालें चतुर्दिक व्याप्त हो जाती हैं। डालें क्रम से छोटी होती हुई पूरी ऊँचाई पर पहुँचकर एक शिखर का आकार बना देती हैं। उनमें लम्बी हरी-हरी लहरदार पत्रावली की ऐसी सघनता होती है कि देखते ही बनता है। शुभ अवसरों पर इन पत्तों का बन्दनवार बनाकर द्वारों पर बाँधा जाता है, जो अपने लहराव से मंगलमय के उल्लास को मूर्तिमान कर देता है। ऐसे कमनीय अशोक बीरो ने उस बगीची की शोभा में चार चाँद लगा दिये थे। उसी के नीचे केशवजी ने तीन कुर्सियाँ लगवाईं और प्रसादजी ने दो-चार शब्दों में परिचय देते हुए समग्र आँसू को ऐसी मस्ती और तन्मयता के साथ सस्वर सुनाया कि हम लोग झूमने लगे। यद्यपि आँसू का वस्तु (थीम) ऐहिक है या आध्यात्मिक, इस पर बहुत कुछ लिखा गया है, तथापि खेद के साथ कहना पड़ता है कि उसमें का अधिकांश आत्मनिष्ठ है, न कि वस्तुनिष्ठ। प्रसादजी की रचनाओं में गहरी पैठ रखने वाले और उनके आध्यात्मिक पक्ष को 'हिय' के विमल विलोचन से निरखने वाले डॉ. राजेन्द्रनारायण शर्मा (काशी के विख्यात होमियोपैथ) जो प्रसादजी के पिछले दिनों में उनके विशेष वात्सल्य भाजन रहे हैं, थोड़े शब्दों में आँसू के तत्त्व पर जो कुछ कहा है, उसके मुक़ाबले में किसी की कोई उपज व तर्क बिल्कुल ठहर नहीं सकते–

"प्रेम लिंग-भेद से परे है–भगवान की भाँति, क्योंकि वह अनिर्वचनीय प्रेमस्वरूप कहे गये हैं। 'वाच्य वाचक भेदन भवानेव जगन्मय:।"...आँसूकार के जीवनकाल

में ही उनसे पूछा गया कि आप अपने रहस्यमय घूँघट और अंचल वाले प्रियतम का नाम बतलाइए। **(शशि-मुख पर घूँघट डाले, अचंल में दीप छिपाये। जीवन की गोधूली में, कौतूहल-से तुम आये॥)**

बोले–"आँसू प्रेम के देवता की अर्चना है। प्रेम अपनी माया-विग्रह से अनन्त रमणीय रूप धरता है। उसे न स्त्री कहा जा सकता है न पुरुष, न कोमल कहा जा सकता है–न परुष।"

उन्होंने पास ही रखी हुई राजेन्द्रजी वाली आँसू की प्रति पर ये पंक्तियाँ अपने हाथ से लिख दीं–

'ओ, मेरे प्रेम बता दे-तू स्त्री है या कि पुरुष है?
दोनों ही पूछ रहे हैं, कोमल है या कि परुष है।'

राजेन्द्रजी की उक्त सारगर्भित सूक्ष्म व्याख्या इन दो वाक्यों के साथ पूर्ण हो जाती है–

"उक्त पंक्तियों की मीमांसा व्यर्थ है। उनके प्रकाश में आँसू के लक्ष्य, आराध्यदेव कौन हैं, सहृदयों के लिए खोज व रहस्य का विषय नहीं रह जाता।"

'आँसू' के सम्बन्ध में कुछ और भी उल्लेख्य है–

जैसा ऊपर कहा गया है, यह असन्दिग्ध है कि 'आँसू' की रचना 1922 ई. में हुई, जब प्रसादजी के मन में अपने प्रथम दाम्पत्य जीवन के, जो 1916 ई. की बरसात में समाप्त हुआ और द्वितीय दाम्पत्य जीवन के, जो 1919 ई. में समाप्त हुआ, किसी दुखद स्मृति का कोई अवशेष न था। 1917 ई. वाले विवाह की चर्चा ऊपर हो चुकी है। जब उस समय उनके हृदय में 1916 ई. की कोई पीड़ा नहीं रह गयी थी तब आगे के वर्षों में उसका प्रश्न ही नहीं उठता। दूसरी पत्नी के जाने पर उन्होंने तीसरी बार घर बसाया और उनके इस दाम्पत्य जीवन पर पहले के दोनों दाम्पत्य जीवनों की कोई उदास छाया कम-से-कम मुझे तो कभी न दीख पड़ी। बिल्कुल सामान्य दाम्पत्य जीवन चल रहा था और 1-1-22 ई. को चि. रत्नशंकर के जन्म में, यदि कहीं कोई दुराहित उदासी छिपी रही हो, तो उसे भी निःशेष कर दिया था। 'आँसू' की रचना उसके महीनों बाद हुई, अतएव यह प्रश्न ही नहीं उठता कि उनके आँसू पोंछने के लिए भाई मैथिलीशरण ने कुछ देर गुनगुना कर यह पद बना दिया–

जो घनीभूत पीड़ा थी मस्तक में स्मृति-सी छायी
दुर्दिन में आँसू बनकर वह आज बरसने आयी।

और उनसे इसी राह पर चलने की स्वीकृति उपलब्ध कर ली।

इस सम्बन्ध में यह भी कथ्य है कि मैथिलीशरण की पद-योजना सर्वथा भिन्न थी और उक्त शैली वाला उनका एक भी छन्द खोजे न मिलेगा।

एक बात और—उक्त छन्द में 'स्मृति-सी–' पद मात्र उपमान है, इसके अतिरिक्त उसकी कोई इयत्ता नहीं। अत: उस पर जो बहुतेरे ऊहापोह किये गये हैं, वे निरर्थक हैं।

रवीन्द्र बाबू से भेंट

1922 के नवम्बर के अन्तिम सप्ताह में कविगुरु रवीन्द्रनाथ ठाकुर कुछ दिन एकान्तवास के लिए काशी आये, वह जहाँ टिके, वह विशाल उद्यानगृह मेरे बगीचे से कुछ ही दूरी पर था। कविगुरु बिल्कुल विश्राम चाहते थे, केवल उन्हीं से मिलते थे, जिनसे सम्बन्ध रहता था। मैं हर दूसरे-तीसरे दिन उनके पास जाया करता।

कला भवन में उन्हें रस था और उसके आजीवन सभापति थे। अधिकतर कला और संगीत की चर्चा हुआ करती। उन दिनों उन्हें शान्तिनिकेतन के लिए एक संगीत-शिक्षक की आवश्यकता थी। मुझसे कहा, "तुम्हारी जानकारी में कोई अच्छा आदमी हो तो दो।"

उन दिनों काशी में एक संगीताचार्य थे, मुनीम लक्ष्मणदास, वह हारमोनियम पर सरोद की गातें बजाते थे और ग़ज़ब की बजाते थे, कण्ठ-संगीत में भी प्रवीण थे। मेरे बड़े निकटवर्ती और घनिष्ठ मित्र थे। मैंने उन्हें रवि बाबू के यहाँ उपस्थित किया, उनका हारमोनियम सुनकर वह बहुत मुग्ध हुए। कहने लगे, "हारमोनियम का ऐसा संगीत तो कभी नहीं सुना।" किन्तु हारमोनियम शान्तिनिकेतन में वर्जित था, इस कारण मुनीमजी की नियुक्ति न हो सकी।

एक दिन मैंने उनसे कहा कि शास्त्रीय संगीत की जो चार पद्धतियाँ—(1) ध्रुपद-धमार, (2) ख्याल, (3) टप्पा और (4) ठुमरी प्रचलित हैं, उनमें अपने-अपने काल के आश्रयदाता मुग़ल-सम्राटों और उनके परवर्ती नवाबों की रुचि तथा क्रमिक सत्ता ह्रास का पूरा प्रभाव मुखरित होता है।

कविगुरु रवीन्द्रनाथ ठाकुर

ध्रुपद-धमार अकबर, जहाँगीर और शाहजहाँ के दरबारों का गान था। इन तीनों सम्राटों की गम्भीर सुरुचि और शक्तिमत्ता के अनुरूप ध्रुपद-धमार की गायकी है। संगीत में औरंगज़ेब को कोई रुचि थी ही नहीं, इसके बाद ही मुग़लों का ह्रास-काल आरम्भ हो जाता है। कई अल्पकालीन सम्राटों के बाद मुहम्मद शाह का काल आया, जो 28 वर्ष चला। यद्यपि मुग़लई प्रभुशक्ति उस समय बिल्कुल विचलित हो गयी थी, तथापि वैभव और रुतबा बाहरी रूप में

बहुत कुछ बना रह गया। मुहम्मदशाह रंगीली तबीयत के थे, उनका नाम ही लोक में मुहम्मद शाह रंगीला चलता था। ऐसे व्यक्ति को ध्रुपद-धमार के गम्भीर संगीत में क्या रुचि हो सकती थी। यह स्वाभाविक था कि उस समय के संगीताचार्य किसी ऐसी पद्धति का सृजन करें, जो मुहम्मदशाह को रुचिकर हो। संगीत की ख्यालपद्धति के दो रूप पहले से चले आ रहे थे। पहले ख्याल शब्द की व्याख्या आवश्यक है : आजकल सबके मुँह से यह शब्द 'खयाल' के रूप में निकल रहा है, किन्तु वस्तुत: ख्याल शब्द संस्कृत के 'केलि' शब्द से व्युत्पन्न है; जिस संगीत में स्वरों का केलिकलाप प्रधान हो, अर्थात् तरह-तरह की तानें हों, उसे ख़याल नाम दिया गया। बृजभाषा कविता में केलि के लिए ख़याल शब्द का बहुल प्रयोग मिलता है।

भारतीय संगीत का रूप सँवारा

अमीर ख़ुसरो ने जिस प्रकार हिन्दी भाषा का निर्माण किया, बीन से सितार बनाया, मृदंग से तबला बनाया, उसी भाँति क़व्वाली नामक सूफी संगीत को भारतीय संगीत का रूप देकर क़व्वाली वाणी का ख़याल प्रचलित किया, जिसे आजकल छोटा ख़याल कहने लगे। जौनपुर के हसन शाह शर्की ने जो भारतीय संगीत में एक प्रतिभा थे, कई नये राग तो बाँधे ही, ध्रुपद को आधार बनाकर उसमें तानों की रंगत चढ़ाई। यह हुआ ध्रुपद वाणी का ख़याल जिसे आजकल बड़ा ख्याल कहने लगे।

यद्यपि ये दोनों पद्धतियाँ लोक में चल रही थीं, तथापि पूर्ववर्ती मुग़ल सम्राटों की गम्भीर रुचि के कारण शाही दरबार में प्रवेश न पा सकी थीं। अब मुहम्मद शाह के रंगीले स्वभाव के कारण उन कलावन्तों ने जो स्वयं ध्रुपद के गायक थे, इन दोनों शैलियों को विकसित कर गाज़ीपुर के दो युवकों को जो अपने रंगीलेपन के कारण दिल्ली जा पहुँचे थे, ख़याल पद्धति का शिक्षण दिया। यही थे सदारंग और अदारंग, जिन्होंने मुहम्मद शाह के दरबार में ख़याल को चमका दिया। पुरविया होने के कारण उनकी रचनाओं में हेलवा, गैलवा आदि भोजपुरी के प्रयोग मिलते हैं। पूर्ववर्ती ध्रुपद बृज भाषा में हैं। यहाँ यह कह देना आवश्यक है कि उन दिनों के संगीतकार कवि भी होते थे।

मुहम्मदशाह के कुछ ही बाद सामन्त शाही का ज़माना चमका। मुग़ल साम्राज्य का एक वज़ीर अवध का पूरा इलाक़ा हस्तगत करके नवाब वज़ीर की पदवी के साथ वहाँ का स्वतन्त्र शासक हो गया। तीसरे नवाब वज़ीर आसफुद्दौला के समय में मियाँ शोरी नामक पंजाब के एक बहुत बड़े गायक उनके दरबार में आये। उनके गले में कुछ ऐसी बात थी कि स्वर दानेदार होकर निकलते थे, सम्भव है कि पंजाब में लोकसंगीत के रूप में यह दानेदार गायकी चलती रही हो। आसफुद्दौला को यह पद्धति बहुत रुची और उनके दरबार में इस पद्धति ने रंग जमा लिया, उसका नाम है

टप्पा शैली। पंजाबी होने के कारण मियाँ शोरी की सब रचनाएँ पंजाबी भाषा में हैं। उन्होंने अपने कई टप्पों में आसफुद्दौला का विरुदगान भी किया। यह टप्पा बहुत लोकप्रिय हुआ और दर-दर तक रंगीन गान बन गया, किन्तु ध्रुपद-धमार से ख़याल की श्रेणी हलकी है, वैसे ही ख़याल से टप्पे की श्रेणी।

फिर अंग्रेज़ों ने अवध के नवाब वज़ीरों को अपनी कठपुतली बनाकर नाममात्र का बादशाह बना दिया। इन नाममात्र के अवध के बादशाहों में अन्तिम थे वाजिद अली शाह, जिनका अधिकांश समय राग-रंग में बीतता था। उनके समय में ठुमरी का ख़ूब रंग जमा। ठुमरी में स्वरों द्वारा हल्के-फुल्के और सामान्य शृंगारिक भावों को स्वर द्वारा व्यक्त करने की विशेषता है, जो वाजिद अली शाह के समय की विलासमय तबीयतदारी का प्रतिबिम्ब है।

रवि बाबू मेरे इस विश्लेषण पर चमत्कृत हुए, कहने लगे कि ध्रुपद की गम्भीरता का क्या कहना। जिसने उत्तम ध्रुपद का रसास्वादन किया है, उसे कोई संगीत नहीं रुच सकता।

इसी प्रकार की अनेक बातें उनसे हुआ करतीं। यहाँ उनके व्यक्तित्व के विषय में कुछ कहना आवश्यक जान पड़ता है—भगवान ने उन्हें अतुल्य प्रतिभा के साथ-साथ अतुल्य रूप भी प्रदान किया था। अत्यन्त गौर वर्ण, उन्नत ललाट, सुनास नेत्रों के सौन्दर्य का क्या कहना? सदैव सस्मृत रहते। केश राशि किंचित घुँघराली थी। भव्य शुभ दाढ़ी से वह आर्य प्रजाति के एक तेजोमय उदाहरण थे।

बाल्यावस्था से उनमें ऐसी सुकुमारता थी कि लोग उन्हें कन्या समझते। एक बार उन्हें कन्या वेश में उनके पिता ने कुछ मित्रों के सामने उपस्थित किया और पूछा, 'बताइए यह लड़का है या लड़की?' बंगाल में एक धारणा है कि यदि कन्या किसी सीढ़ी पर उतरती है तो पहले बायाँ पाँव रखती है तब दाहिना पाँव। उन मित्रों ने जब किशोर रवीन्द्र से वैसा पद-न्यास करने को कहा तब उन्होंने पहले बायाँ पाँव ही आगे रखा। तब उनका यह निर्णय करना स्वाभाविक था कि वह कन्या है।

मूर्तिमती कविता के स्वरूप

उनकी वाणी बड़ी मधुर थी, मानो मधु प्रवाहित हो रहा हो। जब वह अपनी कविता वा नाटक पढ़कर सुनाते तब उनके स्वर में भाव के अनुकूल ऐसे परिवर्तन होते रहते कि सारी कविता मूर्तिमती होकर श्रोता के हृदय में प्रविष्ट हो जाती। इसी प्रकार नाटक का सारा अभिनय भी प्रकट हो जाता।

कुछ लोगों की यह धारणा थी कि उनकी सारी रहनी नितान्त कृत्रिम थी, सर्वथा निर्मूल है। उनका जीवन सौन्दर्यमय था। उनकी वेषभूषा, रहन सहन, बोलचाल, सब में रस और सौन्दर्य ओत-प्रोत या। क्षण मात्र के लिए भी उनके जीवन में इसकी

विसंगति नहीं होती थी। उनका प्रत्येक वाक्य कवित्वमय होता था। यही अभिलाषा होती कि उन्हें सुनते जायें, सुनते जायें।

उनका सौन्दर्यबोध कितना उच्च और बारीक था, इसके उदाहरण में एक घटना याद आती है। एक बार वह महामना मालवीयजी के अतिथि होकर हिन्दू विश्वविद्यालय में आये। दोनों मनीषियों के वार्तालाप सुनने का सुयोग मुझे प्राप्त हुआ। बात विश्वविद्यालय में संगीत विभाग की स्थापना विषयक चल पड़ी। मालवीयजी महाराज ने कहा कि मैं एक ऐसा हॉल बनाना चाहता हूँ कि उसमें जिस समय का अथवा जिस ऋतु का राग गाया जाये, उसका दृश्य एक बटन दबाते ही उस हॉल में उपस्थित हो जाये, जैसे भैरवी गाते समय प्रात:काल का समय और मल्हार गाते समय वर्षा की बहार। कवीन्द्र ने उन्हें सम्बोधित किया, 'नहीं महामनाजी, राग का यह प्रभाव होना चाहिए कि वह चाहे जिस भी वातावरण में गाया जाये अपने समय का, अपनी ऋतु का समां बाँध दे।' उनका यह दृष्टिकोण उनकी उच्च रुचि और कलात्मकता का स्पष्ट परिचय देता है।

साहित्य-सृजन के साथ-साथ उन्होंने संगीत की भी एक अपनी शैली निर्माण की थी। उसमें प्रसिद्ध ठुमरी-गायक मुइजुद्दीन खाँ की कुछ रंगत तो उन्होंने ग्रहण की थी ही, बंगाल के रमते राग भक्तों के एकतारा बजाते हुए भक्तिविभोर भजनों से, जिसे बंगला में 'बाउल गान' (अर्थात प्रेम के बावले का गान) कहते हैं, उन्होंने बहुत-कुछ आत्मसात किया, साथ ही उनकी प्रतिभा भी उनके गाने में व्याप्त है।

हृदयस्पर्शी निराली शैली के चित्र

इसके अतिरिक्त उन्होंने एक निराली शैली के चित्र भी अंकित किये। यद्यपि बचपन में उन्हें चित्रों की कुछ शिक्षा मिली थी, तथापि उन्होंने उस ओर कुछ ध्यान नहीं दिया। जब वह बिल्कुल पके आम हो गये थे, तब उनमें का वह किशोर चित्रकार उद्बुद्ध हुआ और अनेक चित्र उन्होंने बना डाले। इन चित्रों की कलात्मकता पर विभिन्न दृष्टिकोण है। जो हो, इतना तो निर्विवाद है कि उनके कुछ अंकन में एक ऐसी सजीवता है, जो हृदय को स्पर्श करती है।

उनके सम्बन्ध में एक धारणा यह भी है कि वह सर्वथा आत्मकेन्द्रित थे। इसमें सन्देह नहीं कि अपनी रचना के अतिरिक्त वह दूसरों की रचना, कम-से-कम बंग भाषा की रचना कभी नहीं देखते। एक बार जब उनके हाथ में शरत बाबू का एक लघु उपन्यास पढ़ने के लिए दिया गया, तब उसे उन्होंने पढ़ा और खुले हृदय से स्वीकार किया कि बंगला में ऐसी संवेदनशील कृति भी है। वास्तविकता यह है कि रवि बाबू की प्रतिभा सदैव एक ऐसे धरातल पर रही, जो जनसमुदाय के लिए बहुत ऊँचा था। इसके विपरीत शरत बाबू सदैव समाज के जीवन में ओत-प्रोत रहे और

समाज के छाया-आलोक (शेड एंड लाइट) का जैसा वास्तविक, साथ ही भावपूर्ण चित्रण किया है वह उन्हीं का हिस्सा था। मैंने जब रवि बाबू की 'कुमुदिनी' को पढ़ा, तब यह प्रतिक्रिया हुई कि मानो वह कह रहे हैं कि मैं उस धरातल पर भी चल सकता हूँ जिस पर शरत चल रहे हैं।

अपनी किशोरावस्था में उन्होंने 'भानुसिंघेर पदावली' नामक एक अपना कविता-संग्रह निकाला था। बंगाल में चैतन्य महाप्रभु के बाद एक ऐसी बंग-भाषा में भक्तिपूर्ण कविता की रचना हुई, जो बृज-भाषा के बहुत निकट थी। यह भाषा 'बृज-बुली' संगीत हुई। भानु सिंह के छद्मनाम से रवि बाबू ने इसी 'बृजबुली' में रचना की थी, किन्तु इसमें 'को' 'में' 'पर' 'सो' आदि हिन्दी की ऐसी विभक्तियों का प्रयोग है, जो बृजबुली में नहीं मिलता। आचार्य क्षितिमोहन सरीखे हिन्दी ज्ञाता उनके दाहिने हाथ थे। उनकी ही सहायता से उन्होंने कबीर के 100 पदों का अंग्रेज़ी अनुवाद किया। उनका हिन्दी न सीखना उन्हीं के शब्दों में सचमुच एक दुर्भाग्य था।

सच्चे स्वामी की प्राप्ति

इसके अतिरिक्त रवि बाबू ने तुलसी पर एक कविता भी लिखी जिसका शीर्षक है 'स्वामी लाभ'। गोस्वामीजी के सम्बन्ध में एक दन्तकथा प्रचलित है कि एक दिन किसी युवक की अर्थी लिए हुए उसके स्वजन श्मशान की ओर जा रहे थे, साथ में सती होने के लिए उसकी पत्नी भी पूर्ण सौभाग्यवती का शृंगार करके जा रही थी। दूसरी ओर से गोस्वामीजी आ रहे थे। उस वियोगिनी ने उनके चरण छुए और आशीर्वाद पाया–'सौभाग्यवती रहो'। लोगों ने गोस्वामीजी को बताया कि यह तो सती होने के लिए जा रही है। बिना कुछ कहे गोस्वामीजी अपनी राह चले गये। जब शव चिता पर रखा गया, तब वह कुलबुलाया और उठने की चेष्टा करने लगा। पाया गया कि वह सजीव है और इस प्रकार गोस्वामीजी का आशीर्वाद सफल हुआ।

रवि बाबू ने इसे अपने रूप में ढालकर लिखा है कि उन्होंने उस सती को आश्वासित किया कि घर लौट जाओ, मैं कह रहा हूँ कि एक मास के भीतर तुम्हें तुम्हारे पति मिल जायेंगे।...निर्जन भवन में वह नारी शुद्धचित्त होकर रहने लगी, तुलसी प्रतिदिन उसे न जाने क्या उपदेश देते रहे, वह दिन-रात एकाग्रचित्त से ध्यान करती रही। मास पूर्ण होते ही पड़ोसियों ने आकर उससे पूछा, 'क्या तुम्हें स्वामी मिल गये?' नारी ने सस्मित उत्तर दिया, 'उनको (इसमें ईश्वर की 'ध्वनि' भी है) पा लिया', आतुर होकर पूछा, 'तब बताओ वह किस घर में है?' नारी का उत्तर था–'प्रभु मेरे अन्तर में ही निरन्तर निवास करते हैं।'

ऐसा जान पड़ता है कि महाकवि की इस रचना में अन्यमनस्कता है। उनकी उच्च रहस्यमय प्रतिभा के चमत्कार का इसमें अभाव है।

स्वतन्त्र भारत के लिए प्रार्थना

देश के प्रति, राजनीतिक आन्दोलन में भाग न लेने पर भी उन्हें अगाध प्रेम था और वह भगवान से यही प्रार्थना करते हैं कि 'मुझे उस लोक में जाग्रत करो जिसमें प्रत्येक मानव अपना सिर ऊँचा करके चल सके–यह प्रार्थना स्वतन्त्र भारत के लिए है। जलियाँवाला बाग के कायर और नृशंस हत्याकाण्ड के बाद उन्होंने वस्त्र पर लगे हुए तिनके के समान (के.सी.एस.आई.) पदवी का परित्याग कर दिया। मेरे एक बड़े पारखी मित्र थे स्व. शिवलाल पानाचन्द शाह आई.सी.एस.। वह सदा रस से ओत-प्रोत रहते। रवि बाबू के पदवी-त्याग पर उन्होंने कहा कि वास्तविक कवि परिस्थिति को पकड़ता है और उसके अनुकूल अपने पात्र से काम कराता है। अमुक परिस्थिति में अमुक पात्र को अमुक कार्य करना चाहिए व अमुक बात कहनी चाहिए। इसकी सफलता ही में रचयिता की सफलता है। कविवर ने वही कार्य अपने जीवन में कर दिखाया। उनकी पैनी दृष्टि ने देश की विषम परिस्थिति को निरखा और उससे व्यथित होकर अपनी पदवी ठुकरा दी।

महामनाजी के नाम उनके कई पत्र कला भवन में सुरक्षित हैं, जिसमें उन्होंने देश पर हो रहे अत्याचार की ओर ध्यान दिलाते हुए उनसे अनुरोध किया है कि वह उसका प्रतिकार करें। उन्होंने दो राष्ट्रीय गीत भी लिखे हैं; एक तो 'अयि भुवन मनमोहिनी' दूसरा 'जन-मन-गण अधिनायक जय हे भारत भाग्यविधाता।' शेषोक्त गीत 'वन्दे मातरम्' के साथ-साथ आज हमारा राष्ट्रीय-गान है। किन्तु कई अन्वेषणकर्ताओं ने प्रमाण उपस्थित करते हुए यह कहा है कि रवि बाबू ने यह गान 1911 ई. में सम्राट् जॉर्ज पंचम के स्वागतार्थ लिखा था, जब वह यहाँ दिल्ली दरबार करने आये थे। 'अयि भुवन मनमोहिनी' के विषय में एक सूक्ष्मदर्शी आलोचक की यह आपत्ति है कि ऐसे विशेषण मातृभूमि के लिए अनुचित हैं।

इस प्रसंग में मुझे अज्ञेयजी के इस वाक्य ने बहुत प्रभावित किया कि 'जिस आन्दोलन ने 'भारतीयता' को फिर गौरव की वस्तु बनाया, वह मूलत: राजनीतिक आन्दोलन था–गांधी का, रवीन्द्रनाथ का सांस्कृतिक आन्दोलन भी उसका मुँह जोहने को बाध्य हुआ, उसका शक्तिस्रोत नहीं बना।' रवीन्द्र बाबू की शैली के विषय में भाई मैथिलीशरण ने एक बड़ी अच्छी बात कही थी। रवि बाबू का पहनावा बड़ा भारी-भरकम रहता, चौड़ी मोहरी का पाजामा या चुनी हुई रेशमी धोती, तन पर लम्बा कुर्ता या जापानी ढंग की चौबन्दी और सबके ऊपर लम्बा चोगा, सिर पर सूफ़ियों की-सी ऊँची टोपी। उनकी शैली भी इसी प्रकार बोझिल है जबकि शुभ्र कोपीन और शुभ्र उत्तरीय धारी बापू की शैली उनके निर्मल परिधान के अनुरूप निर्मल और हृदय में बैठ जाने वाली रहती है।

–•–

9
'प्रसाद' जी की याद : 7

(ग्राम्य जीवन पर 'तितली' का निर्माण : साहित्यिक चक्रव्यूह में अडिग)

राय कृष्णदास

कला और संस्कृति की विशिष्ट छाप

रवीन्द्र बाबू का सबसे बड़ा कार्य शान्तिनिकेतन की स्थापना कहा जा सकता है। उन्होंने महावरेण्य ऋषियों के आश्रमों का प्रतीक तो निर्माण किया ही, साथ ही गुप्तकालीन कला और संस्कृति को भी पुनर्जीवित करके भारत की युवा पीढ़ी को उसके प्रति संवेदनशील बनाया और उसका नाता हमारे गौरव तुल्य अतीत से जोड़ दिया। वहाँ की प्रत्येक ऋतु का आगमन, प्रत्येक वृक्ष का प्रथम पुष्पित होना एक समारोह का प्रसंग होता और शिक्षा कमरों में न बैठकर उन्हीं वृक्षों तले हुआ करती। उन्होंने चित्राचार्य नन्दलाल बोस, संस्कृत के प्रकाण्ड विद्वान विधुशेखर शास्त्री भट्टाचार्य, आचार्य क्षितिमोहन सेन, आचार्य हजारी प्रसाद द्विवेदी, दीनबन्धु एंड्रूज तथा अनेक देशी और विदेशी मनीषियों की एक टोली निर्माण कर ली थी, जो घड़ी के पुर्जों की भाँति अपना-अपना कार्य सम्पन्न करते। वहाँ से जो छात्र निकलते, कला और संस्कृति की एक छाप लेकर निकलते।

बापू का रवि बाबू के प्रति इतना सद्भाव था कि वह एक बार शान्ति निकेतन का अर्थ-कष्ट दूर करने के लिए अपनी नाटक-मण्डली लेकर दिल्ली गये, तब 75,000 रुपये की आवश्यकता थी। जब यह समाचार बापू को विदित हुआ, तब वह बहुत दुखित हुए और उन्होंने श्री घनश्यामदास बिड़ला को लिखा कि कविगुरु को अपना विशाल लक्ष्य पूरा करने के लिए अर्थाभाव के कारण इस मार्ग का अवलम्बन देश के लिए कितना लज्जाजनक है। बिड़लाजी ने बापू की आज्ञा पाते ही कविगुरु को यह धनराशि अर्पित कर दी।

गुप्तकाल की संस्कृति से वह ऐसे प्रभावित थे कि एक बार अपनी नाटक मण्डली, जिसमें वह स्वयं भी अभिनय करते थे, लेकर पटना गये। उस अभिनय को देखकर काशीप्रसाद जायसवाल ने कहा था कि 'कविवर आपने तो गुप्तकाल को प्रत्यक्ष उपस्थित कर दिया।'

एक बार मुझे उनकी आध्यात्मिकता का दर्शन हुआ। कलागुरु अवनीन्द्रनाथ ठाकुर और उनके ज्येष्ठ भ्राता, अन्यतम व्यंग्य चित्रकार गगनेन्द्रनाथ ठाकुर से मिलने उनकी विशाल हवेली में गया। जब कलकत्ता जाता तब उनके यहाँ जाना मेरे लिए एक तीर्थ-सा था। पूरा समाज एक विशाल कमरे में एकत्र था, उसी समय रवि बाबू ने प्रवेश किया जिसे सारी मण्डली ने बड़े आदर से लिया। वह कुछ बोले नहीं, एक कुर्सी पर बैठ गये। उस समय भावावेश में थे, आँखें मूँदकर और हाथ बाँधकर ध्यानस्थ हो गये। बीच-बीच में उनके सम्पुटित करतल अन्तरिक्ष की ओर उठ जाते और कुछ देर तक उसी स्थिति में रहते। फिर बिना कुछ बोले-चाले वह चले गये। मेरे संग पं. केदारनाथ पाठक भी थे, जिनकी रवि बाबू पर बड़ी श्रद्धा थी। जब हम लौटे तब मैंने उनसे कहा कि 'आपने देखा : वह ब्रह्मानन्द में कैसे निमग्न थे।' तब कहीं उनको यह बात समझ में आयी कि वह रवि बाबू थे। उनका चरणस्पर्श न करने का पाठकजी को विशेष पछतावा रहा।

काशी के उक्त एकान्तवास में कला परिषद के सम्बन्ध में चर्चा हुआ करती। उन्होंने परामर्श दिया कि वहाँ का संगीत विभाग बन्द कर दो, अपनी सारी शक्ति संग्रह कार्य में लगाओ। एक दिन मैं उस्ताद रामप्रसाद को उनके पास ले गया कि वह अपनी शबीह बनवा दें। उसकी स्वीकृति देकर वह सौम्य मुद्रा में बैठ गये। उस्ताद रामप्रसाद ने जो शबीह लगाई उसमें सौम्य रूप का अच्छा दर्शन मिलता है। विलायत में सर डब्ल्यू. राथन्सटीन ने उनकी जो शबीह लगाई थी वह अब कला भवन संग्रह में है, उसमें उनकी झाँकी भगवान को 'गीतांजलि' अर्पित करते हुए दीख पड़ती है।

रवि बाबू ने अपना एक फ़ोटोग्राफ़ भी मुझे दिया। मैंने निवेदन किया कि इस पर बंगला लिपि में हस्ताक्षर कीजिए। उन्होंने कहा कि हस्ताक्षर देने में तो मुझे हर्ष हुआ ही, उससे अधिक हर्ष इस बात का हुआ कि तुमने बंग लिपि में हस्ताक्षर माँगा। बहुत कम लोग मेरे बंगला हस्ताक्षर के इच्छुक होते हैं।

बंग भाषा और बंग लिपि पर उनका बड़ा नाज था। इतने लम्बे वाग्जाल के उपरान्त अब प्रकृत प्रसंग पर आता हूँ–

कुछ आलोचकों का यह कथन कि प्रसादजी पर रवि बाबू का प्रभाव है, सर्वथा अनर्गल है। यद्यपि प्रसादजी ने बंग भाषा सीखी अवश्य थी और उसका कुछ साहित्य भी देखा था, तथापि जब उन्होंने पाया कि मैं अपने लिए 'जो पथ बना रहा हूँ, उससे

बहक जाऊँगा, तब बंगला साहित्य का पढ़ना ही नहीं छोड़ दिया, उस भाषा को भी बिल्कुल भुला दिया।'

हर एक भाषा की अपनी विशेषता

एक दिन प्रसादजी से मैंने कहा कि रवि वाबू यहाँ एकान्तवास कर रहे हैं उनसे मिलने चलेंगे? उन्होंने मेरा प्रस्ताव सहर्ष स्वीकार किया और मैंने कविगुरु को एक पत्र लिखकर इसके लिए समय माँगा। यह 9-12-1922 की बात है। उन्होंने सन्ध्या का समय दिया। हम लोग वहाँ गये। प्रसादजी को उन्होंने बड़े प्रेम से लिया और जब मैंने उनसे प्रसादजी का गुणगान किया तब प्रसन्न हो गये किन्तु हिन्दी के सम्बन्ध में वह सदा उदासीन रहे। साहित्य के विषय में प्रसादजी से उनकी कोई विशेष जिज्ञासा न थी। उस समय कविगुरु ने मौक़े की बात केवल इतनी कही कि 'हर एक भाषा की अपनी-अपनी एक विशेषता होती है। हिन्दी में 'हट' और 'पन' प्रत्यान्त शब्द जैसे घबराहट, लड़कपन बंगला में नहीं हैं और यह अभाव हम लोगों को बहुत खटकता है, किन्तु एक भाषा का परिधान दूसरी भाषा नहीं पहन सकती। यदि कोई बंगाली पंजाबी पोशाक पहन ले व कोई पंजागी बंगला पोशाक पहन लें, तो वह कैसा दीखेगा?' थोड़ी देर बाद हम लोग लौटे और मार्ग में मैंने उनसे यह कहा कि हर भाषा में शब्द ऊपरले और निचले दोनों स्तरों से बनते है जैसे 'जनता' शब्द उच्च स्तर से बना है और 'पैर गाड़ी' सामान्य स्तर से (उन दिनों साइकिल को पैर गाड़ी कहा जाता था)।

प्रत्युत्पन्नमति

1925 ई. के दिसम्बर में कांग्रेस का अधिवेशन था। वहाँ मैंने खादी पहनने का व्रत लिया। 26 के प्रथम सप्ताह में घर लौटा और प्रसादजी को भी खादी-धारण के लिए सहमत कर लिया। उन्होंने बड़े उत्साह से खादी पहननी आरम्भ कर दी। आरम्भ करने के दो-चार दिन बाद वह माघ में त्रिवेणी-स्नान करने के लिए प्रयाग गये, एक बस किराये पर करके उस पर बीस-पच्चीस मित्रों की मण्डली सहित। कुछ मुहल्ले के लोग थे, कुछ साहित्यिक। मेरा ननिहाल वहाँ दारागंज में था। वह कुल प्रयाग में सबसे प्रतिष्ठित था (और अब भी है)। मेरे मामाजी से प्रसादजी की ख़ूब पटती थी क्योंकि वह बहुत मस्त और उदात्त स्वभाव के थे।

सन्ध्या समय खादी भण्डार गये और वहाँ कुर्ते के लायक अच्छे-से-अच्छे पशमीने के थान निकलवाये। उनमें से एक अमरसी रंग वाला पशमीना पसन्द किया जो उस समय बारह रुपये गज़ था, आज दिन तो सौ रुपये गज़ से भी ऊपर का भाव होगा। खादी भण्डार में दर्ज़ीखाना भी था। तुरन्त नाप देकर उन्होंने कहा कि मुझे कल बनारस लौट जाना है, उसके पहले कुर्ता तैयार मिलना चाहिए।

दूसरे दिन जब वहाँ गये तब क्या पाया कि कुर्ता उनकी पउली तक पहुँचता है। कुर्ता क्या था फ़क़ीरों की कफ़नी था। ख़ैर, उन्होंने बिना कहा-सुनी किये बिल चुका के कुर्ता ले लिया। जब काशी लौटे तब उसे मुझे दे दिया और उन्होंने कहा कि–शायद तुम्हें ठीक हो। पहनने पर मैंने पाया कि वह मेरे लिए भी अतिरिक्त लम्बा है, तब मैंने दर्ज़ी से कटवा-छटवाँ के उसे अपने नाप का बनवा लिया। बहुत दिनों तक वह कुर्ता मेरा प्रिय पहनावा था। उस पर दोहरा प्रेम था। कपड़े की उत्तमता का और प्रसादजी की प्रसादी का। मुझे इस बात का बड़ा खेद है कि मैं उसे सुरक्षित न रख सका।

इसके बाद ही भाई मैथिलीशरण बनारस आये, क्योंकि फ़रवरी में मेरी बड़ी लड़की का विवाह था (जिसकी चर्चा अभी आगे होगी) तब तक वह मिल-मेड कपड़े पहनते थे। प्रसादजी ने उन्हें अपना चेला बनाया। उनकी यह बनियई दलील चल न पायी कि खादी महँगी पड़ती है। प्रसादजी ने सहास कहा–'क्या 'भारत-भारती' इसी लचर दलील के लिए लिखा था!'

1926 ई. के मार्च में मेरी बड़ी बेटी का विवाह हुआ। बरात छपरा (बिहार) से आयी थी, ढाई सौ व्यक्ति से कम न रहे होंगे। यद्यपि कन्या पक्ष को सताना और नीचा दिखाना उन दिनों की रीति थी, तथापि इस विवाह में वैसी कोई आशंका न थी, क्योंकि समधी साहब से पहले की रिश्तेदारी भी थी। बरात को पाँच दिन रहना था। प्रसादजी ने न दिन को दिन समझा न रात को रात। बराबर प्रबन्ध में लगे रहे। मैं कुछ करता-धरता नहीं था।

उनके यहाँ एक इतनी बड़ी दरी थी, जितनी काशी में और कहीं न थी। चार मज़बूत पेशराज उसे रस्से में बाँधकर बाँस के सहारे कन्धे पर रखकर कहीं ले जाते। वह दरी भी उन्होंने मेरे लम्बे-चौड़े आँगन में बिछवा दी थी।

और दिन तो सकुशल बीते, प्रीति-भोज के समय, जिसे मेरे समाज में बड़हार कहते हैं, मेरे समधी इस बात पर अड़ गये कि मेरे एक चचेरे भाई जो समधी साहब के बहनोई थे, उनके संग बैठकर भोजन करें। मेरे भाई साहब का कहना था कि अपने ही आँगन में, अपनी ही भतीजी के ब्याह में कैसे बरातियों के संग बैठ सकता हूँ। दोनों ओर की अड़ में रात का एक बज गया। मामला सुलझता ही न था। जब बड़े-बड़ों की कोशिशें बेकार हुईं, तब प्रसादजी ने समधी साहब से केवल इतना कहा–'देखिए वह तो आपके बहनोई हैं, आप ठहरे साले। बहनोई की अड़ रखना साले का काम है। यदि आप उनसे अपनी बात मनवा लेंगे, तो दुनिया यही कहेगी कि देखो, साले ने बहनोई को नीचा दिखाया, तब दुनिया में हँसाई होगी आपकी।'

प्रसादजी ने ऐसे काकु से यह वाक्य कहा कि ठहाका लग गया और चुटकी बजाते गुत्थी सुलझ गयी। घण्टों का बोझिल वातावरण बात की बात में निरभ्र हो गया।

पीछे मैंने प्रसादजी को उलाहना-सा दिया कि 'अगर यही बात तुमने पहले कह दी होती, तो इतनी बदमजगी क्यों होती।' उन्होंने उत्तर दिया–'तुम समझे नहीं, पहले कहता तो बात काम न करती। जब मैंने देखा कि ठीक अवसर आ गया है तो तीर चला दिया।'

रुधौली की बरात

एक खेमे में, जो अधिक-से-अधिक 16 फुट लम्बा-चौड़ा रहा होगा, चार व्यक्ति अपनी खाटों पर बैठे थे। नीचे की दरी दो दिन से बुहारी नहीं गयी थी–चारों ओर गर्द-गुबार और खर-पतवार फैला था। चारों व्यक्ति गुमसुम थे, किसी समस्या को लेकर।

क़िस्सा यों है–

अहरौरा (जि. मिर्ज़ापुर) के रईस एवं अत्यन्त प्रेमी और सहृदय श्री सदायतन पाण्डेय के मझले भाई श्री श्रीशचन्द्र पाण्डेय की बरात जौनपुर ज़िले के रुधौली क़स्बे वाले एक प्रमुख ज़मींदार के यहाँ जानी थी। यह क़स्बा रेलवे स्टेशन से 15-20 मील दूर था। उसमें पाण्डेयजी ने अपने अनेक इष्ट मित्रों को सम्मिलित किया था।

बरातियों के लिए एक कैम्प लगाया गया था, जिसमें कितने ही खेमे और छोलदारियाँ थीं। कन्या पक्ष से तो आतिथ्य का पूरा प्रबन्ध था ही, पाण्डेयजी भी अपने संग काशी के सुप्रसिद्ध राम भण्डार से तरह-तरह की ढेर-की-ढेर स्वादिष्ट मिठाइयाँ और एक से एक शर्बत ले गये थे।

दो दिन तो यारों ने दोनों ओर की सामग्री का छककर आस्वादन किया। अब तीसरा दिन आया। उस दिन किसी बात पर पाण्डेयजी की समधी से खटक गयी। उन्होंने समधियाने से रसद लेना बन्द कर दिया। इधर यार लोग अपने ओर की सारी मालमलाई सरपोट चुके थे। राम भण्डार के शर्बतों में भंग का शर्बत भी था, जिससे बरातियों की क्षुधाग्नि धधक उठी थी।

सभी खेमों में बराती टाप रहे थे। हम चार जन भी–प्रसादजी, आचार्य केशवप्रसाद मिश्र, 'दादाजी' और मैं, अपने उक्त खेमें में किंकर्तव्यविमूढ़ बैठे थे।

वैसा आहार और संगति

प्रसादजी ने निस्तब्धता भंग की। वह निरे नाटककार ही न थे, उन्हें नाटक रचना भी आता था। बिना किसी चेष्टा के चुपचाप उठे। अपने असबाब में से 'एय्यारी' का एक डिब्बा निकाला, उसे खोलकर मण्डली के बीच में रख दिया।

'अगर खाना है तो लीजिए, खाइए भरपेट और कोई आशा न रखिए। यह देहात की बरात है, इसमें ऐसा क़िस्सा बराबर हुआ करता है।' सब की बाँछें खिल गयीं।

डिब्बे में थाक की थाक पूरियाँ और आम का सूखा अचार था। पूरियाँ आटे को दूध में गूँधकर बनायी गयी थीं। ऐसी पूरियाँ प्राय: आठ-दस दिन तक नहीं बिगड़तीं, प्रत्युत कुछ कुरकुरी होकर अधिक सुस्वाद हो जाती हैं।

सबने आकण्ठ पेट-पूजा की। खेमे की दरी गन्दी थी, इस कारण उस पर उकड़ू बैठकर हाथों पर पूरी-अचार रखे खा रहे थे, ऐसा लगता था कि चार षड्यन्त्रकारी सब की आँख बचाकर किसी दुरभिसन्धि में प्रवृत्त हैं। जैसा स्वाद उस आहार और संगति में आया, वैसा सदैव अलभ्य रहा।

दो-चार ग्रास खाकर जान में जान आने पर सस्मित केशवजी ने प्रसादजी से कहा–'पहले ही क्यों नहीं बताया था? हो तुम पूरे गुरु-घण्टाल।'

'हई है गुरघण्टाल, यदि पहले ही बता दिया होता तो यह मज़ा कैसे आता। जब देखा कि रस-भंग का बिन्दु आया चाहता है तो यह तोशा (पाथेय) निकाला।' प्रसादजी ने सहास उत्तर दिया और हम सब के समवेत हास्य से वह सन्नाटा खेमा गूँज उठा।

...उन्होंने बताया कि अक्सर देहाती बरातों में जाना पड़ता है। उनमें ऐसे काण्ड हुआ करते हैं। अतएव मैं नियमेन इतना भोज्य संग रखता हूँ। न कोई थाली थी, न कोई बर्तन। हम सभी करपात्री ये। उस दिन से प्रसादजी के इस नुस्खे का मैं सदैव प्रयोग करता रहा। जब परदेस जाता...संग दूध-पूरी और अचार ले जाता।

'भूखे भजन न होहिं गोपाला'। पेट की ज्वाला शान्त हो जाने पर मौज-मज़े की बात होने लगी। बीच-बीच में अन्य बरातियों की हालत पर घड़ियाल के आँसू भी बहाये जाते थे।

दूसरे दिन विदाई थी, किन्तु बीच में महाभारत छिड़ जाने के कारण सारा कार्यक्रम अनिश्चित हो गया था। प्रसादजी ने सुझाव दिया कि इस चकाबू से किसी प्रकार निकल चलना चाहिए।

पाण्डेयजी अपने विशाल तम्बू में रूठकर सोये थे। दो सिपाही नंगी तलवार लिए दरवाज़े पर खड़े थे कि कोई भीतर न घुसने पाये। जिन बसों पर बरात स्टेशन से बारह-चौदह मील दूर, रुधौली आयी थी उन्हें पाण्डेयजी ने आज्ञा दे दी थी कि बिना उनके कहे किसी को स्टेशन न पहुँचाये।

बनारस के लिए एक ही ट्रेन थी, जो बहुत तड़के स्टेशन पहुँचती थी। जब तीन बजे पिछली रात कैम्प से निकला जाये तब गाड़ी मिले।

प्रसादजी से परामर्श करके मैं पाण्डेयजी के तम्बू पर गया। अन्दर घुस गया, पहरेदार रोकते ही रहे।

पाण्डेयजी तकिये में सिर गड़ाये सो रहे थे। उन्हें झकझोरा। 'प्लीज़ डोंट डिस्टर्ब मी' कहते हुए उन्होंने करवट ले ली।

मैंने कहा–"हमारी ट्रेन छूट जायेगी। डिस्टर्व न करूँ तो क्या करूँ? तुरन्त बस वाले को पहुँचा देने का आदेश दीजिए।"

किसी तरह उन्होंने आदेश प्रदान किया। जान में जान आयी।

प्रसादजी ने कहा–"चटपट बस में बैठ जायें, नहीं तो और बराती जो तंग आ गये हैं, घुस पड़ेंगे।"

हम लोगों के बैठते-न-बैठते औरों को भी सुनगुन लग गयी। लोग टूट पड़े। खैयिरत यही थी कि उस बीच हम लोग अपनी सीटों पर जम चुके थे। राम-राम करके समय से स्टेशन पहुँच गये।

ग्राम्य जीवन का चित्र : 'तितली'

1931 ई. के जाड़ों में प्रसादजी और आचार्य केशवजी को लेकर मैं अपनी एक ज़मींदारी पर गया। वह 10 गाँवों का एक ताल्लुका था। नित्य पूर्वाह्न में प्रसादजी और केशवजी को लेकर मैं एक गाँव देखने जाता। प्रसादजी ग्रामजीवन और समाज के खुले ब्यौरे तथा ज़मीनों (जैसे बंजर आदि) के विषय में मेरे कारिन्दे से तरह-तरह के प्रश्न करते। मैं यह समझता कि ये प्रश्न कुतूहल शान्ति के लिए हैं, किन्तु जब उन्होंने अपना दूसरा उपन्यास 'तितली' लिखा, तब उक्त संचित सामग्री का पूरा उपयोग किया।

यद्यपि 'तितली' पर कई प्रवीण आलोचकों ने पर्याप्त विमर्श किया है, तथापि मेरी राय में बीकानेर के सम्भ्रान्त ठाकुर रामसिंह एम.ए. ने जो अंग्रेज़ी साहित्य के प्रकाण्ड पण्डित थे और काशी हिन्दू विश्वविद्यालय में अंग्रेज़ी साहित्य के अपने ढंग के एक ही प्राध्यापक थे, अपने इन वाक्यों में तितली के सम्बन्ध में सब कुछ कह दिया है। (प्रसाद के नाम पत्र, पृष्ठ 119, पत्र 5-6-35 ई. है)

"...ग्राम्य जीवन का ऐसा सजीव, सूक्ष्म और अनुरंजनकारी चित्र हिन्दी-साहित्य में कम देखने को मिला है। विशेषतः गर्वोन्मत्त निष्ठुर ज़मींदारों और मूक ग्राम्य जनता के पारस्परिक व्यवहारों का और उनके सुख-दुखों का चित्र चित्त पर गहरी छाप डालता है।...कितना सराहनीय है तितली का त्याग, कष्ट सहिष्णुता, आत्मावलम्बन और प्रेम...कितना मर्मस्पर्शी और सुन्दर है तितली और मधुवन का पुनर्मिलन उपन्यास का अन्त।"

आत्मगौरव

1933 ई. के जाड़ों में आचार्य द्विवेदीजी काशी पधारे और सदा की भाँति मेरे अतिथि हुए। उस समय तक नागरी प्रचारिणी सभा से उनके सम्बन्ध सुधर गये थे। सभा ने

उनका स्वागत किया और मानपत्र भी अर्पित किया। उस समारोह के अन्त में मुझसे आचार्य शिवपूजन सहाय ने एकान्त में कहा कि "आचार्य को केवल मानपत्र देना पर्याप्त नहीं, उन्हें एक अभिनन्दन ग्रन्थ भी अर्पित किया जाना चाहिए, वह साठ बरस के हो रहे हैं।" मुझे उस प्रस्ताव से बड़ी प्रसन्नता हुई और मैंने उनसे कहा कि यदि आप इसका भार लें तो मैं इस आयोजन में जी-जान से लग जाऊँ। शिवपूजनजी ने मेरा प्रस्ताव सहर्ष स्वीकार कर लिया और द्विवेदी अभिनन्दन-ग्रन्थ उन्हीं के परिश्रम और उत्साह के कारण अपूर्व निकला।

उस लम्बी कहानी को छोड़कर मात्र यह कहना है कि हिन्दी के सभी दिग्गजों की रचनाएँ तो प्राप्त हो गयी थीं केवल प्रसादजी ने कुछ नहीं दिया।

मैंने उनसे कहा कि कल तुम्हारे यहाँ आकर भोजन करूँगा और दक्षिणा भी लूँगा। उन्होंने मुस्कराते हुए कहा–"ज़रूर आना, अपने हाथ से खुद बनाऊँगा।" प्रसादजी का सबसे प्रिय आहार था खिचड़ी। तरह-तरह की खिचड़ी वह बनवाया करते और खिचड़ी के आगे वह अन्य कोई पदार्थ न खाते।

उस दिन उन्होंने मेरे लिए अपने हाथ से खिचड़ी बनायी थी और बिल्कुल नये प्रकार की बनायी थी। जिस प्रकार उनके साहित्य में आस्वाद और मौलिकता है वही बात इस उस खिचड़ी में भी थी। जब उनके संग सानन्द भोजन हो चुका तब मैंने उनके यहाँ का स्वादिष्ट पान खाते हुए कहा–"अब दक्षिणा।" उन्होंने गम्भीर होकर उत्तर दिया, 'तुमने कभी इस बात पर भी विचार किया है कि द्विवेदीजी ने मेरे लिए कुछ किया भी है?'

मैं निरुत्तर हो गया।

वह साहित्यिक चक्रव्यूह

जब प्रसादजी का साहित्यिक उत्कर्ष प्राय: पूर्ण रूप से विकसित हो चुका था, तभी दुलारेलालजी भार्गव की 'माधुरी' नामक सचित्र मासिक पत्रिका ने हिन्दी जगत् में धूम मचा रखी थी। साथ ही साथ वह अपनी स्वर्गीय पत्नी की स्मृति में 'गंगा ग्रन्थमाला' नामक एक पुस्तक-माला भी निकालते थे। कुछ प्रमुख साहित्यकारों को भी उन्होंने अपने पक्ष में कर लिया था। यद्यपि उन्हें आर्थिक अभाव न था, तथापि भार्गवजी ने रत्नाकरजी से बिहारी-रत्नाकर प्रकाशनार्थ प्राप्त कर लिया था। भाई मैथिलीशरण भी 'माधुरी' में प्राय: लिखा करते। उनके हाथ नहीं चढ़े तो केवल प्रसादजी। मात्र एक छोटी-सी कविता के अतिरिक्त उन्होंने भार्गवजी को कभी कुछ न दिया। इसकी बड़ी कुढ़न थी।

उन्हीं दिनों प्रसादजी ने स्कन्दगुप्त विक्रमादित्य नाटक लिखा था। यद्यपि दुलारेलालजी चेष्टा करते रहे कि उसे गंगा-पुस्तकमाला में प्रकाशित करें तथापि वह भारती भण्डार से प्रकाशित हुई।

मूर्द्धन्य साहित्यिकों का एक ऐसा वर्ग था, जो प्रसादजी की कटु आलोचना करता था, सर्जक मानता ही न था। इस दल में दो थे महारथी और दो उनके अनुगामी, किन्तु, महारथियों ने उन्हीं को वास्तविक अग्रणी बनाया। एक ने तो अंग्रेज़ी आलोचना की, पुस्तकों से चोरी कर-करके, स्कन्दगुप्त की लम्बी-चौड़ी, शब्दाडम्बरपूर्ण कटु से कटु आलोचना लिखी जिसे भार्गवजी ने पुस्तकाकार प्रकाशित कर दिया। दूसरे ने उस नाटक को ऐतिहासिक भूलों से पूर्ण दिखाना आरम्भ किया। उन सज्जन का नाम स्व. डॉ. धीरेन्द्र वर्मा से इतना मिलता-जुलता था कि लोग यही समझने लगे कि जब ऐसे श्रेष्ठ विद्वान स्कन्दगुप्त में ऐतिहासिक भूल पकड़ रहे हैं, तब वस्तुत: वह इस दिशा में त्रुटिपूर्ण है।

ठीक उन्हीं दिनों कलकत्ता से 'विशाल भारत' का प्रकाशन आरम्भ हुआ। उसकी साज-सज्जा का क्या कहना। सम्पादकाचार्य रामानन्द बाबू उसके प्रकाशक थे, उनके हाथ में एक-से-एक अच्छे कलाकार थे और उनका प्रेस छपाई में अद्वितीय था।

प्रत्येक कलाकार, चित्रकार, मूर्तिकार, गायक, वादक, अथवा साहित्यस्रष्टा का स्वभाव प्रकृति ने ऐसा बनाया है कि वह अपने तुल्य किसी को नहीं मानते। उसके मानदण्ड में सभी उससे अल्प हैं। यदि भगवान ने उन्हें ऐसी भावना न दी होती, तो वे किसी कृति का निर्माण कर ही न सकते। अतएव, एक साहित्यिक दूसरे साहित्यिकों को सच्ची निगाह से नहीं देख सकता। पत्र के सम्पादक भी अपनी आदत से लाचार थे। वह एक साहित्यिक के बारे में दूसरे साहित्यिक की राय लेते। निदान, प्रसादजी की रचनाओं के सम्बन्ध में उन्होंने दो कवि-वरेण्यों की सम्मति प्राप्त की। अब 'विशाल भारत' में भी प्रसादजी पर बौछार शुरू हुई। इस प्रकार, जैसे अभिमन्यु के लिए सात महारथियों का घेरा तैयार हो गया था, उसी प्रकार प्रसादजी के लिए उक्त छह महारथियों का घेरा। अन्तर केवल इतना रहा था कि निरीह अभिमन्यु उस घेरे का शिकार हुआ, उसके विपरीत प्रसादजी अडिग रहे, सो भी नि:शस्त्र।

प्रसादजी की तटस्थता को नज़रन्दाज़ करते कृष्णदेव प्रसाद गौड़ 'साकेत' आदि की धूल उड़ाने लगे। 'आज' के प्राय: प्रत्येक अंक में उन प्रहारकर्ताओं की वाक्यवाणावली प्रकाशित होने लगी। उन लोगों ने ऐसे तीर बरसाये कि सभी विपक्षी ठण्डे पड़ गये। इसी बीच भाई मैथिलीशरण काशी आये। 1930 के गर्मी के दिन थे, हम लोग नित्य बालाजी घाट पर गंगा-स्नान किया करते, क्योंकि घर गंगा किनारे था। हमारी अनुपस्थिति में प्रसादजी मेरे यहाँ आये और जब उन्हें विदित हुआ कि हम लोग स्नान करने गये हैं, तब वह भी घाट पर चले आये।

हम लोग स्नान का आनन्द ले रहे थे कि प्रसादजी पहुँचे और जब अभिवादन हो चुका तो राष्ट्रकवि ने उनसे कहा–"आओ जयशंकर, तुम भी स्नान कर लो–सीधे नहीं आओगे तो मैं पानी उछालकर भिगो दूँगा।"

"और क्या करोगे तुम! कीचड़ तो उछाल ही चुके हो, अब पानी भी उछाल लो।"

मुस्कराकर प्रसादजी ने कहा और घाटिये की चौकी पर चुपचाप बैठ गये। स्नान करके जब हम लोग घर लौटे, तब भी रास्ते भर निरन्तर मौन रहे। प्रसादजी की मनोव्यथा का अनुभव करके मैं भी कुछ बोल न सका। घर के फाटक तक पहुँचकर उन्होंने चुपचाप नमस्कार किया और लौट गये। उनका नियम था कि जब तक गुप्तजी मेरे यहाँ रहते, वह नित्य आते और पहरों आमोद-प्रमोद में बीत जाते। प्रसादजी कम-से-कम एक बार उन्हें सुस्वाद भोजन भी कराते। इस बार वह एक दिन भी नहीं आये, निमन्त्रण का तो प्रश्न ही न था।

यद्यपि मैथिलीशरणजी जब भी यहाँ आते, प्राय: तीन सप्ताह रहते। हम लोगों में कोई दुराव नहीं था, तथापि इस बार इस अप्रिय प्रसंग की कोई चर्चा न हुई। घर लौटने के एक दिन पूर्व ना.प्र.स. गये। मैं तो सदैव साथ रहता ही, संयोगवश वहाँ प्रसादजी भी थे। उनसे भाई मैथिलीशरणजी ने कहा–"जयशंकर, मैं कल चिरगाँव जा रहा हूँ।" उन्होंने केवल नमस्कार कर लिया।

यद्यपि गुप्तजी बीच-बीच में यहाँ आते रहे, तथापि पौने दो बरस अनबोला बना रहा। श्री वाचस्पति पाठक जो ऐसी गुत्थियाँ सुलझाने में फर्द हैं, इस विलगाव पर हृदय से व्यथित हुए और वह इस शोचनीय परिस्थिति के निराकरण में निरन्तर लगे रहे और अन्त में सफल हुए। पौने दो बरस बाद अर्थात् 1932 के जाड़ों में उन्होंने मेरे घर पर उन दोनों जनों का मिलन करा दिया। मैथिलीशरण प्रसादजी से लिपट गये और साश्रु उनका गाल थपथपाते हुए बोले–"तूने मेरे साथ न्याय नहीं किया!" वह भी गुप्तजी को थपथपाते रहे। उन दोनों बन्धुओं की निकटता पुनरुज्जीवित हो गयी।

स्नेह की मूर्ति

1934 ई. में भारती कला के सुप्रसिद्ध, कर्मठ विद्वान स्व. मोतीचन्द्र लन्दन यूनिवर्सिटी से पीएच.डी. करके लौटे। वह मेरे निकट सम्बन्धी तो थे ही, विलायत जाने के पहले से ही उन्होंने मुझे अपना मार्ग-निर्देशक भी बना लिया था। लौटने पर अपने कला-ज्ञान का उपयोग वह भारत कला भवन के ऑनरेरी असिस्टेंट क्यूरेटर के रूप में करने लगे। यद्यपि कला की वस्तुओं के चयन के लिए उन्होंने बहुत अच्छी निगाह पायी थी और कला भवन की सूची वह बड़ी योग्यता से बना रहे थे, तथापि वह इतने ही से सन्तुष्ट न थे। साहित्य और संगीत से भी उन्हें उतना ही प्रेम था। इसके अतिरिक्त

उनके यहाँ वह दरबार भी लगने लगा जो भारतेन्दुजी के काल से चला आ रहा था। वह प्रसादजी की निकटता के बहुत अभिलाषी थे, जब मैंने उन्हें प्रसादजी से मिलाया तब प्रसादजी ने मुस्कराते हुए कहा, मैं तो तुम्हारे चाचा के साथ पढ़ा हूँ, मुझे तुम्हारे परिचय की क्या आवश्यकता? फिर तो प्रसादजी की दुकान पर वह प्राय: नित्य सन्ध्या को जाने लगे। जब वह पहुँचते, तब प्रसादजी तम्बोली को आवाज़ देते–ख़ूब अच्छे पान लगाओ और फिर पान-सुर्ती ज़माने के बाद उनमें तरह-तरह की नयी-पुरानी बातें होने लगतीं। बातें अधिकतर साहित्यिक न होकर बनारस की पुरानी रंगीनियत पर होतीं। डॉ. मोतीचन्द्र के शब्दों में, 'प्रसादजी आगे बढ़ते हुए दुनिया के विरोधी न थे, पर आमोद-प्रमोद के नये साधनों के सामने जब वह पुरानी कला और शिल्पों को मरते हुए देखते, तब दुखी हो उठते।'

मैथिलीशरण गुप्त

एक बार उन्होंने प्रसादजी से कहा– 'मेरे बचपन में शायद ही ऐसा कोई त्योहार होता हो जिसमें बनारस की रंगीनियत देखने में न आती रही हो। आजकल की कजली तो तुम सुनते ही हो...पर मुझे नवनियाँ और सहेबना ही याद है। जब नवनियाँ अपनी बनायी कजली गाती हुई लोलार्क छठ के मेले में निकलती, तब दस-पाँच हज़ार आदमी उसके पीछे हो लेते, इतनी आकर्षक थी उसकी आवाज़। सहेबना की कजरी इतनी मीठी होती कि मैं क्या बताऊँ। करुणा और श्रृंगार का ऐसा मधुर मेल होता कि मेरी आँखों से आँसू निकल आते...।' मोतीचन्द्र का कथन बिल्कुल ठीक है कि 'प्रसादजी के मत से मधुरता भाव और एक तरह का दर्द, यही संगीत को आकर्षक बनाते हैं।'

एक दिन मोतीचन्द्र से प्रसादजी ने हँसी में कहा, 'भाई, तीन पुश्त का अपना कारोबार छोड़ दिया।' डॉ. साहब ने मुस्कराते हुए उत्तर दिया, 'प्रसादजी, पुरखे इतना कमा रहे हैं कि दो-चार पीढ़ी बिना कविता किये काम चल जायेगा।' प्रसादजी खिलखिला उठे। मोतीचन्द्र को उनके कुछ मित्रों ने यह परामर्श दिया कि एक फ़िल्म कम्पनी चलायी जाये। उन लोगों को मोतीचन्द्र का पूरा योगदान प्राप्त हुआ। वह कुछ रुपये लगाने पर भी तैयार हो गये और कई धनाढ्य मित्रों को भी इसके लिए तैयार कर लिया। कम्पनी का नामकरण 'नटराज फ़िल्म्स' किया गया। अब कथानक की आवश्यकता हुई।

डॉ. साहब ने प्रसादजी से कहा कि आप कोई उत्कृष्ट रचना कर दीजिए। इस पर वह 'इरावती' लिखने में प्रवृत्त हुए। कथानक शुंगकालीन है और उसमें ऐसे स्थल रखे गये हैं जो फ़िल्म में खिल उठते, यथा दिमित डिप्रेट्रियस को पाटलीपुत्र से खदेड़ने के लिए कलिंगराज का गज-घटा के साथ प्रस्थान; इसमें हाथियों का झुण्ड का झुण्ड फ़िल्म में अपनी रंगत दिखाता, किन्तु प्रसादजी का स्वास्थ्य तेज़ी से गिर रहा था, उपन्यास पूरा न हो सका।

उनके विलायत से लौटने के महीने-दो महीने के बीच वाली एक कथा यहाँ उल्लेख्य है–

मेरी सबसे छोटी कन्या सौ. कामिनी (जन्म 1920 ई.) को प्रसादजी बचपन से ही बहुत प्यार करते थे, बच्चों पर लाड़ उनके स्वभाव में था, छोटी-सी कामिनी को अपनी गोद में बिठाकर वह बड़े वात्सल्य से कहते–'कामुन खांय जामुन नामुन नामुन', बनारसी बोली में बच्चों के छोटे-छोटे ग्रास को नामु-नामु कहते हैं। बड़े लोग बच्चों के मुँह में छोटे-छोटे कौर देते हुए कहते हैं 'नामु-नामु खा लो।' उसी का रूप उन्होंने अपनी नन्ही-सी लोरी में 'नामुन-नामुन' कर दिया था, साथ ही वह कभी-कभी बड़ी डरावनी मुख-मुद्रा बनाकर और आँखें ऐसी फाड़ते कि पुतली नीचे की ओर हो जाये और ऊपर कोबा छूट जाये, उसे डराया करते, किन्तु उनका हृदयस्थ भाव उससे छिपा नहीं रहता और वह डरने के बदले हँस-हँस कर लोट-पोट हो जाती।

उनकी उसी दुलारी कामिनी का विवाह 1934 ई. में पक्का हुआ। उसके भावी श्वसुर थे बाबू ठाकुरदास एडवोकेट (पीछे से एम.पी.)। भाई ठाकुरदास काशी के उन इने-गिने राष्ट्रीय योद्धाओं में थे जिन्होंने कभी न जान को जान समझा न माल को माल। वह संग्राम में ऐसे कूद पड़ते, मानो कोई पर्वत के उच्च शृंग से नीचे के भयावने और कण्टकाकीर्ण खड्ग में मस्ती के साथ धड़ाम से कूद पड़ा हो। राष्ट्रीय कार्यों के लिए चन्दा करने में वह अद्वितीय थे। बात यह थी कि कितने ही पैसे वालों का काम वह फीस लिए बिना किया करते, अतएव राजनीतिक कार्यों के लिए वह उन लोगों से जब जितना माँगते, वे लोग सहर्ष हाज़िर कर देते।

इस विवाह में उन्होंने वर पक्ष वाली नहीं, कन्या पक्ष वाली भूमिका अदा की। कोई लेन-देन या करार-मदार का तो प्रश्न ही न था। जन्मपत्री भी नहीं मिलायी गयी थी। वैवाहिक कार्यों के लिए मुहूर्त अवश्य देखे गये थे।

इसी सिलसिले में उनके पण्डितजी ने कहा, 'बाबू साहब, आपने मुझे जन्मपत्रियाँ दिखाई ही नहीं', उनका उत्तर था कि कामचलाऊ ज्योतिष मैं भी जानता हूँ। मैंने दोनों पत्रिकाएँ देख ली हैं, वर-वधू के सब ग्रह अच्छे हैं।' पण्डितजी ने तनिक स्वयं देखने का आग्रह किया और जब दोनों जन्मपत्रियाँ उनके हाथ में दी गयीं तब उन्होंने

कहा, 'सब कुछ तो ठीक है किन्तु दोनों की नाड़ी एक है और शास्त्र का वचन है कि–'एक-नाडी वरं हन्ति।' उन पर तो इसका कोई प्रभाव न पड़ा, किन्तु यह बात किसी तरह उनकी पत्नी के कानों तक पहुँच गयी और वह डगमगाने लगी।

जब इसकी सुनगुन मैंने पायी तो स्वाभाविक था कि मुझे बहुत दुश्चिन्ता हो। नित्य सन्ध्या को प्रसादजी की दुकान पर जाना होता ही था। इस दिन म्लान मुख उनके यहाँ पहुँचा और वह लख गये कि कोई बात है। उनकी जिज्ञासा पर मैंने सारा समाचार सुनाया।

कुछ पूजापत्री के बाद पण्डितजी ने बहूजी को आश्वस्त कर दिया कि नाड़ी दोष केवल ब्राह्मणों के वैवाहिक सम्बन्ध में लागू होता है, फिर तो विवाह ख़ूब धूमधाम से हुआ। मोतीचन्द्र, भाई ठाकुरदास के भी सम्बन्धी थे, इसी प्रकार प्रसादजी भी उनके मित्र थे, इस कारण समारोह ऐसी सुन्दरता से सम्पन्न हुआ मानो कोई घरेलू उत्सव हो।

–●–

10

'प्रसाद' जी की याद : 8

(जीवन का उत्तरार्द्ध और शेषकथा)

राय कृष्णदास

महाराजकुमार का मिलन

भारतीय इतिहास के लब्ध-प्रतिष्ठ विद्वान साथ ही 'हिन्दी में सुचारु साहित्य के स्रष्टा, सीतामउ' (मालवा) के महाराजकुमार डॉ. रघुबीरसिंह मई, 1935 ई. में एक दिवसीय साहित्यिक तीर्थ-यात्रा के निमित्त काशी पधारे।

पहले मेरे यहाँ आये।...तब मैं उन्हें भारतेन्दु भवन में मोतीचन्द्र के यहाँ ले गया। वहाँ के स्वागत-सत्कार के बाद, मोतीचन्द्र को संग लेता हुआ उन्हें नागरी प्रचारिणी सभा में भारत कला भवन दिखाने गया। अवलोकन के बाद उन्होंने प्रसादजी से मिलने की इच्छा प्रगट की। हम तीनों व्यक्ति उनके यहाँ गये। प्रसादजी से उस मिलन का बहुत रुचिर वर्णन उन्होंने अपने ललित निबन्ध-संग्रह 'जीवन-कण' में दिया है, जिसके प्रासंगिक अंश यहाँ साभार प्रस्तुत हैं...

"ज़रा किवाड़ खोलकर देख तो सही कि आज इस बेवक़्त कौन दरवाज़ा खटखटा रहा है?"–प्रसादजी ने आश्चर्य-भरी आवाज़ में नौकर से कहा।

1935 ई. का साल था। 19 मई को दोपहर के समय अपने पुराने मकान में लकड़ी के तख़्त पर एक तहमद बाँधे एक पतला-सा कपड़ा शरीर पर डाले प्रसादजी नींद को बुलाने का प्रयत्न कर रहे थे। लू चल रही थी एवं किवाड़ बन्द थे, फिर भी गर्मी के मारे उन्हें नींद नहीं आ रही थी; पसीना टपक रहा था, जी घबरा रहा था, आँखें बन्द कर-कर खोल रहे थे और बनारस की गर्मी को कोस रहे थे। उसी समय कोई ढाई बजे जब किसी ने उनके उस पुराने मकान का दरवाज़ा खटखटाया, तब तो प्रसादजी चौंक पड़े और नौकर को आवाज़ दी।

उस भरी दोपहरी में बनारस की तमतमाती हुई लू में राय कृष्णदासजी, डॉक्टर मोतीचन्द्र के साथ एक अपरिचित नवयुवक को अपने दरवाज़े पर खड़ा देखकर प्रसादजी अचकचा गये। राय साहब ने आगे बढ़कर प्रसादजी से मेरा परिचय कराया।

1927 ई. में खड़ी बोली के कट्टर विरोधी एवं उसका साहित्य तुच्छ समझने वाले भी 'सुधा' के प्रथम अंक में समालोचक द्वारा उद्धृत 'प्रसादजी' के 'आँसू' के कुछ छन्द पढ़कर उस कवि की प्रशंसा किये बिना नहीं रह सके, सहसा प्रसादजी के प्रति श्रद्धा का संचार हुआ और उनके 'आँसू' को अनेक बार पढ़ा।

उसी भावुकतापूर्ण काल में 'आँसू' के छन्दों ने मेरे दिल पर गहरा रंग जमाया और जो छाप उस समय दिल पर बैठी, वह आज भी मिटी नहीं। अब भी जब कभी जीवन में सूनेपन का अनुभव होता है, जी अनमना हो जाता है, पहलू में कुछ तड़प-सी मालूम होती है, प्रेम में जब विरक्ति का संचार होता है और दूसरों की बेरुखी एवं उनकी वह स्वार्थ-भावना जब दिल पर चोट पहुँचाती है, तब अनजाने ही आँखों में आँसू भर जाते हैं, होंठ आप-ही-आप कहने लगते हैं–

'अवकाश भला है किसको सुनने को करुण कथाएँ,
बेसुध जो अपने सुख में जिनकी हैं सुप्त व्यथाएँ।'

उनकी कहानियाँ और उनके नाटक पढ़े जाने पर भी वह स्वयं मेरे लिए अज्ञात वस्तु ही रहे। सन् 1928 के जनवरी मास में 'सरस्वती' का प्रथम और साथ-ही-साथ शायद अन्तिम वार्षिकांक निकला। उसमें प्रसादजी की 'आकाश-दीप' कहानी को सर्वप्रथम स्थान दिया गया था।

पं. बनारसीदास चतुर्वेदी ने 'विशाल भारत' में 'आकाश दीप' (गल्पसंग्रह) की आलोचना करते समय जो कुछ लिखा था, उससे यह ख़याल हुआ कि चतुर्वेदीजी ने प्रसादजी के प्रति अन्याय किया था। तब प्रसादजी की कला एवं उनकी कहानियों का ठीक-ठीक महत्त्व बताने एवं कूतने का मैंने प्रयत्न किया। वह आलोचना 'सुधा' में प्रकाशित हुई। उस प्रारम्भिक जोश में लगे-हाथ उस समालोचना की एक प्रति प्रसादजी के पास भेज देने में भी कोई हिचकिचाहट नहीं हुई। परन्तु, जैसा कि प्रसादजी का नियम था, वह अपना गम्भीर मौन बनाये ही रहे।

परन्तु बाद में प्रसादजी का मेरे प्रति रूप बदल गया और कुछ ही वर्षों बाद, शायद सन् 1934 ई. से ही, उन्होंने यह नियम बना लिया था कि ज्योंही उनकी कोई नयी पुस्तक छपकर तैयार होती एक प्रति पर अपने हस्ताक्षर कर उसे मेरे पास स्वयं ही भिजवा देते थे। उन्होंने इसमें कभी भूल नहीं की, अपने प्रकाशकों तक को उन्होंने इस बात की हिदायत कर दी थी एवं कई बार दो-दो प्रतियाँ आ जाती थीं। प्रसादजी

की वे सप्रेम भेंटें मेरी एक अमूल्य निधि हैं। बीमार पड़े थे, स्वास्थ्य दिन-पर-दिन बिगड़ता जा रहा था–और वही बीमारी उनकी अन्तिम बीमारी हुई–तथापि प्रसादजी ने यथानियम अन्तिम एवं सर्वश्रेष्ठ काव्य 'कामायनी' की एक प्रति पर अपने हस्ताक्षर कर भेज ही दी। प्रसादजी की इस कृपा को, उनके इस स्नेह को, मैंने आशीर्वाद के रूप में ही स्वीकार किया था।

प्रसादजी की गम्भीरता

श्रीयुत विनोदशंकर व्यास की कृपा से प्रसादजी का एक चित्र उनके हस्ताक्षर समेत मुझे भी प्राप्त हो गया था–उनसे प्रसादजी की गम्भीरता ही प्रदर्शित होती थी। ऐसा प्रतीत होता है कि अपना चित्र उतरवाते समय प्रसादजी हमेशा केमरा-कॉन्शस हो जाते थे–उनका वह हँसमुख चेहरा, उनकी वह आनन्द भरी बातचीत एवं प्रफुल्ल व्यक्तित्व उनसे मिलने वालों एवं उनके परिचितों तक ही सीमित रहा। जिन्हें कभी भी उनसे मिलने का अवसर प्राप्त नहीं हुआ था, उनके लिए प्रसादजी के स्वभाव का ठीक-ठाक अन्दाज़ लगाना कठिन ही नहीं, असम्भव था।

'भारत कला भवन' देख चुकने के बाद जब लौट रहे थे, तब राय साहब ने पूछा–"क्या प्रसादजी से मिले हो?"

मैंने जवाब दिया–"नहीं" और साथ ही पूछा भी कि "क्या वह यहीं हैं?"

"प्रसादजी बनारस छोड़कर कहीं नहीं जाते। क्यों न अभी चले चलें?"

सो उस भरी दोपहरी में 'भारत कला भवन' से हम सब निकले; कुछ दूर तक मोटर में गये और गली के कोने पर मोटर को छोड़कर प्रसादजी के मकान की ओर पैदल ही बढ़े। दरवाज़ा खटखटाया। जब राय साहब ने मेरा परिचय कराया, तब तो उन्होंने अपने नये मकान को खुलवाने के लिए नौकर दौड़ाया और हमारा आतिथ्य करने के लिए भी वह प्रयत्नशील हुए। तीसरा पहर हो रहा था; ताजे अनार का शरबत बनवाया गया और बनारसी पान की गिलौरियाँ भी आयीं।

वहीं उस नये मकान में बैठकर कोई दो घण्टे तक बातचीत होती रही। प्रसादजी से मेरी वही प्रथम और अन्तिम भेंट थी। उस समय तो कभी यह ख़याल भी नहीं हो सकता था कि वह भेंट ही मेरी अन्तिम भेंट होगी। प्रसादजी को मेरे 'आकाश-दीप' वाले लेख का स्मरण हो आया और उसका उन्होंने उल्लेख भी किया। उसी सिलसिले में मैंने इस बात का प्रयत्न किया कि प्रसादजी से उनके स्वयं के बारे में कुछ बातचीत हो, परन्तु प्रसादजी उसे टाल गये, और विशेषतया मेरे ही बारे में पूछते रहे। राय साहब ने तब बताया कि किस प्रकार प्रसादजी को मेरे 'ताज', 'एक स्वप्न की स्मृतियाँ' आदि लेख पसन्द आये थे और प्रसादजी ने ही प्रथम बार राय साहब का ध्यान उन लेखों की ओर आकर्षित किया था।

दो प्रमुख साहित्यकार : श्री जयशंकर प्रसाद कथाशिल्पी प्रेमचन्दजी के साथ

युग की महत्त्वपूर्ण कृति

इधर-उधर की बातचीत होती रही और तब राय साहब ने इस बात का विशेष आग्रह किया कि प्रसादजी अपने महाकाव्य 'कामायनी' के कुछ अंश मुझे भी सुनायें। 'कामायनी' के कई अंश यत्र-तत्र प्रकाशित हो चुके थे; उनकी बहुत कुछ प्रशंसा भी हुई थी। जहाँ तक मुझे याद है, उस समय तक 'कामायनी' के नौ सर्ग लिखे जा चुके थे। राय साहब प्रसादजी से आग्रह कर रहे थे कि वह इस महाकाव्य को समाप्त कर दें और प्रसादजी का विचार था कि जितना भी अंश तैयार हो गया था, उसे ही पहले भाग के रूप में तत्काल छपवा दें। मेरी निजी राय यह थी कि सारा महाकाव्य एक साथ ही छपे, और यही बात मैंने प्रसादजी से भी कही, तो वह अपनी अस्वस्थता एवं अन्य घरेलू झंझटों का ज़िक्र करने लगे। इस प्रकार 'कामायनी' के बारे में बातचीत होती रही। उस समय भी मेरा निश्चित मत यही था और अब तो वह हदतर होता जा रहा है कि प्रसादजी का यह महाकाव्य इस युग की एक बहुत ही महत्त्वपूर्ण कृति है। हिन्दी के लिए यह एक सौभाग्य की बात थी कि प्रसादजी अपनी इस महती कृति को सम्पूर्ण कर गये। इस बात में कभी दो मत नहीं हो सकते कि 'कामायनी' को अमर साहित्य में स्थान मिलेगा। वह हिन्दी-साहित्य की ही नहीं विश्व-साहित्य की भी एक अमूल्य निधि है।

'कामायनी' के बारे में बातें होती रहीं और प्रसादजी उसकी हस्तलिखित प्रति हाथ में दबाये बैठ रहे। यद्यपि राय साहब के आग्रह को वह टाल गये; तथापि जब मैंने विशेष आग्रह किया, तब उन्होंने सकुचाते हुए वह हस्तलिखित प्रति

खोली और कुछ शब्दों में उसका कथानक समझाने के बाद वह उस महाकाव्य के प्रारम्भिक अंश पढ़ने लगे। प्रसादजी पढ़ते जाते थे और हम सब शान्त सुन रहे थे। मैं बैठा-बैठा प्रसादजी को ताक रहा था; उन्हें निकट से देखने का, उनके व्यक्तित्व को ठीक तरह जानने और उसका पूर्ण परिचय पाने का अवसर मिला था। कवि के ही मुख से उसी के द्वारा रचे गये महाकाव्य को सुनने का अवसर कितनों को प्राप्त होगा?

समय अधिक हो गया था, साढ़े चार बजने वाले थे; उधर मोटर वाला स्टेशन पर लौटने के लिए जल्दी मचा रहा था। प्रसादजी से विदा ली और लौटते समय इस बात का मन-ही-मन अनुभव किया कि यदि प्रसादजी से मिलना न होता तो एक बहुत ही बड़ा सुअवसर खो देता।

प्रसादजी ने 1992 वि. की शिवरात्रि (21.2.36 ई.) के दिन 'कामायनी' पूर्ण कर दी। उसकी छपाई के विषय में उन्होंने दो आदेश दिये–

टाइप 'इटैलिक' हो और काग़ज़ ख़ूब बढ़िया और दबीज। भारती भण्डार ने शीघ्र ही इसका प्रबन्ध करके तेज़ी से मुद्रण चालू कर दिया।

उत्तरार्द्ध

1936 ई. की सावनी तीज (लगभग 18.8.36 ई.) को भाई मैथिलीशरण ने अपने जीवन के पचास वर्ष पूरे किये। इस अवसर पर प्रसादजी ने अपनी एक नयी रचना 'इन्द्रजाल' (कहानी-संग्रह) गुप्तजी को बहुत ही ममत्व और स्नेहपूर्वक समर्पित करके प्रकाशित करायी। उसकी प्रति पाकर गुप्तजी ने जो धन्यवाद का पत्र लिखा उसमें अतिरिक्त विनय और कृतज्ञताज्ञापन तो था, किन्तु प्रीतिमय एक वाक्य भी न था। प्रीति के अपेक्षित प्रसादजी को उधर से रीति निभाने वाला आभार ही प्राप्त हुआ। इससे वह बहुत आहत हुए। उन्होंने कहा कि '**कितने भाव के साथ जो भेंट चढ़ाई गयी उसकी प्रसाद को यह प्रसादी मिली।**'

उधर इस पचाशत-पूर्ति के उपलक्ष्य में आचार्य केशव प्रसाद के विशिष्ट शिष्य स्व. पद्मनारायण आचार्य एक धूमधामी अभिनन्दनोत्सव करने की तैयारी कर रहे थे। तैयारी जन्मदिन के कहीं पहले से आरम्भ हो गयी थी। पद्मनारायणजी का नया-नया उत्साह था, नयी-नयी वय थी, साथ ही नया-नया रुपया भी था (जो उन्हें उनके एक चचेरे भाई ने दिया था, वह साधु हो गये थे और अहमदाबाद में उनका ख़ूब रंग था। वहाँ से उन्हें बहुत-सी रकम मिली थी जिसका सदुपयोग वह पद्मनारायण के द्वारा करा रहे थे)। बस उन्होंने मनमाना रास्ता पकड़ लिया। 'मैथिली-मान' नामक एक

हस्तलिखित अभिनन्दन ग्रन्थ तैयार किया जाना आरम्भ हुआ जिसे विजयादशमी के दिन विश्व-वन्द्य बापू ने गुप्तजी को प्रदान करना स्वीकार कर लिया था।

विजयादशमी से सत्रह दिन पहले एक शोकपूर्ण घटना हो गयी, उसकी चर्चा करने के लिए 1934 ई. से चलना पड़ेगा।

आर्थिक कष्ट से लाचार होकर 1934 ई. में स्व. प्रेमचन्द फ़िल्मी दुनिया की गन्दगी में लथड़ने बम्बई चले गये। यद्यपि उस घिनौनेपन में उन सरीखा निर्मल व्यक्तित्व कैसे फिट हो सकता था, तथापि अनिच्छापूर्वक, वहाँ भटकते रहे।

जुलाई के अन्त में दस-पन्द्रह दिन के लिए बनारस आये थे। लौटते हुए बहुत भीगे। बस तब से उनका स्वास्थ्य चौपट हो गया; शरीर में चोर की तरह जलोदर पैठ गया। अक्टूबर लगते रोग के उपद्रव प्रत्यक्ष होने लगे।

उनका विश्वास होमियोपैथी प्रणाली पर था। बम्बई में, जहाँ वह रहते थे वहाँ से पाँच मील पर एक होमियोपैथ था। वहाँ तक दौड़ना उनकी रुग्ण देह के लिए सम्भव न था।...प्रसादजी को लिखकर बनारस से दवा मँगाई, किन्तु मर्ज बढ़ता गया ज्यों-ज्यों दवा की।

1935 ई. में उन्होंने बम्बई से पिण्ड छुड़ाया, परन्तु रोग उनका पिण्ड पकड़े रहा। उन दिनों जलोदर असाध्य रोग था। बनारस में एक बगीचा किराये पर लेकर रहने लगे।

वह भलीभाँति जानते थे कि उनके दिन गिने हुए हैं। एक दिन जब मैं उन्हें देखने गया, पाया कि अपनी नब्ज़ देख रहे हैं। देखकर कहने लगे, "नब्ज़ बड़ी तेज़ी से चल रही है। जीवन की धारा भागती जा रही है।" किन्तु इस कथन में कोई विषाद न था। वह पहले की भाँति सदा प्रसन्न रहते, ख़ूब बातें करते और वही ठहाके की हँसी हँसते, जो उनका निजस्व था।

एक उदीयमान कथाकार उन्हें एक प्रकार से अपना गुरु मानते और अपने को उनका कुटुम्बी समझते। साथ ही वह अपने को एक आदर्शवादी एवं दार्शनिक व्यक्ति भी मानते। प्रेमचन्दजी के अवसान के कुछ दिनों पहले वह काशी आ गये थे। उनके गत होने पर कथाकार महोदय ने यह बात उठाई कि प्रेमचन्दजी ने जो कुछ लिखा है वह राष्ट्र की सम्पत्ति है, अतएव उनकी समस्त रचनाओं का एक ट्रस्ट बन जाना चाहिए। शोकातुर परिवार, शिवरानी देवी और व्यावहारिकता से अनभिज्ञ उनके दोनों पुत्र श्रीपतराय और अमृतराय को इस पर समग्र रूप से अनुकूल बना लिया था।

संवेदना के लिए भाई मैथिलीशरण भी आये थे। यद्यपि प्रसादजी का और उनका बहुतेरी बातों पर मतभेद रहता तथापि इस समय वे दोनों ही महारथी एक हो गये और उन्होंने ट्रस्ट का ज़ोरदार विरोध किया। उनका एक ही मुख्य सवाल था—यदि ट्रस्ट हो

गया, तो इन मासूम लड़कों का क्या होगा। इस दलील का उन दार्शनिक आदर्शवादी कथाकार महोदय के पास कोई उत्तर न था।

पद्मनारायणजी का समारोह विजयादशमी के कई दिन पहले से आरम्भ हो गया, जिसमें ऐसे-ऐसे कार्यक्रम रखे गये, जिनका साहित्य से कोई सम्बन्ध न था। प्रसादजी यह सारा तमाशा देखकर मोतीचन्द्र से बार-बार कहते–"डॉ., मैं तो कुछ बोलूँगा नहीं, अगर ज़बान खोली तो उसका दूसरा ही अर्थ लगाया जायेगा, किन्तु देखो यह क्या हो रहा है।"

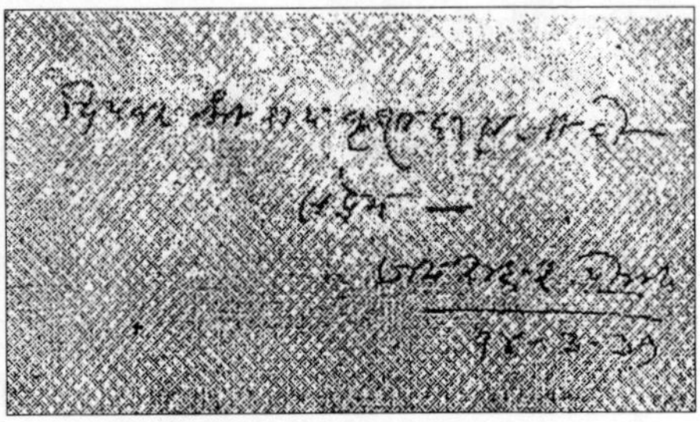

'कामायनी' की प्रति प्रसादजी द्वारा लेखक को भेंट की गयी थी

प्रसादजी का सरस कविता-पाठ

निदान, विजयादशमी के दिन (25.10.36 ई.) राष्ट्रकवि को बापू ने अभिनन्दन-ग्रन्थ प्रदान किया। उस अवसर पर कृष्णानन्दजी ने गुप्तजी की प्रशस्ति में एक कविता पढ़ी। तब वह प्रसादजी के निकट आ बैठे। '...अच्छा! गुप्त अभिनन्दन में कितने ही गुप्त प्रकट हो रहे हैं?' अपने रहस्यमय स्मितपूर्वक प्रसादजी ने उनसे कहा। उसके बाद दो-तीन दिन तक अन्य कार्यक्रम थे जिनमें से एक था भदैनी मुहल्ले के तुलसी पुस्तकालय में कविता-पाठ। उसमें मैथिलीशरण ने अपनी कई नवीन रचनाएँ सुनायीं, तदुपरान्त प्रसादजी ने भी अपनी रचनाएँ सुनाकर रस की धारा प्रवाहित कर दी। साधारणत: प्रसादजी, कवि-सम्मेलनों की कौन कहे कवि-गोष्ठियों तक में कविता नहीं पढ़ते थे। इस अवसर के अतिरिक्त केवल चार-पाँच अवसर ऐसे आये, जब उन्होंने कवितापाठ किया। सबसे पहले 1911 ई. में भारतेन्दु जयन्ती पर, फिर क्रोशोत्सव स्मारक संग्रह में कामायनी का लज्जा नामक सर्ग (1929 ई. में), तब तुलसी त्रिशती पर (1923 ई.) गोस्वामीजी की एक अद्भुत प्रशस्ति, उसके बाद मालती शारदा सदन में जिसका विस्तृत विवरण प्रस्तुत है–

बनारस के चौक में मालती शारदा सदन नामक एक पुस्तकालय था, उसकी स्थापना काशी के एक प्रमुख रईस ने, अपनी माता की स्मृति में बड़े उत्साह से की थी। जिस समय की चर्चा कर रहा हूँ (सन् याद नहीं) सदन में बहुधा साहित्यिक समारोह हुआ करते। काशी में किसी भी प्रकार का समारोह हो, यह एक बँधा नियम

था कि प्रसादजी और मैं संग-संग जाते। केवल इसी भय से कोने में छिपकर बैठते कि हम लोग भाषण आदि की भली-बुरी आलोचना कर सकें साथ ही जब मन न लगे तो वहाँ से खिसक जायें।

निदान, सदन के उक्त समारोह में हम लोग अपने जान ऐसी जगह बैठे कि दीख न पड़ें, किन्तु लखने वाले लख गये।

हिन्दी में नीति-काव्य के अग्रणी गिरधर कविराय की एक पंक्ति है–

'साई तहाँ न बैठिए जहँ कोउ देइ उठाय'

महाकवि ने जब यह पंक्ति लिखी थी, तब वर्गवाद का ज़माना था। किसी उत्सव-समारोह में प्रत्येक व्यक्ति को अपने वर्गोचित स्थान पर बैठने में ही कुशल थी, अन्यथा कविवर की उक्त चेतावनी का फल भोगना पड़ता। वही उस अवसर पर हुआ। उक्त समारोह के आयोजकों ने हम लोगों को ताड़ लिया और इतना अनुरोध किया कि विवश होकर अगली पंक्ति में जाकर बैठना पड़ा। केवल इससे उन्हें सन्तोष न हुआ। प्रसादजी से उन्होंने ऐसी विनती की कि उन्हें अपनी रचना सुनानी पड़ी। फिर तो समां बँध गया; सारे श्रोता विभोर हो उठे।

इसके अतिरिक्त मुझे कोई ऐसा अवसर नहीं याद आता, जहाँ किसी समाज में प्रसादजी ने अपनी रचना सुनाई हो। सम्भव है कि एकाध अवसर मुझे विस्मृत हो गया हो।

ऊपर कह आया हूँ कि 1920 ई. की पहली जनवरी को भारत कला परिषद की स्थापना हुई। दो-ढाई बरस वह एक किराये के मकान में रही, तब मकान मालिक ने किराया इतना बढ़ा दिया कि परिषद देने में असमर्थ हो गयी। अतएव यह निश्चित हुआ कि परिषद का दफ़्तर और संग्रह मेरे घर में रहे तथा बड़े-बड़े शो-केस इत्यादि प्रसादजी के यहाँ भेज दिये जायें, क्योंकि उनके यहाँ जगह की कमी न थी। इस प्रकार 1929 ई. तक कला परिषद का काग़ज़ी अस्तित्व रहा। उसी साल नागरी प्रचारिणी सभा की ऊपरी मंज़िल बनी जिसमें एक बड़ा-सा हॉल भी था।

आचार्य केशव प्रसाद के सुझाव पर डॉ. श्यामसुन्दर दास ने मुझे इस बात पर राजी कर लिया कि परिषद नागरी प्रचारिणी सभा का अंग हो जाये और उसका नाम भारत कला भवन कर दिया जाये। उसी वर्ष हाल में संग्रह सजाया जाने लगा। उन दिनों विश्ववन्द्य बापू काशी पधारे और उन्होंने अर्द्ध मुकलित प्रदर्शनी को बड़े ग़ौर से देखा तथा उसके लिए एक अपील भी 'यंग इंडिया' में निकाली।

यों, प्रसादजी सभा से तटस्थ रहते, किन्तु भवन के कारण उनका वहाँ नित्य आगमन होने लगा। 1930 ई. में संग्रह का धूमधामी उद्घाटन हुआ। अब प्रसादजी

का यह एक नया अड्डा हो गया। वह नित्य आते, प्रेमचन्दजी काशी आ चुके थे, वह भी वहाँ के नित्य आने वालों में थे ही, इस प्रकार पुनः ख़ूब बैठक जमती।

यद्यपि प्रसादजी के शरीर में रोग का घुन लग चुका था तथापि वह कोई परवाह न करते। कला भवन बन्द होने पर वह और मैं एक साथ लौटते और बुलानाला होते हुए उनकी दुकान तक जाते।

रास्ते में पड़ता था खादी भण्डार। भण्डार के प्रधान प्रबन्धक थे, वीरेश्वर अय्यर। वह अत्यन्त कुशल विक्रेता थे। अच्छे-से-अच्छा माल मँगाते और कोई-न-कोई ऐसी चीज़ निकालकर प्रसादजी को दिखलाते कि उनका सौन्दर्य-पिपासु मन उन्हें ख़रीद के लिए बाध्य कर देता। यह प्रायः नित्य का क्रम हो गया था। तब एक दिन उन्होंने अय्यर से कहा–हम इस पटरी से आना छोड़ देंगे, दूसरी पटरी से आयेंगे कि तुम्हारे जाल में न फँसें। दूसरे दिन जब अन्य पटरी से दुकान के सामने पहुँचे तब वहीं से आवाज़ दी–'देखो अय्यर, आज बिना तुम्हारे फन्दे में फँसे हम लोग निकले जा रहे हैं। क्या तुम हम लोगों को इसी तरह निकल जाने दोगे?' इसके उपरान्त दोनों ओर खिलखिलाहट हो उठती।

अब 1936 के अन्तिम महीने आये। लखनऊ में एक बड़ी प्रदर्शनी हो रही थी। प्रसादजी उसे देखने के बड़े इच्छुक थे। एक दिन हम लोग अय्यरजी की दुकान पर गये। सुनहले रंग वाली रेशम की एक बड़ी सुन्दर छींट आयी थी। प्रसादजी उस पर लहालोट हो गये और मुझसे कहा कि इस छींट का रूईदार लबादा और कन्टोप हम लोग बनवाएँ और उसे लखनऊ प्रदर्शनी में पहनें। बस, लोग प्रदर्शनी के बदले हम लोगों को देखने लगेंगे। लखनऊ-यात्रा के लिए वह मुझसे बराबर आग्रह कर रहे थे। मैंने बहुत कुछ स्वीकृति भी दे दी थी। दिन निश्चय हो गया, किन्तु उसके एक दिन पहले चि. आनन्द कृष्ण को गलसुआ निकल आया, जिसके कारण कुछ ज्वर भी हो गया। मेरा जाना असम्भव हो गया। वह अकेले ही लखनऊ गये। कैसी विडम्बना है कि 1916 ई. के दिसम्बर में मैं उन्हें लखनऊ ले जाना चाहता था, परन्तु वह न गये और इसके ठीक बीस बरस बाद दिसम्बर, 1936 ई. में जब वह मुझे लखनऊ ले जाना चाहते थे तब मैं न जा सका। वहाँ एक कवि-सम्मेलन का भी आयोजन किया गया था। ओरछा के महाराज बीरसिंह जू देव उसका उद्घाटन कर रहे थे।

कवि-सम्मेलन के संयोजक थे स्व. श्री दुलारेलाल भार्गव। भाई मैथिलीशरण उन्हीं के अतिथि थे। उन्होंने भार्गवजी से कहा कि–"प्रसादजी के स्थान पर जाकर उन्हें आग्रहपूर्वक आमन्त्रित करना तुम्हारा कर्तव्य है।" उन्होंने उत्तर दिया कि–"निमन्त्रण तो भेज दिया गया।" मैथिलीशरण ने पुनः उनसे कहा–"यह पर्याप्त नहीं। तुम्हें स्वयं

वहाँ जाना चाहिए।" किन्तु दुलारेलालजी प्रसादजी से बुरा मानते थे। यद्यपि उन्होंने कहा कि अच्छी बात है, परन्तु वह गये नहीं।

जब मैथिलीशरण सम्मेलन मण्डप के द्वार पर पहुँचे, तब उन्होंने दुलारेलाल से फिर पूछा कि–"तुम प्रसादजी के यहाँ से हो आये?" उन्होंने कहा–"मैं नहीं जा सका, कहाँ-कहाँ जाऊँ?" फलत: मैथिलीशरण भी सम्मेलन में सम्मिलित नहीं हुए।

पीछे प्रसादजी ने उन्हें बताया कि–सम्मेलन में श्रोताओं ने तुम्हारे और मेरे लिए बड़ा कोलाहल मचाया था।

लखनऊ से गुप्तजी और प्रसादजी साथ ही आये, रास्ते भर प्रसादजी उन्हें अपनी रचनाएँ सुनाते रहे।

लखनऊ से लौटने पर एक दिन सन्ध्या को वह मेरे यहाँ बैठे थे कि पं. श्रीनारायणजी चतुर्वेदी आ गये। उनकी सहृदयता और काव्य-प्रेम सर्वविदित है। उन्होंने प्रसादजी से कुछ सुनाने का अनुरोध किया। वह चतुर्वेदीजी को अपनी नवीन रचनाएँ सुनाने लगे। बीच-बीच में खाँसी आने लगती और कफ भी निकलने लगता। यह उसी क्षय के कारण था। फिर भी बड़ा समां बँधा, श्रीनारायणजी बहुत ही प्रमुदित हुए।

उनके चले जाने पर मैंने प्रसादजी से कहा कि खाँसी तो बहुत बढ़ गयी है। उन्होंने उत्तर दिया कि, "हाँ, इसीलिए तो मैं तुम पर लखनऊ चलने के लिए इतना ज़ोर डाल रहा था। मैं चाहता था कि वहाँ मेडिकल कॉलेज में मेरी भलीभाँति परीक्षा करा दो।"

शेष-कथा

यद्यपि प्रसादजी जवानी में बहुत बलिष्ठ और स्वस्थ थे, तथापि 1928 ई. से उन्हें एक बीमारी आरम्भ हुई। रह-रह कर आँतों में भयंकर दर्द होता, ऐसा भयंकर कि वह पीड़ा न सह सकते और मूर्च्छित से हो जाते। उनके मुहल्ले में एक होमियोपैथ डॉक्टर रहते थे, नाम था हूबदार सिंह। उनकी दवा से दर्द शान्त हो जाता था, किन्तु कुछ दिनों बाद उनकी दवा भी कोई गुण नहीं दिखाने लगी। तब मैंने उन पर बहुत ज़ोर डाला कि मेरे कौटुम्बिक डॉक्टर शोभाराम की एलोपैथिक चिकित्सा आरम्भ करो। मेरी बात मानकर उन्होंने शोभारामजी को दिखाया और चिकित्सा आरम्भ हुई। यद्यपि लाभ भी होने लगा, तथापि डॉक्टर साहब का कहना था कि दवा लम्बे समय तक चलेगी। वास्तविकता यह है कि रोग का निदान ठीक-ठीक नहीं हुआ, कुछ दिन तक तो प्रसादजी उनकी दवा लेते रहे और स्वास्थ्य दिन-दिन सुधरता गया, किन्तु न जाने क्यों उन्होंने वह चिकित्सा छोड़ दी।

उन दिनों हिन्दू विश्वविद्यालय वाले आयुर्वेद विभाग के अध्यक्ष थे, कविराज प्रतापसिंह। कविराजजी एलोपैथी जानते थे, किन्तु चिकित्सा आयुर्वेदिक ही करते। आयुर्वेदिक औषधि बहुत विधिवत बनवाते थे और रोगियों पर विशेष ध्यान देते।

प्रसादजी ने एक दिन कहा कि "चलो, कविराजजी को दिखा दें।" कविराजजी से मेरी अच्छी घनिष्ठता थी। मैं प्रसादजी को उनके पास ले गया और उन्होंने रोग का पूरा विवरण पूछकर भलीभाँति उनकी परीक्षा की। परीक्षा करके पूछा कि, "क्या आपने बादाम का बहुत सेवन तो नहीं किया है?" प्रसादजी ने बतलाया कि बहुत दिनों तक अधिक मात्रा में बादाम की ठण्डाई ली है।" कविराजजी ने बताया, "यही आपके रोग का कारण है।"

कविराजजी की इस जिज्ञासा और पहचान से मुझे आश्चर्य और कुतूहल होना स्वाभाविक था। मैंने पूछा–"आपने यह कैसे जाना कि प्रसादजी अधिक मात्रा में बादाम का सेवन करते थे?" बताया–"जब मैं मद्रास में वैद्यक पढ़ता था तब वहाँ ठीक इसी प्रकार का एक रोगी आया था। अधिक बादाम सेवन से ही उसे ऐसा रोग हुआ था। उसी कारण मैंने प्रसादजी के विषय में यह अनुमान किया।"

निदान कविराजजी की चिकित्सा आरम्भ हुई, उससे लाभ हुआ और यह क्रम कुछ दिनों चलता रहा, फिर दवा का असर कम होने लगा, तब उनकी चिकित्सा छोड़कर प्रसादजी पुन: होमियोपैथिक दवा करने लगे। अब उदर पीड़ा के साथ-साथ अपराह्न में तबीयत कुछ भारी होने लगी। इसे बहलाने के लिए उन्होंने यह नियम आरम्भ किया कि दोपहर का भोजन करते ही घर से निकल पड़ते और मेरे यहाँ चले आते। मैं भी तब तक भोजन से निवृत्त हो जाता था। मैं ऊपर कमरे में रहता था, नीचे के कमरे में मेरे एक बुजुर्ग 'दादाजी' रहते।

मेरे यहाँ पहुँचते ही प्रसादजी सीधे दादाजी के कमरे की ओर जाते और उनका पहला वाक्य होता–"दादाजी आदाब।" मुझे वह वाणी सुनाई पड़ जाती। मैं भी वहीं पहुँच जाता या उन लोगों को अपने कमरे में बुला लेता, फिर विविध मनोज्ञ और साहित्य चर्चा होने लगती। इस प्रकार प्रसादजी तीसरे पहर के भारीपन को भूल जाते और चार बजे के लगभग लौट जाते।

किन्तु रोग भीतर-भीतर उनके शरीर को चर रहा था। वस्तुत: उन्हें आँतों का क्षय हो गया था। वही पेट के भयंकर दर्द का और तीसरे पहर के भारीपन का कारण था, किसी चिकित्सक का ध्यान उस ओर न गया। क्रमश: क्षय फेफड़े की ओर बढ़ने लगा, तब उन्हें खाँसी भी आने लगी, फिर भी उनकी आस्था होमियोपैथी में ही बनी रही।

क्षय का निदान

काशी में उन दिनों एक बड़े सुविज्ञ एलोपैथ डॉक्टर थे, कैप्टेन शरत कुमार चौधरी। वह भी मेरे कौटुम्बिक चिकित्सक थे और बड़े प्रेमी जीव थे। मेरी उनसे ख़ूब पटती थी। कविता, विशेषत: संस्कृत कविता से उन्हें विशेष रुचि थी और संगीत में भी। प्रसादजी से वह स्नेह करते थे और उनसे प्रभावित थे। उनसे मैंने प्रसादजी की परीक्षा करायी और उन्होंने निश्चित निदान किया कि, क्षय हो गया है किन्तु अभी स्थिति ऐसी है कि यदि ठीक-ठीक चिकित्सा हो तो वह नीरोग हो जायेंगे।

जनवरी, 1937 ई. में डॉ. मोतीचन्द्र के सबसे छोटे भाई का विवाह समारोह हुआ जिसमें उन्होंने भारतीय संस्कृति के अनुरागी होने के कारण सभी पुराने रीति-रिवाज़ बरते। कई-कई महफिलें हुईं। 28 जनवरी को काशी नरेश महाराज आदित्यनारायण सिंह के आदरार्थ महफिल थी। संयोगवश उन्हीं दिनों मेरे एक चचेरे भाई का शरीरान्त हो गया था, इस कारण मैं विवाह समारोह में सम्मिलित न हो सका। महाराज वाली महफिल के दिन मेरे भाई का दसवाँ हो चुका था, अतएव मैं छिपकर भारतेन्दु भवन में गया। भाई मैथिलीशरण भी मेरे साथ थे। प्रसादजी भी आ गये थे। महफिल के पहले ज्योनार भी थी। मैं कैसे खुलकर शरीक होता? डॉ. साहब ने एक अलग कमरे में हम तीन जनों के भोजन का प्रबन्ध किया–प्रसादजी, भाई मैथिलीशरण और मैं। ख़ूब हँसते-बोलते भोजन हुआ। डॉ. साहब ने एक से एक स्वादु पदार्थ बनवाये थे। उसका भरपूर आनन्द भी हम लोगों ने लिया। कौन जानता था कि प्रसादजी के संग भोजन के आनन्द का आज जवनिका-पतन है।

मैं उसी कमरे में बैठा रहा। मैथिलीशरण और प्रसादजी महाराज की महफिल में चले गये। वहीं बहुत जाड़ा देकर प्रसादजी को ज्वर आ गया। महफिल से उठकर बड़ी कठिनता से घर पहुँचे और जो शय्यागत हुए तो अन्तिम दिन तक शय्यागत रहे।

30 जनवरी के लगभग मुझे पटना जाना पड़ा। वहाँ मेरे कुल की एक शाखा है, जिसमें मेरे दो भतीजों का विवाह था। मोतीचन्द्र भी मेरे साथ थे, क्योंकि उन्हें भी बहुत आग्रहपूर्वक आमन्त्रित किया गया था।

13 फ़रवरी के आसपास हम लोग पटना से लौट आये। हम दोनों 14-3-37 ई. को प्रसादजी को देखने गये, पाया कि वह बहुत क्षीण हो गये हैं। कलेजा धक् से हो गया।

11
'प्रसाद' जी की याद : 9
(प्रसादजी की शेष कथा)

राय कृष्णदास

इस बीच 3 फ़रवरी के निकट 'कामायनी' की मुद्रित प्रतियाँ प्रयाग से उनके पास आ चुकी थीं। इतने क्षीण होते हुए भी उन्होंने मज़े में बातचीत की और 'कामायनी' की हस्ताक्षरित प्रतियाँ हम दोनों को दीं।

मोतीचन्द्रजी की नियुक्ति प्रिंस ऑव वेल्स म्यूज़ियम में हो चुकी थी। कई दिन बाद वह प्रसादजी से अन्तिम बार मिले और बम्बई चले गये।

यह निश्चित हो चुका था कि प्रसादजी का एक फेफड़ा क्षय से पूर्णत: आक्रान्त हो गया था। मेरे अनुरोध से कैप्टेन चौधरी की चिकित्सा आरम्भ हुई। उन दिनों एलोपैथी में क्षय की यह चिकित्सा थी कि छाती में बित्तेभर लम्बी सुई प्रविष्ट करके फेफड़े में इंजेक्शन देते थे, जिससे रुग्ण फेफड़ा क्रमश: जल जाता था। कोई 20-25 सुइयों का कोर्स होता था।

डॉ. चौधरी ने सलाह दी कि प्रसादजी घर छोड़कर किसी खुले बगीचे में चले जायें और वहीं सूई का उपचार किया जाये। सारनाथ के निकट एक बगीचा किराये पर लिया गया। सामान बँध गया। उन्हें ले जाने के लिए बस आ गयी। ठीक उसी समय उनकी तबीयत एकाएक बहुत ख़राब हो गयी। सम्भवत: इसका कारण मानसिक था। सूई की चिकित्सा न कराने की अनिच्छा का ही यह मूर्त रूप था। बस, यात्रा स्थगित हो गयी। वह मुझसे कहने लगे कि–'जब बित्तेभर लम्बी सूई मेरी छाती में घुसेड़ी जायेगी, तब मेरी क्या दशा होगी। अब मैं अपने को विश्वनाथ पर छोड़ता हूँ।' डॉ. चौधरी खाने की दवा देते रहे, उससे कुछ लाभ भी होता रहा।

बसन्त ऋतु बीती और गर्मी आरम्भ हुई। प्रसादजी बहुत कुछ ठीक हो गये थे, खाँसी भी बहुत कम हो गयी थी। केवल तीसरे पहर कुछ तापमान हो जाता था। उन्हीं

दिनों मैंने डॉ. चौधरी से जो प्रसादजी को बीच-बीच में देखते रहते, कहा–"अब तो बीमारी राह पर आयी दीखती है।" उन्होंने उत्तर दिया कि–"एक तो इन्हें पूर्ण विश्राम मिलना चाहिए, दूसरे यदि बरसात आने पर यही क्रम बना रहा, तब समझना कि नीरोग हो जाने की आशा है।"

उन दिनों मैं गलियों ही गलियों में से होकर उनके यहाँ जाता था। गलियों में कुछ ऐसे अंश भी थे, जिनमें ख़तरे की आशंका रहती; किन्तु गर्मी के दिन थे, गलियों के कारण घाम से बच जाता।

एक दिन कोई आठ बजे पूर्वाह्न मैं उनके पास पहुँचा तो पाया कि वह बिल्कुल अकेले हैं, अन्यथा उनके पास कोई-न-कोई अवश्य बना रहता। सम्भवत: उन्होंने नौकरों को कुछ कह दिया था कि आज जो मिलने वाले आयें, उन्हें लौटा देना। मेरे पहुँचने पर उन्होंने अपनी पत्नी को पुकारा और वह एक बक्स लिए हुए आयीं। उन्होंने मुझे देखकर घूँघट काढ़ लिया। इस पर प्रसादजी ने उनसे कहा, "इनसे घूँघट न किया करो।" बक्स खोला गया उसमें पुरानी चाल के स्वर्णाभूषण थे, जिनकी तौल तीन-चार सौ तौले से कम न थी। सब मुझे दिखाया और कहने लगे–"बच्चा के विवाह की तैयारी धीरे-धीरे करनी है, इन सब गहनों को नये चाल का बनवा दो।"

बात यह थी कि मेरे यहाँ के गहने स्व. कन्हैयालाल नामक सोनार बनाते थे, अपने हुनर में यकता थे। भाई मैथिलीशरण उनके विषय में कहा करते कि 'कन्हैयालाल तो सोने की गढ़ाई में कविता करते हैं। परन्तु वह बहुत ही आलसी थे; काम में बरसों लगा देते। मेरी बड़ी लड़की के विवाह में विदाई हो जाने के बाद गहने तैयार करके दिये।' प्रसादजी उनकी यह ढिलाई भली-भाँति जानते थे, फिर भी उनकी कला की अद्वितीयता के कारण उन्हीं से आभूषण बनवाना चाहते थे। कहने लगे–"कन्हैयालाल दो-तीन बरस में धीरे-धीरे बना देंगे, तब तक बच्चा के ब्याह का समय आ जायेगा।"

परन्तु मैं उन सन्नाटी और कहीं-कहीं ख़तरनाक गलियों में इतनी जोखिम ले जाने में स्वभावत: हिचकिचाया। उन्होंने बार-बार अनुरोध किया..., अन्त में यह तय पाया कि शाम को एकाध व्यक्ति संग लाऊँगा और ताँगे से, जोखिम ले जाऊँगा। इस प्रबन्ध के साथ अपराह्न में जब उनके पास गया तब उन्होंने उलाहना दिया कि "यदि सवेरे ले जाते तो ले जाते। किन्तु अब तो इस पर रोक लग गयी।" बात दरअसल यह थी कि जब यह उनकी बड़ी भाभी को मालूम हुई, तब उन्होंने कहा–"झारखण्डी, घर का सोना बाहर नहीं जायेगा।" प्रसादजी अपनी भाभी का बड़ा सम्मान करते और उनकी आज्ञा टाल नहीं सकते थे।

बरसात लगते ही उनकी हालत एकाएक बिगड़ गयी। तापमान अधिक होने लगा, मुँह और कण्ठ में छाले पड़ गये; स्वर-भंग हो गया–साँय-साँय बोलने लगे।

बड़ी कठिनता यह थी कि सवेरे से सन्ध्या तक लोग उनके पास आते रहते, उन्हें एक क्षण भी विश्राम न मिलता। इससे उनका मन तो बहलता, किन्तु थक बहुत जाते। मैंने सप्ताह में दो दिन बाँध दिये थे जब उन्हें देखने जाता और घण्टों उनके पास रहता।

जयशंकर प्रसाद

प्रसादजी की अन्तिम लम्बी बीमारी के दिनों में, स्वभावत: उनके सुहृद और हिन्दी-प्रेमी बहुत चिन्तित थे, फलत: उनके पास बहुतेरे पत्र भी आते रहते कि आपका जीवन केवल आपका ही जीवन नहीं, हिन्दी-जगत् का जीवन है; आप समुचित चिकित्सा कीजिए, और किसी ठण्डे पहाड़ पर चले जाइए। व्यय की चिन्ता न कीजिए, मैं (पत्रलेखक) उसका भार वहन करूँगा।

एक दिन प्रात:काल, जब प्रसादजी की तबीयत तनिक सम्हली थी, प्रो. कृष्णानन्द उनके यहाँ गये। देखा पास ही एक पत्र पड़ा है–पुष्ट बड़े-बड़े अक्षर हैं। वह उस लिपि से परिचित थे। प्रसादजी से उन्होंने कहा–"महाराजकुमार डॉ. रघुबीर सिंह का पत्र जान पड़ता है।"

"हाँ, देखो।"

कृष्णानन्दजी ने उसे पढ़ा। उसमें उक्त अनुरोध किया था, महाराजकुमार ने–बहुत आग्रहपूर्वक।

"तब, आपने क्या निश्चय किया?" पूछते हुए कृष्णानन्द उनकी ओर देखने लगे। उस देखने में मूक आग्रह था कि इस असामयिक अनुरोध को तो अवश्य स्वीकारिए।

प्रसादजी उनका भाव समझ गये। एक लम्बी साँस के साथ उनका उत्तर था–"बहुत ऋण-शोधन किया है, कृष्णानन्दजी। अब किसी का ऋण लेकर नहीं जाना चाहता।"

एक दिन नवीनजी प्रसादजी को देखने कानपुर से आये। नवीनजी यद्यपि खड़ी बोली की कविता के उस दौर वाले कवि थे, जो आचार्य द्विवेदीजी की देन है, फिर भी भावुक होने के नाते प्रसादजी की शैली में उनकी पैठ थी और रुचि भी और उनको महाकवि एवं उच्चकोटि का साहित्य-स्रष्टा मानते थे। इस कारण वह प्रसादजी को बहुत ऊँची दृष्टि से देखते थे और प्रसादजी के पास एक दिन रहकर जब वह कानपुर लौटे, तब उन्होंने 'प्रताप' में अपनी ओजस्वी भाषा में एक बहुत ही संवर्द्धनापूर्ण लम्बा अग्रलेख उनके विषय में लिखा, जिसमें प्रसादजी के व्यक्तित्व और कृतित्व का बड़ा ही ओजपूर्ण, विशद् और भावमय विवेचन था, अन्त में उनके स्वास्थ्य लाभ की कामना भी।

उसे देखकर प्रसादजी ने मुझसे कहा कि नवीनजी ने तो मुझे जीते-जी मार डाला। इस रूप में उन्होंने उस संवर्द्धना के प्रति अपना आभार व्यक्त किया। किन्तु वास्तविक बात यह थी कि यद्यपि प्रसादजी भी उस समय आशान्वित थे, कि चंगे हो जायेंगे, फिर भी बालकृष्णजी को अवगत हो गया था कि मामला बेढब है।

एक दिन जब प्रसादजी के पास गया, तब उन्हें उदास पाया। "क्यों, क्या बात है?"–मैंने चिन्तित होकर पूछा।

उन्होंने कहा कि आज उमाप्रसाद बच्चा से झगड़ पड़े। क्या करूँ, मैं तो, पंगु भयो मृगराज आज नरवद के टूटे–होकर पड़ा हूँ, नहीं तो एक क्षण में उमाप्रसाद की अक्ल दुरुस्त कर देता।

मैंने उन्हें यह समझाकर ठण्डा किया कि इसका स्वास्थ्य पर बहुत बुरा प्रभाव पड़ेगा।

राजर्षि पुरुषोत्तमदास टण्डन की हार्दिक अभिलाषा थी कि आचार्य द्विवेदीजी एक बार हिन्दी साहित्य सम्मेलन के सभापति आसन पर विराजमान हों। उन दिनों राजर्षि उत्तर प्रदेश असेम्बली के अध्यक्ष थे। किसी कार्यवश मैं लखनऊ गया था, एक पार्टी में उनसे भेंट हो गयी। लोग चायपानी में व्यस्त थे, उन्होंने मुझे एक ओर ले जाकर कहा कि किसी प्रकार द्विवेदीजी को राजी करो। इस पार्टी में मेरे संग भाई मैथिलीशरण भी गये थे। मैंने राजर्षि को परामर्श दिया कि उन्हें भी मेरे संग जाने के लिए प्रस्तुत कर दीजिए; उनके रहने से मुझे बहुत बल मिलेगा। तत्काल उन्होंने गुप्तजी को बुलाकर उनकी स्वीकृति भी प्राप्त कर ली। दिन निश्चित हो गया। उस समय आचार्य द्विवेदीजी अपने गाँव, दौलतपुर में रहते थे। निकट से निकट वाले रेलवे स्टेशन से भी 10-12 मील दूर, सड़क कच्ची थी।

काशी लौटकर मैंने यात्रा का दिन निश्चित किया, जब यह समाचार आचार्य विश्वनाथप्रसाद मिश्र और भाई मुरारीलाल केडिया को मिला, तब ये लोग भी द्विवेदीजी की सेवा में उपस्थित होने के लिए सन्नद्ध हो गये। सारी मण्डली रेल से उतरकर बैलगाड़ी पर, जिसका प्रबन्ध आचार्य द्विवेदीजी ने पहले से कर दिया था, सवार होकर धचके खाते दौलतपुर पहुँची। वहाँ आचार्यवर ने जैसा प्रेमपूर्ण आतिथ्य किया वह अवर्णनीय है। उनका आवास पर्याप्त विशाल था, जिसका कोना-कोना पुस्तकों से भरा था। स्वयं पूरी मंज़िल में एक छोटी-सी कोठरी में पड़े रहते।

यद्यपि आचार्य विश्वनाथप्रसादजी कान्यकुब्ज ब्राह्मण हैं, तथापि उन लोगों में खानपान में बहुत बिलगाव है, मसल है आठ कनौजिया नौ चूल्हा। अतएव मिश्रजी अपना भोजन स्वयं बनाते और वह ऐसे पाक-कुशल हैं कि हम लोग उसमें भागीदार हो जाते। आचार्य द्विवेदीजी के यहाँ घी घर में ही बनता, कई गाय-भैंस थीं। वही घी मिश्रजी के लिए आता। वैसा घी फिर खाने को नहीं मिला।

निदान, हम लोगों की सम्मिलित और पृथक्-पृथक् प्रार्थना पर भी आचार्य द्विवेदीजी ने स्वीकृति न दी। अनेक वर्ष पूर्व कई कारणों से उन्होंने यह पद न स्वीकारने का निश्चय कर लिया था। उस पर वह दृढ़ रहे। हमारी मण्डली असफल लौटी।

मन की सजीवता ज्यों-की-त्यों

वापस आकर मैंने जब सारा समाचार प्रसादजी को सुनाया, तब उनकी आँखें, जिन पर मुर्दनी छायी थी, चमक उठीं। बोलने में कष्ट होता था, गर्दन को एक झटका देकर उन्होंने इंगित से कहा–'क्या बात है आचार्य की, हाँ करी सो हाँ करी और ना करी सो ना करी।'

मैंने पाया कि उनका तन इस दशा को पहुँच गया है किन्तु मन की सजीवता ज्यों-की-त्यों बनी है।

राजर्षि, राधास्वामी पन्थ के अनुयायी थे। पन्थ का काशी में ज्ञानमण्डल प्रेस के सामने जो विशाल भवन है उसमें प्रत्येक विजयादशमी को एक बहुत बड़ा भण्डारा होता है। राजर्षि नियमेन इस भण्डारे में प्रतिवर्ष आते थे, इस वर्ष भी आये। यह बात तब की है, जब हम लोग दौलतपुर से असफल लौट आये थे। प्रसादजी की मुमूर्ष दशा का पूरा पता था, राजर्षि ने उन्हें देखने की इच्छा प्रकट की। भाई मैथिलीशरण और मैं उन्हें लेकर प्रसादजी के यहाँ गये। राजर्षि बहुत ही समझदार थे। वह कुछ देर उनके पास बैठे, किन्तु बातचीत करके उन्हें कष्ट नहीं दिया। बाहर आने पर कहा–'कामायनी' का मनन कर चुका हूँ, वह 'मंगलाप्रसाद पुरस्कार' योग्य है (उन दिनों मंगलाप्रसाद हिन्दी का सबसे बड़ा पारितोषिक था और उसका पुरस्कार बहुत ही ऊँचा एवं निर्विकार था)। आगामी वर्ष का पुरस्कार उन्हीं को मिलेगा। तुम प्रसादजी को इसकी सूचना दे आओ। कमरे में जाकर जब मैंने यह समाचार सुनाया, तब अपना दाहिना हाथ उठाकर उन्होंने जिस निस्संग भाव से यह समाचार ग्रहण किया, उससे स्पष्ट था कितना आपूर्यमाण हृदय था उनका।

11 नवम्बर को पूर्वाह्न में मैं उनके पास गया। स्वरभंग तो हो ही चुका था अब बोलने में भी कष्ट होता था, अतएव मैंने बात करने का यह रास्ता अपनाया कि उन्हें बोलना न पड़े। वह ध्यानपूर्वक सुनते रहे। मेरे कथन का ढंग ऐसा था कि उन्हें बीच में बोलने का कोई कष्ट न करना पड़े। उसी दिन सन्ध्या की गाड़ी से मुझे प्रयाग जाना था। 12 या 13 तारीख़ को भाई मैथिलीशरण के 'साकेत' पर उन्हें मंगलाप्रसाद पुरस्कार मिलने वाला था। 14 को सवेरे वाली गाड़ी से काशी लौटकर उनसे मिलकर प्रयाग का पूरा वर्णन सुनाने की बात कहकर मैंने विदा ली। किन्तु 14 का मिलन भाग्य में कहाँ लिखा था, कौन जानता था कि यह मिलन सदैव के बिछोह के लिए है। कवि के शब्दों में–

'आज के बिछुड़े न जाने कब मिलेंगे।'

संयोग देखिए कि 28 बरस पहले इसी नवम्बर महीने के उत्तरार्ध में उनसे पहले-पहल मिलन हुआ और अब इसी उत्तरार्ध में वियोग।

परम माहेश्वर होने के कारण प्रसादजी संसृति का नटराज के नर्तन रूप में दर्शन करते थे। 'काश्यां मरणान्मुक्तिः' का विशद वर्णन बहुत तन्मयता से एक दिन मुझे सुनाया था जब वह स्वस्थ थे–"काशी में जिस समय जीव प्रयाण करने लगता है, माँ अन्नपूर्णा अपने आँचल से उसे पंखा झलने लगती है। इसकी शीतलता से उसके त्रिविध ताप की सद्यः निवृत्ति हो जाती है। उस समय भगवान भूतभावन उसे तारक मन्त्र का उपदेश देते हैं और वह मुक्त हो जाता है।" प्रसादजी का अवसान 14-15 नवम्बर की रात के तीसरे पहर हुआ, जिस समय 15 तारीख़ लग चुकी थी। उस समय उनके पास केवल डॉक्टर राजेन्द्रनारायण शर्मा थे, जो उनके अत्यन्त स्नेहपात्र थे तथा आज भी उनके अनन्य भक्त एवं उनकी कृतियों के मर्मवेत्ता हैं।

उस समय का जो शब्द-चित्रण उनसे सुना है उससे निःसंशय हो जाता है कि प्रसादजी ने उक्त कैवल्य लाभ किया।

❑❑